SHACKLETON
UMA LIÇÃO DE CORAGEM

MARGOT MORRELL & STEPHANIE CAPPARELL
COM FOTOS DE FRANK HURLEY

SHACKLETON
UMA LIÇÃO DE CORAGEM

SEXTANTE

Título original: *Shackleton's Way*
Copyright © 2001 por Margot Morrell e Substantial Films, Inc.
Copyright da tradução © 2003 por GMT Editores Ltda.

Todos os direitos reservados.
Nenhuma parte deste livro pode ser utilizada ou reproduzida sob quaisquer meios existentes sem autorização por escrito dos editores.

tradução: Maria Luiza Newlands da Silveira
preparo de originais: Virginie Leite
revisão: Antonio dos Prazeres, Jean Marcel Montassier e Sérgio Bellinello Soares
projeto gráfico, diagramação e capa: Natali Nabekura
fotos de capa e do caderno de fotos: Publicadas mediante permissão do Scott Polar Research Institute, University of Cambridge
impressão e acabamento: Associação Religiosa Imprensa da Fé

CIP-BRASIL. CATALOGAÇÃO NA PUBLICAÇÃO
SINDICATO NACIONAL DOS EDITORES DE LIVROS, RJ

M857s

Morrell, Margot
  Shackleton : uma lição de coragem / Margot Morrell, Stephanie Capparell ; tradução Maria Luiza Newlands da Silveira. - 1. ed. - Rio de Janeiro : Sextante, 2021.
  272 p. ; 21 cm.

  Tradução de: Shackleton's way
  ISBN 978-65-5564-178-3

  1. Shackleton, Ernest Henry, Sir, 1874-1922. 2. Liderança. 3. Planejamento estratégico. 4. Sobrevivência. 5. Exploradores - Antártica. I. Capparell, Stephanie. II. Silveira, Maria Luiza Newlands da. III. Título.

21-71066
CDD: 658.4092
CDU: 005.95/.96

Camila Donis Hartmann - Bibliotecária - CRB-7/6472

Todos os direitos reservados, no Brasil, por
GMT Editores Ltda.
Rua Voluntários da Pátria, 45 – Gr. 1.404 – Botafogo
22270-000 – Rio de Janeiro – RJ
Tel.: (21) 2538-4100 – Fax: (21) 2286-9244
E-mail: atendimento@sextante.com.br
www.sextante.com.br

Para Alison e Jeannie & Roz, Neva e Susan,
nossas irmãs, nossas melhores amigas.

"Espere e verá. Todos têm a sua Antártida."

– Thomas Pynchon, *V.*

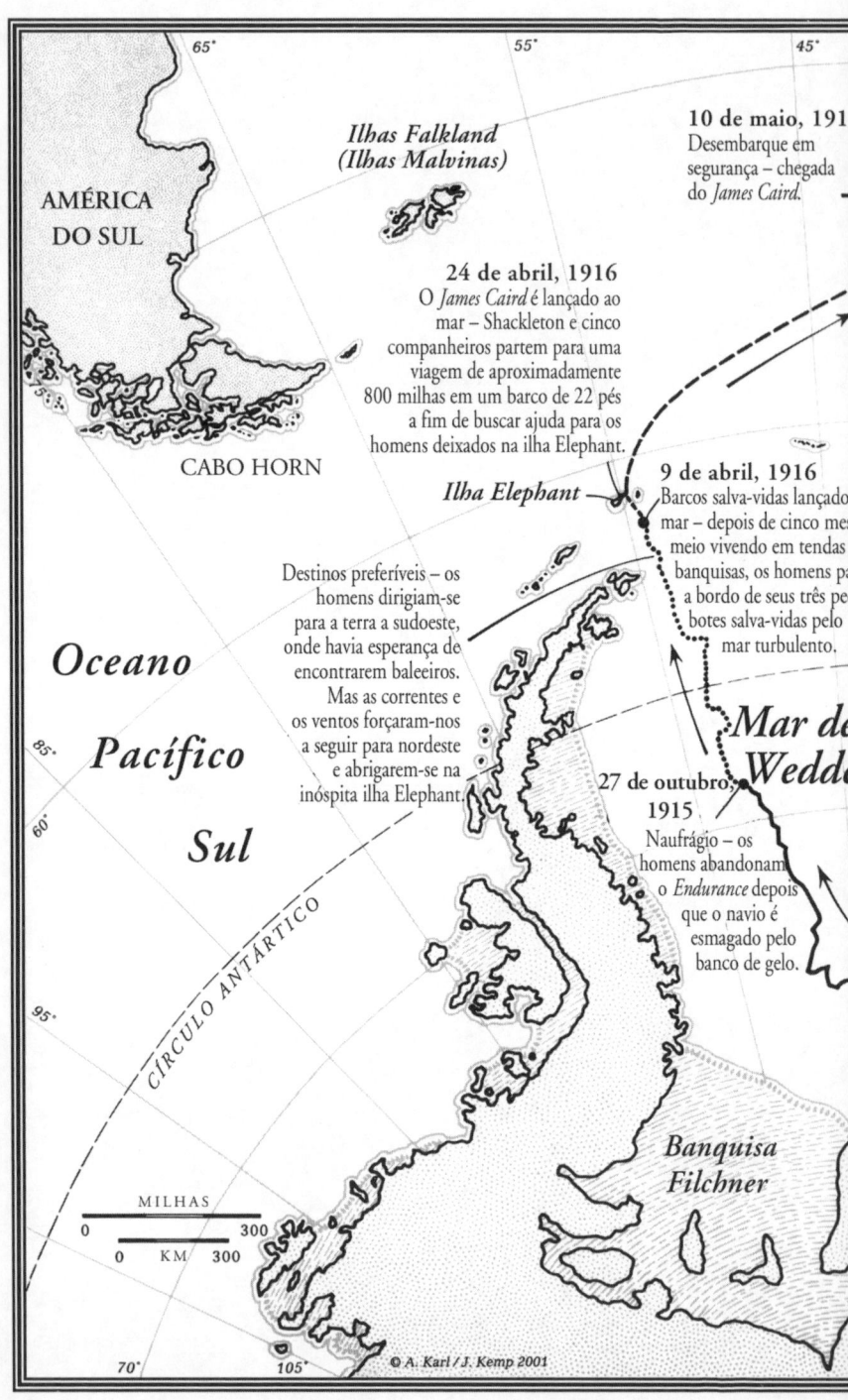

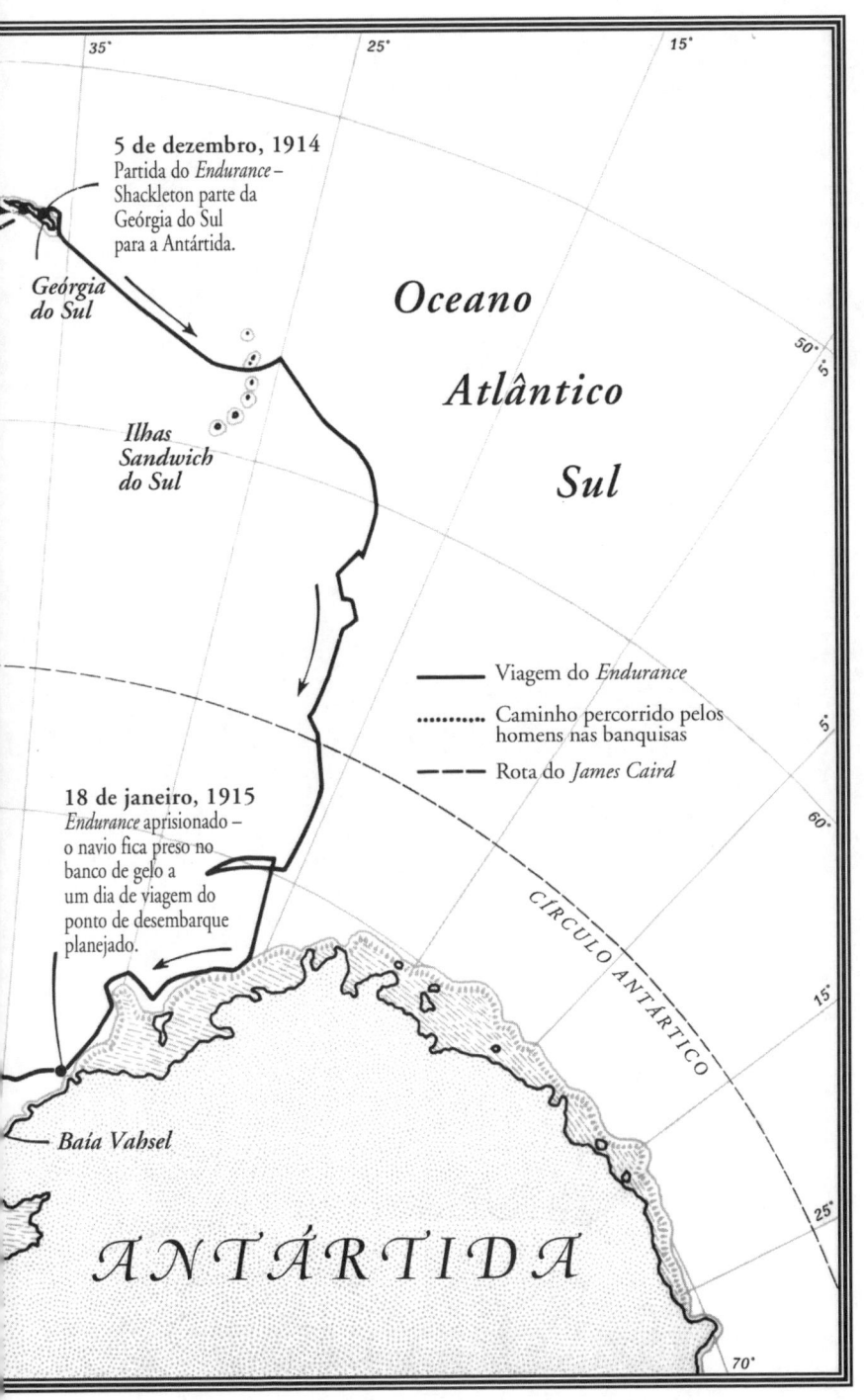

SUMÁRIO

PREFÁCIO *de Alexandra Shackleton* ∽ 13

INTRODUÇÃO ∽ 16

Shackleton afina-se com os executivos do mundo moderno dos negócios. O tipo de liderança que ele utilizou, centrada nas pessoas, pode servir de orientação para todos os que ocupam uma posição de autoridade. Alguns dos líderes de hoje estão aplicando com sucesso os métodos de Shackleton em seus ambientes de trabalho.

1. O CAMINHO PARA A LIDERANÇA ∽ 32

Os valores que Shackleton aprendeu com sua família ajudaram-no a formar seu peculiar estilo progressista de liderança. Conquistou com esforço próprio uma posição na vanguarda de um novo campo de atividade, o das explorações. Transformava más experiências em valiosas lições de trabalho. Insistia em manter uma competição respeitosa em um ambiente profissional que muitas vezes exigia cooperação.

2. CONTRATANDO UMA TRIPULAÇÃO EXCEPCIONAL ∽ 70

Shackleton reuniu uma tripulação a partir de um núcleo de profissionais experientes. Realizava entrevistas pouco convencionais para descobrir talentos únicos. Seu imediato foi sua contratação mais importante. Buscava otimismo e bom humor nas pessoas que contratava. Deu à sua equipe a melhor remuneração e o melhor equipamento de que podia dispor.

3. CRIANDO UM ESPÍRITO DE CAMARADAGEM ∾ 102

Shackleton observava tudo com cuidado antes de agir. Estabeleceu uma ordem e uma rotina, de modo que todos sabiam como se situar. Desmantelou hierarquias tradicionais. Era justo ao lidar com sua equipe. Utilizava reuniões informais para criar um espírito de equipe.

4. OBTENDO O MELHOR DE CADA INDIVÍDUO ∾ 127

Shackleton liderava pelo exemplo. Compreendia as peculiaridades e fraquezas das pessoas que compunham sua tripulação. Aproveitava conversas individuais e informais para criar laços com seus homens. Estava sempre disposto a auxiliar os outros a realizarem suas tarefas. Ajudava cada homem a usar ao máximo seu potencial.

5. LIDERANDO COM EFICÁCIA EM UMA CRISE ∾ 152

Shackleton fazia com que todos soubessem que ele estava no comando e que confiava no sucesso da expedição. Infundia otimismo em todos. Acabava com os desentendimentos mantendo os descontentes junto a si. Fazia todos deixarem de pensar no passado e se concentrarem no futuro. Trabalhava para manter o ânimo de todos. Às vezes, liderava não fazendo coisa alguma.

6. FORMANDO EQUIPES PARA TAREFAS DIFÍCEIS ∾ 184

Shackleton sabia combinar talento e perícia em cada equipe. Providenciava para que todos os seus grupos mantivessem o mesmo ritmo. Mantinha-se visível e vigilante. Dava apoio aos elos mais fracos. Fazia com que os grupos se ajudassem mutuamente.

7. SUPERANDO OBSTÁCULOS PARA ALCANÇAR UM OBJETIVO ∞ 212

Shackleton assumiu a responsabilidade de fazer com que o trabalho fosse concluído. Até mesmo o "Velho Cauteloso" às vezes assumia grandes riscos. Encontrou inspiração para prosseguir. Procurava enxergar sempre o quadro geral. Deixava de lado o seu trabalho para ajudar os outros.

8. DEIXANDO UM LEGADO ∞ 237

A liderança de Shackleton exerceu um impacto de tal ordem que perdurou pelo resto da vida dos membros de sua tripulação. Gerações sucessivas continuam demonstrando interesse por ele e por sua história. Shackleton fez contribuições duradouras para os conceitos de liderança. Hoje seu exemplo norteia um projeto espacial pioneiro e ajuda também a promover mudanças sociais.

AS TRIPULAÇÕES DE SHACKLETON ∞ 248

BIBLIOGRAFIA ∞ 251

PREFÁCIO

Quando criança, não lembro de ninguém me fazer sentar para me contar sobre meu avô, Ernest Shackleton. De certa forma, acho que sempre soube que ele foi um grande explorador da Antártida. Sabia que morrera em 1922, com quarenta e sete anos, liderando sua terceira expedição, e que meu pai, Edward, tinha dez anos na época. Sentia orgulho por meu avô, mas seu mundo parecia muito distante do meu.

A sensação de distância mudou em 1991 quando passei um mês na Antártida a bordo do *HMS Endurance*, o navio de patrulha do gelo da Marinha Real Britânica batizado com o mesmo nome do mais famoso navio de meu avô. *"By Endurance We Conquer"* (Vencemos pela resistência) é o mote da família Shackleton. Aquela viagem, para mim, revelou-se cheia de momentos que remetiam ao tempo de meu avô. Foi uma experiência emocionante e maravilhosa. Na realidade, a maioria das pessoas jamais se recupera totalmente de sua primeira visita à Antártida. É um lugar extraordinário. Lembro de ter encontrado o comandante do novo *Endurance* assim que ele retornou de sua primeira manobra de exercício de combate no Sul, quando seu navio avançou bastante pelo mar de Weddell. Ele trazia no rosto a expressão atônita de qualquer pessoa dotada de alma que tenha visto a Antártida pela primeira vez. Contou-me que não conseguiu sair da ponte de comando quando se aproximavam do continente, fascinado pela paisagem que se estendia diante de seus olhos. Compreendi perfeitamente.

Três anos mais tarde, a Marinha Real levou-me para visitar o túmulo de meu avô em Grytviken, uma estação baleeira abandonada na ilha Geórgia do Sul. Em outra estação próxima, Stromness, eu deveria inaugurar uma placa comemorativa da chegada de Ernest

Shackleton e seus companheiros em 20 de maio de 1916, depois da épica viagem de barco que partiu da ilha Elephant e da penosa caminhada através do interior montanhoso e não mapeado da Geórgia do Sul. À medida que o navio se aproximava da baía Cumberland Leste, eu via as mesmas cores que meu avô deve ter visto: o azul da imponente geleira Nordenskjold e o verde delicado e surpreendente das encostas vizinhas.

Encontrava-me na ponte de comando de um navio que teria causado enorme assombro em meu avô, cuja carreira marítima começara a bordo de navios a vela. O *HMS Norfolk* fora equipado com sensores e equipamento de comunicação de última geração, além de transportar um helicóptero Lynx. O primeiro-tenente do navio e eu nos enfiamos em trajes de sobrevivência alaranjados e voamos para a terra firme, passando por cima da magnífica geleira Neumayer. Tudo estava calmo, apesar de serem comuns ali fortes ventos catabáticos com rajadas de até oitenta nós que criam "drenagem", o que arrasta a aeronave para baixo. Aterrissamos no cabo Rei Edward, fomos recebidos pela guarnição e seguimos pelo caminho que levava ao local do túmulo. Uma foca pequena mas determinada barrou-nos a passagem. Olhou para mim e depois para o primeiro-tenente como se não soubesse qual de nós dois detestava mais. Enquanto se decidia, nós rapidamente a contornamos, saindo um para cada lado em direção ao túmulo protegido por grades.

O túmulo de meu avô está localizado em uma extremidade afastada, com um magnífico cenário de montanhas ao fundo. Na lápide simples de granito estão gravadas as seguintes palavras: *À memória de Sir Ernest Shackleton, explorador, que nasceu em 15 de fevereiro de 1874 e entrou para a vida eterna em 5 de janeiro de 1922*. De pé ali, senti uma pena imensa que tantos anos tivessem separado nossas vidas.

No dia seguinte, o *Norfolk* ancorou na baía Stromness e o comandante e eu voamos para a terra. Fiz um breve discurso na estação baleeira e a placa foi descerrada do lado de fora da casa do administrador da estação. É uma placa bonita, decorada com o perfil de Shackleton, um desenho do *James Caird* e a história da expedição do *Endurance*. Depois, chegou a hora de partir. Vendo o *Norfolk* deixar para trás o espetacular contorno da costa da Geórgia do Sul, senti-me mais próxima de meu avô do que jamais estivera. Aquele lugar fora testemunha de sua maior realização: transformar o desastre em triunfo. Nada mais justo que seu corpo repouse ali.

Recentemente, houve um grande ressurgimento de interesse por Sir Ernest Shackleton, do qual este livro é um notável exemplo. Encontrei Margot Morrell pela primeira vez em 1997, ao final dos treze anos de sua impressionante pesquisa sobre as qualidades de liderança de Shackleton. Stephanie Capparell é uma jornalista especializada em negócios que ajudou a estimular a renovação do interesse por Shackleton com seu artigo de 1998 no *The Wall Street Journal*. Suas conclusões sobre como as lições de liderança de Shackleton podem ser usadas no mundo dos negócios são uma contribuição excelente e inovadora para a crescente literatura a respeito dele.

E, para mim, o avô que jamais conheci agora não está mais tão distante.

Alexandra Shackleton
Londres

INTRODUÇÃO

Ele já foi chamado de "o maior líder que jamais surgiu nesta terra de Deus, sem exceção". No entanto, nunca liderou um grupo com mais de vinte e sete pessoas, deixou de atingir quase todos os objetivos a que se propôs e, depois de sua morte, ficou meio esquecido até bem pouco tempo. Mas, quando se toma conhecimento da história de Sir Ernest Shackleton e de sua extraordinária expedição de 1914-1916 à Antártida, não há como discordar dos efusivos elogios daqueles que estiveram sob seu comando. Ele é um modelo de grande liderança e, principalmente, um mestre da arte de comandar em situações de crise.

Isto porque Shackleton fracassou apenas quanto ao improvável; quanto ao inimaginável, ele foi bem-sucedido. "Adoro uma luta e, quando as coisas (são) fáceis, eu detesto", escreveu uma vez para sua mulher, Emily. Não conseguiu chegar ao polo sul em 1902 quando fez parte da equipe Extremo Sul, composta de três homens, da expedição *Discovery*, liderada pelo renomado explorador Robert F. Scott. Mas esses homens somente voltaram depois de avançarem pelo polo 740 quilômetros a pé, doentes de escorbuto e sob um frio terrível, só experimentado por uns poucos seres humanos naquela época. Seis anos mais tarde, comandando sua própria expedição, Shackleton foi obrigado a retornar quando estava a cerca de 150 quilômetros do polo, uma distância frustrante. Ele voltou porque estava certo de que sua equipe morreria de fome se prosseguissem. Este fracasso lhe foi perdoado em vista da grandeza do esforço: recebeu um título honorífico do rei Edward VII e foi homenageado como herói no mundo inteiro.

Seu maior fracasso foi a expedição do *Endurance* em 1914-1916. Perdeu seu navio antes mesmo de pôr o pé na Antártida. Mas atingiu um novo ponto culminante na história da liderança ao fazer com que todos os membros de sua tripulação voltassem em segurança depois de dois anos angustiantes lutando para sobreviver.

É uma história tão impressionante que faz pensar por que a saga do *Endurance* não se tornou leitura indispensável para todas as crianças em idade escolar. Ao mesmo tempo que as expedições de Shackleton acabaram sendo, todas sem exceção, decepções para ele por não atingirem os objetivos a que se propunham, o explorador conseguiu realizar, ao longo do caminho, várias façanhas admiráveis que merecem ser reconhecidas. Como membro da equipe do *Discovery*, Shackleton esteve entre os primeiros a tentar alcançar o polo sul ou até mesmo a se aventurar pelo interior a partir da costa antártica. Foi o primeiro a descobrir vegetação em uma remota ilha da Antártida. Sua expedição do *Nimrod* localizou o polo geomagnético sul, inestimável para as cartas de navegação. Foi o primeiro a encontrar carvão na Antártida, alterando a maneira como os cientistas viam a formação e as origens do continente. Foi pioneiro em inovações no acondicionamento de material, indumentária, dieta, transporte e equipamento para expedições.

Sir Ernest partiu aos quarenta anos de idade em uma viagem independente para fazer o que considerava a última grande expedição que restava ser feita na Terra: a travessia a pé do continente antártico, de quase três mil quilômetros. O navio da expedição, batizado de *Endurance* por causa da divisa da família Shackleton, *Fortitudine Vincimus*, "Vencemos pela resistência", fez-se ao mar em agosto de 1914, no alvorecer da Primeira Guerra Mundial, seguindo para Buenos Aires, dali para a ilha da Geórgia do Sul e afinal para o círculo antártico, onde singrou 1.600 quilômetros de águas cobertas de uma crosta de gelo. A apenas um dia de viagem de seu destino, na baía Vahsel, situada na costa antártica, o navio ficou preso "como uma amêndoa em uma barra de chocolate", de acordo com uma descrição feita mais tarde, no gelo polar do mar de Weddell.

Os homens ficaram isolados em uma banquisa de gelo a mais de dois mil quilômetros dos mais distantes postos avançados da civilização. Sempre que achavam impossível a situação piorar ainda mais, ela piorava. O banco de gelo maciço arrastou perigosamente o navio na direção norte durante dez meses. Em seguida, o *Endurance* foi esmagado pelo gelo e os homens foram obrigados a acampar na banquisa. Um mês depois, viram horrorizados seu navio afundar no mar, sem poder comunicar a ninguém o que acontecera. Só podiam contar com três instáveis barcos salva-vidas retirados do navio. Shackleton só permitiu que cada membro da tripulação pegasse alguns objetos indispensáveis à sobrevivência. As primeiras coisas descartadas foram moedas de ouro e uma Bíblia; não se desfizeram de um banjo nem de diários pessoais.

Os homens suportaram temperaturas tão baixas que era possível escutar o ruído da água congelando. O frio cortante congelava suas roupas até endurecê-las e queimava suas mãos e pés. Dormiam em tendas de material tão fino que dava para verem a lua através delas. Passaram quase quatro meses na frígida escuridão da longa noite polar. Quando o verão antártico afinal trouxe temperaturas mais elevadas e a promessa de algum alívio, eles acordavam todas as manhãs dentro de poças de água fria, pois o calor de seus corpos derretia o chão congelado das tendas. Subsistiram comendo principalmente carne de pinguim, de foca e às vezes dos cães, uma alimentação que os deixava fracos e inchados.

Sir Edmund Hillary, o explorador da Nova Zelândia, ao escrever em 1976 sobre a expedição do *Endurance*, mostrou-se solidário com o sofrimento deles: "Perigo é uma coisa, mas perigo combinado com extremo desconforto por longos espaços de tempo é outra bem diferente. A maioria das pessoas é capaz de suportar um pouco de perigo – acrescenta algo ao desafio –, mas ninguém gosta de desconforto."

Finalmente, quando o gelo começou a se despedaçar debaixo

deles, os homens embarcaram em seus três pequenos botes salva-vidas. Depois de mais de quatro meses de tédio entorpecedor, subitamente foram lançados em uma intensa batalha pela sobrevivência que os levou aos limites da capacidade humana. Lutaram contra o mar por quase uma semana tentando alcançar terra. Sentiram frio, fome, exaustão e tanta sede que suas línguas incharam dentro da boca. Quando por fim alcançaram a ilha Elephant, descobriram que não passava de uma ponta de terra fétida, coberta de esterco de aves marinhas e constantemente assolada por tempestades. A maioria dos tripulantes passou os últimos meses de sua provação encolhida debaixo de dois botes emborcados.

Ao final, Shackleton escolheu cinco homens e enfrentou mais de oitocentas milhas de mares turbulentos em um dos botes salva-vidas para chegar à ilha habitada da Geórgia do Sul, no remoto oceano Atlântico Sul. Quando, como por milagre, alcançaram seu destino, verificaram que ainda teriam de atravessar uma cadeia de montanhas geladas praticamente intransponível para chegar à civilização, representada por uma estação baleeira. Os baleeiros, que já tinham presenciado muita coisa em suas duras vidas, ficaram pasmos com a invencibilidade daqueles homens, horrivelmente maltratados pelas forças da natureza. Mais do que depressa, Shackleton dedicou-se a reunir esforços para resgatar os outros membros da tripulação na ilha Elephant. Espantosamente, todos haviam sobrevivido.

Graças a Shackleton.

Segundo Napoleão, "um líder é um negociante de esperança". Shackleton soube como manter repleto o estoque de esperança – durante a expedição do *Nimrod* ao polo, em 1907-1909, quando a morte ficou mais próxima dos homens do que o navio que os esperava, e durante o longo sofrimento da expedição do *Endurance*. A certa altura, quando parecia absurdo acreditar que escapariam com vida, ele convenceu seus homens de que só um tolo duvidaria disso. "Estávamos em uma enrascada e o Chefe era quem podia nos tirar dela. O fato de tal coisa parecer quase axiomática dá uma ideia de sua capacidade de liderança", disse Reginald W. James, físico do *Endurance*.

"O Chefe", como seus homens o chamavam, construiu seu sucesso sobre uma estrutura de camaradagem, lealdade, responsabilidade, determinação e, acima de tudo, otimismo. As primeiras expedições polares estão cheias de histórias perturbadoras sobre a morte de homens que não tiveram a sorte de estar sob o comando de um líder como Shackleton. Sofreram mortes horríveis causadas por acidentes, fome, exposição às intempéries e doenças; estiveram à beira da insanidade, foram levados ao suicídio e impelidos a fazer motins, cometer assassinatos e até praticar canibalismo.

A expedição antártica de 1912 do explorador australiano Douglas Mawson terminou em desastre. Perdeu seus dois companheiros – um em um acidente e o outro de fome – e foi de tal maneira acometido de escorbuto que precisou amarrar as solas dos pés nos próprios quando estas se desprenderam. Na primeira tentativa norte-americana de atingir o polo norte, a expedição *Polaris*, de 1871, houve tantas divergências que o comandante, Charles F. Hall, acabou sendo envenenado por seus homens. A partir daí, o navio mergulhou ainda mais no caos, fomentado pelo relaxamento da disciplina, pelo alcoolismo e pelos tormentos morais dos tripulantes. Na década de 1890, alguns membros das tripulações do almirante Robert E. Peary acusaram-no de tratar seus homens com "brutalidade intolerante" e culparam-no de um ou dois suicídios. Um outro explorador norte-americano do ártico, Adolphus Greely, perdeu dezenove de seus vinte e cinco homens, mortos de fome, e foi obrigado a se defender de acusações de canibalismo. Até a equipe do mar de Ross, a outra metade da expedição *Endurance* de Shackleton, incumbida de deixar depósitos de suprimentos na Antártida para a travessia, perdeu três homens: um com escorbuto e dois em um acidente estúpido.

Leiam o que o doutor Frederick Cook, membro da tripulação do *Belgica*, a expedição belga que foi para a Antártida, escreveu em seu diário no dia 19 de junho de 1898, três meses depois de seu navio ficar aprisionado no gelo: "A maioria de nós a bordo ficou com os cabelos totalmente grisalhos em dois meses, embora poucos tenham mais de trinta anos. Nossos rostos estão abatidos e há uma falta de bom humor, animação e esperança em nossa disposição de espírito que, por si só, é um dos incidentes mais tristes de nossa existência."

Comparem este trecho com o que um membro da tripulação do *Endurance*, Frank Hurley, escreveu em 21 de junho de 1915, cinco meses depois de seu navio ficar preso no banco de gelo: "A (cabine) *Billabong* está com uma atmosfera poética. Macklin está em seu beliche escrevendo versos e estou fazendo o mesmo. McIlroy está preparando um traje de dança decotado, enquanto o tio Hussey está sendo importunado por candidatos que insistem em ensaiar acompanhamentos em seu banjo."

Uns sessenta anos depois do resgate, um entrevistador perguntou ao primeiro oficial de náutica Lionel Greenstreet: "Como vocês sobreviveram quando tantos membros de expedições pereceram?" O velho marujo, então com oitenta e oito anos, respondeu com uma única palavra: "Shackleton."

O explorador britânico Apsley Cherry-Garrard foi quem melhor expressou os sentimentos de seus companheiros "antarticistas", como os chamava, ao explicar: "Para uma expedição de caráter científico e geográfico, deem-me Scott; para uma viagem por terra no inverno, deem-me Wilson; para uma rápida incursão ao polo e nada mais, Amundsen; mas, se eu estiver em um buraco daqueles e quiser sair dele, deem-me Shackleton todas as vezes."

Com toda a sua coragem e audácia para correr riscos, entretanto, Shackleton não era descuidado. Testemunhara alguns dos horrores daquele tipo de expedição e concluíra que os objetivos estabelecidos, por mais nobres que fossem, não justificavam tanto sofrimento e tantas mortes. "Melhor ser um jumento vivo do que um leão morto", disse à sua mulher quando retornou de sua expedição no *Nimrod*. Para Shackleton, as pessoas vinham em primeiro lugar. Sempre optava por viver um dia a mais para alcançar outro objetivo maior ainda.

Shackleton não conseguia ficar longe da Antártida, se bem que tivesse jurado muitas vezes a si mesmo e à sua família que abandonaria as explorações. Pagou caro por essa obsessão. Fotografias de Shackleton tiradas em 1921 em sua última viagem, a bordo do *Quest*, revelam um homem de aparência fatigada, muito envelhecido para seus quarenta e sete anos. O rosto é nada menos do que o resumo das tensões de suas viagens anteriores e do esforço extraordinário que fizera para salvar as vidas de seus companheiros cinco anos antes.

O resgate da expedição *Endurance* não recebeu a devida atenção na época. O reaparecimento da tripulação perdida ganhou manchetes nos jornais de todo o mundo, mas o público não estava muito interessado em homens que haviam sobrevivido a provações a que se haviam deliberadamente submetido em busca de glória pessoal. A Europa estava imersa na Primeira Guerra Mundial e as pessoas preferiam prestar homenagem àqueles que sacrificavam suas vidas pelas bandeiras de seus países.

O herói de guerra estava substituindo o herói explorador. "As pessoas não dão muita importância ao fato de alguém ser morto hoje em dia; isto é considerado uma honra", lamentou Thomas Orde-Lees, tripulante do *Endurance*, depois de seu resgate. "Agora, o que existe é a Lista de Honra, em vez da Relação de Baixas."

꧁꧂

Atualmente, a imagem da Antártida cresceu na mente ocidental. É um símbolo do sonho inalcançável, do isolamento absoluto, da mais dura batalha do homem contra a natureza e da medida extrema da capacidade física e mental de uma pessoa. Representa o tipo de teste que, quando se sobrevive a ele, é por um triz – e depois dele se emerge uma pessoa melhor.

E, no entanto, o continente é de uma beleza incomparável. Quem quer que vá para "O Gelo", como é chamado, fala de sua majestade, de sua profunda quietude e das cores extraordinárias escondidas em seu simples conjunto de azul e branco. Os primeiros exploradores, ao escrever sobre suas viagens, paravam no meio de histórias de arrepiar os cabelos para descrever a paisagem. O explorador australiano Louis Bernacchi, o físico da expedição *Discovery*, de Scott, escreveu o seguinte: "Às vezes, nuvens de cristais de gelo encobriam tenuamente o sol como se fosse um véu cintilante muito leve, refletindo os raios luminosos de tal modo que toda a abóbada celeste era riscada por linhas e círculos de luz branca ou brilhantemente prismática."

Muitos dos que viajam para a Antártida depois se sentem atraídos a voltar várias vezes. Alguns descrevem a ida para lá como uma espécie de experiência religiosa e dizem que a viagem interior equivale à distância percorrida. Até os leitores contumazes de narrativas de viagens que jamais saem de suas poltronas ficam fascinados com o infinito drama humano da exploração polar, tornando-se estudiosos e colecionadores de histórias e conhecimentos antárticos pelo resto da vida. É o único lugar do mundo virtualmente intocado pela civilização e é provável que permaneça assim, pois os ambientalistas lutam para preservar sua natureza primitiva. Em 1959 foi assinado um acordo internacional dedicando o continente à paz e à ciência. É um continente que se identifica fortemente com o século XX: desde as primeiras incursões, no princípio da década de 1900, à indústria do turismo e aos estudos científicos que muito se desenvolveram no final do século.

É bastante compreensível que, com a chegada do novo milênio, o público fosse tomado pelo mesmo tipo de admiração por

Shackleton de que o explorador foi alvo no apogeu de sua carreira. Hoje em dia, exposições em museus, luxuosos livros ilustrados, documentários, roteiros de Hollywood e reimpressões das primeiras publicações sobre suas expedições recontam as histórias do *Nimrod* e do *Endurance*. O apetite por narrativas de aventuras, a procura por heróis valorosos, a necessidade de encontrar novos modelos de liderança orientados para resultados são manifestações que ajudam a alimentar o ressurgimento de sua popularidade. Uma outra razão que faz de Shackleton um homem do presente é que nos cansamos da cultura que exige vítimas e desespero e buscamos líderes que sejam sobreviventes e otimistas, capazes de nos conduzir a uma nova era.

Se é verdade que sempre nos agradam mais aqueles líderes que gostaríamos de ser, não surpreende que escolhamos Shackleton. Ele era um cavalheiro, um poeta e um aventureiro. Os homens gostavam de estar perto dele. As mulheres o queriam, e ponto final. Era forte, persuasivo, encantador e chegado a umas noites de farra. É claro que tinha seus defeitos, e estes eram amplamente conhecidos. Podia ser implacável ao perseguir objetivos e rígido para com aqueles que desafiassem sua autoridade. Era muitas vezes descuidado em questões de dinheiro e atraído por negócios de enriquecimento rápido. Também era muito voltado para si mesmo. Seu trabalho afastava-o da mulher e dos três filhos por períodos prolongados e, quando estava em casa, sua atenção às vezes se desviava para outras mulheres.

Este lado frívolo, porém, não correspondia a um aspecto mais sério e sensível de sua natureza, capaz de notáveis proezas de liderança ainda aplicáveis hoje em dia. Neal F. Lane, consultor científico do presidente Clinton e antigo diretor da National Science Foundation, citou Shackleton como exemplo em um discurso de formatura em maio de 1995 na Universidade do Estado de Michigan. "É somente quando se cria uma noção de trabalho de equipe e de comunidade

– como Shackleton e sua tripulação fizeram há oitenta anos – que se pode ultrapassar os desvios e obstáculos que encontramos em nossas próprias jornadas e ganhar a satisfação que se obtém de tais realizações", disse ele. "As organizações – sejam elas empresas, escolas, faculdades e universidades ou órgãos do governo – que se preparam para o inesperado e ajudam a criar uma noção de comunidade serão, a meu ver, as líderes do século XXI. O mesmo se aplica a cada um de nós como indivíduos."

Shackleton enfrentou muitos problemas iguais aos que preocupam os administradores de hoje: reunir um grupo diversificado para trabalhar por um objetivo comum; lidar com o eterno "do contra"; animar o constante preocupado; evitar que os descontentes envenenem a atmosfera; combater o tédio e o cansaço; trazer ordem e sucesso a um ambiente caótico; trabalhar com recursos limitados.

Ele personificou os atributos dos melhores líderes de empresas: aqueles que se adaptaram com habilidade a uma revolução acelerada no ambiente de trabalho. Os princípios da democracia que modificaram o mapa do mundo no século XX acabaram se infiltrando neste ambiente de trabalho. As hierarquias estão sendo achatadas e as formalidades abandonadas. Até os que ocupam posições mais altas têm rejeitado grande parte das pompas e prerrogativas dos antigos capatazes privilegiados. Querem ser bem-sucedidos, mas também manifestam o desejo de contribuir para suas áreas profissionais e para suas comunidades.

Os empregados, por sua vez, têm melhor formação, são mais viajados, mais ambiciosos e mais sofisticados do que jamais foram. Não lhes agrada serem administrados e conduzidos; querem ser incentivados e liderados. Esperam que haja trocas inteligentes entre eles e seus chefes e que possam colaborar para os rumos das empresas em que trabalham. Também possuem metas profissionais e interesses pessoais além de seus empregos. O melhor de tudo é que os escritórios são hoje um dos segmentos mais diversificados da sociedade.

As mulheres e as minorias adquiriram mais poder no ambiente de trabalho e provocaram mudanças na cultura das empresas.

Uma significativa troca de gerações também está transformando o mundo corporativo. Os *baby boomers*, nascidos depois da Segunda Guerra Mundial, um período de alta taxa de natalidade, estão assumindo o poder. Muitos deles jamais imaginaram que entrariam para o mundo dos negócios e trabalhariam sentados diante de uma escrivaninha. Compreendem a aversão de Shackleton em desempenhar um papel autoritário e simpatizam com sua personalidade irrequieta. Rejeitam muitos dos modelos de liderança e padrões organizacionais do passado: as hierarquias de poder, as forças armadas e até a linha de produção. Em abril de 1999, o *The Wall Street Journal* noticiou que, quando o chefe de uma importante cadeia de lojas de roupas lançou um programa de treinamento gerencial em que a competição do comércio varejista era comparada a uma guerra, os gerentes protestaram e alguns pediram demissão. Agora, tem acontecido o inverso: as forças armadas é que se voltam para o mundo corporativo para aprender métodos melhores de administrar pessoal.

A mudança mais profunda, entretanto, foi o salto do mundo dos negócios feito de tijolo e cimento para o ciberespaço. Jovens empresários entendidos em internet têm assumido cargos de gerência lado a lado com líderes corporativos veteranos. Investidores desprezaram os métodos tradicionais de avaliação do sucesso e resolveram explorar novos empreendimentos comerciais. É tão surpreendente assim, então, que a viagem de Shackleton para o desconhecido volte a seduzir a imaginação do público? O explorador precisou deixar para trás seu bergantim de madeira, um dos últimos que existiam, para alcançar uma outra espécie de triunfo em uma vasta paisagem descampada. Não tinha muito jeito para ganhar dinheiro, mas abriu portas para novos mundos e liderou de maneira brilhante as pessoas através delas. Em nossos dias, as posições inverteram-se de novo e o desbravador reclama um lugar à frente do herói de guerra.

Todas as mudanças por que o mundo passou requerem novas habilidades de liderança. Como o estilo de liderança de Shackleton. A estratégia dele é a antítese dos velhos padrões de autoridade-e--controle. É uma liderança que dá valor à flexibilidade, ao trabalho de equipe e ao êxito individual. Traz de volta um pouco do cavalheirismo e do decoro do passado, mas sem a pauta secreta de um círculo social fechado e exclusivista. É atividade de negócios com uma cara humana.

Em se tratando de liderança, as fontes mais confiáveis são os liderados, de modo que as autoras, para analisar a proeza de Shackleton, estudaram acima de tudo os escritos dos homens que o conheceram pessoalmente. Os diários da tripulação do *Endurance* mostraram-se inestimáveis deste ponto de vista, em particular o de Thomas Orde-Lees, que se interessava por questões de liderança. A geração de Shackleton, como a nossa, queria descobrir os segredos dos bons líderes e vários contemporâneos de Shackleton escreveram sobre ele abordando este aspecto. As autoras também consultaram os escritos do próprio Chefe, assim como o material de pesquisa reunido por sua família e por outros estudiosos da sua vida. Os diários de Shackleton e dois livros autobiográficos, porém, são insuficientes para revelar a lógica que está por trás de sua estratégia.

Os mitos construídos em torno dele fazem supor que possuía qualidades sobre-humanas. No entanto, se examinarmos sua história com atenção, como faz este livro, verificamos que as melhores características de sua liderança são passíveis de serem aprendidas. Shackleton era um homem mediano que ensinou a si mesmo a ser excepcional. Elevou-se acima de seus pares e conquistou a inabalável lealdade de seus homens. Sua história, em essência, é um relato inspirador sobre como despertar forças nos indivíduos que eles nunca desconfiaram ter para atingir objetivos – dos pequenos aos miraculosos.

Shackleton – Uma Lição de Coragem é um manual para a nova geração de líderes. Para guiar aqueles que aceitam as novas suscetibilidades do ambiente de trabalho, mas não sabem muito bem como traduzi-las em programas de ação. Os leitores aprenderão como unificar um grupo de funcionários apesar das diferentes formações e capacidades, como organizá-lo em equipes bem-sucedidas e como fazer cada uma das pessoas individualmente sentir-se apreciada e estimulada. O livro também mostra como lidar com as crises, em especial como transmitir más notícias, como manter o ânimo e como mudar rapidamente de rumo diante do inesperado. O exemplo de Shackleton também revela a importância de misturar humor e divertimento ao trabalho, como se unir à equipe sem perder a autoridade de chefe e quando afagar algum colaborador que esteja com problemas.

O livro detalha a vida profissional de Shackleton, destacando lições significativas retiradas de seu trabalho. Em seguida, mostra como essas lições foram aplicadas no mundo de hoje por executivos e outros líderes que não precisaram ir até o fim do mundo para encontrar o espírito do *Endurance*. Entre outros, há relatos como o de James Cramer, do site TheStreet.com, que atribui à história do explorador o mérito de fazê-lo persistir em busca de bons resultados quando outros lhe diziam para desistir de seu negócio ainda na fase inicial. Jeremy Larken adaptou as estratégias de sobrevivência de Shackleton à administração de crises no moderno mundo dos negócios. Mike Dale, antigo presidente da Jaguar North America, usou a história da incrível aventura antártica para incentivar seus concessionários e levá-los a atingir patamares de vendas mais altos. Luke O'Neill, formado pela Harvard Business School, fundou uma faculdade pouco convencional, norteada pelo princípio das expedições, que está ajudando os alunos a buscarem realização seguindo a filosofia shackletoniana de ir além das expectativas. Richard Danzig, ministro da Marinha dos Estados Unidos na gestão Clinton, vê Shackleton como modelo para aprender de que modo tratar recrutas como profissionais de valor.

Qualquer pessoa pode tirar proveito dessas lições além dos gerentes de empresas: professores, pais, líderes de comunidades. A sabedoria de Shackleton não é de modo algum simples ou óbvia. Grande parte dela é contrária à intuição, principalmente para aqueles doutrinados em táticas gerenciais mais convencionais. O Chefe servia chá na cama para o choramingas do navio, lisonjeava os egomaníacos e mantinha junto a si as personalidades mais abrasivas. Fazia com muita frequência grandes sacrifícios pessoais. Às vezes, liderava exatamente por não estar liderando coisa alguma.

R. W. Richards, um dos cientistas da equipe do mar de Ross, parte da malfadada expedição, disse simplesmente: "Shackleton, com todos os seus defeitos, foi um grande homem, ou melhor dizendo, um grande líder de homens."

Shackleton fez seus homens *quererem* segui-lo; não os forçou a fazê-lo. No decorrer do processo, mudou a maneira como os membros de sua tripulação viam a si mesmos e ao mundo. Seu trabalho continuou a inspirá-los enquanto viveram e a inspirar outras pessoas pelo mundo afora muito tempo depois. Não há maior tributo que se possa prestar a um líder. Seus instrumentos eram o bom humor, a generosidade, a inteligência, a força e a compaixão.

Essa era a maneira de Shackleton.

EM LOUVOR DE SHACKLETON

- "Coragem e força de vontade podem fazer milagres. Não conheço exemplo melhor do que o que esse homem realizou."
  – Roald Amundsen, explorador norueguês e descobridor do polo sul

- "Shackleton tinha uma inteligência rápida, conseguia visualizar as coisas à frente e, tanto quanto era possível, se precavia contra qualquer eventualidade que pudesse vir a ocorrer."
  – Lionel Greenstreet, primeiro imediato, *Endurance*

- "Shackleton: uma personalidade atraente e interessante... uma pessoa das mais alegres... um otimista nato, transbordante de energia."
  – Sir Douglas Mawson, explorador australiano

- "Ele tinha um espírito tão jovem que parecia ser mais moço do que todos nós."
  – James McIlroy, médico do *Endurance* e do *Quest*

- "Seus métodos de disciplina eram muito justos. Não acreditava em disciplina desnecessária."
  – William Bakewell, marinheiro, *Endurance*

- "Sempre o via dar o melhor de si e inspirar confiança quando as coisas chegavam ao pior ponto possível."
  – Frank Hurley, fotógrafo, *Endurance*

- "Acho que não pode haver a menor dúvida de que devemos nossas vidas à sua liderança e à sua capacidade de formar um grupo leal e coeso com elementos tão diversos."
  – Reginald W. James, físico, *Endurance*

- "Não importa o que aconteça, ele está sempre pronto para alterar seus planos e fazer novos, e, nesse meio-tempo, dá risadas, faz piadas e se diverte com qualquer brincadeira dos outros, dessa maneira mantendo todos animados."

  – Frank Worsley, comandante, *Endurance*

- "Ele é um monumento de resistência e de força. Nunca entrou em pânico durante qualquer tipo de emergência."

  – Walter How, marinheiro e mestre de velas, *Endurance*

1
O CAMINHO PARA A LIDERANÇA

*Ele era sobretudo um lutador, sem medo de coisa
alguma nem de ninguém, mas, além disso, era
humano, transbordante de bondade e de generosidade,
afetuoso e leal a todos os seus amigos.*

– Louis C. Bernacchi, físico, *Discovery*

Quando Shackleton estava no apogeu de sua popularidade como explorador, foi convidado para entregar alguns prêmios acadêmicos na escola de seus filhos em Londres, Dulwich College. Foi o mais perto que chegou de um prêmio Dulwich, brincou ele na ocasião, provocando risos nos alunos.

Na realidade, os primeiros anos da vida de Shackleton quase não deixavam entrever as glórias futuras. Um de seus biógrafos mais antigos, Hugh Robert Mill, amigo e mentor do explorador, caçoava que o único indício na infância de Shackleton de que ele iria à Antártida era sua classificação na turma da escola, decididamente "ao sul do Equador e às vezes perigosamente próxima do polo". Na época do discurso em Dulwich, um professor entrevistado para uma revista de alunos descreveu o jovem Shackleton como um rapaz irrequieto, "uma pedra que muito rola e não cria limo". Tanto os colegas quanto os professores viam-no como um menino introvertido, mais interessado em livros do que em jogos, e que no entanto teve dificuldades com os estudos. "Pode fazer melhor", era o refrão habitual nos relatórios escolares.

Um colega de classe conseguiu entrever o futuro Shackleton em formação. Lembrou, uns quarenta anos depois do incidente, como o jovem estudante batera em um dos valentões do colégio que vinha atormentando um garoto menor do que ele. Desde cedo, Shackleton foi atraído para o papel de protetor, tomando a frente para exigir jogo limpo.

Ernest Henry Shackleton sentia-se à vontade ao agir como irmão mais velho. Nasceu em 15 de fevereiro de 1874 em Kilkea, no condado de Kildare, Irlanda, o segundo de uma família de dez filhos. Era um menino saudável e bonito, com olhos azul-acinzentados e cabelo escuro. A família e os amigos mais próximos achavam-no engraçado, travesso e cheio de imaginação. Segundo a opinião geral, ele cresceu em um lar afetuoso cercado por mulheres atenciosas. Além de ter oito irmãs, a avó e as tias estavam sempre na sua casa, ajudando sua mãe com as crianças. Não é à toa que, mais tarde, muita gente reparasse na forte sensibilidade feminina de Shackleton. Apesar do físico robusto, da enorme energia e das maneiras firmes e diretas, ele sabia também ser cuidadoso e delicado, esquecia rapidamente as fraquezas dos outros e era generoso sem esperar agradecimentos em troca. Um dos amigos chamou-o de "viking com um coração de mãe". Homens e mulheres percebiam essa dualidade e consideravam-na irresistível. O próprio Shackleton tinha consciência dela: "Sou uma curiosa mistura, com algo de feminino em mim, além de ser homem... Cometi todo tipo de crimes, se bem que nem sempre em atos, ao menos em pensamento, e não me preocupo muito com isto. No entanto, detesto ver uma criança sofrer ou ser falso de que maneira for."

Shackleton aprendeu com sua família a ver o mundo de uma forma ampla e compreensiva, o que ajudou a moldar seu estilo de liderança.

A casa da família também tinha sua própria dupla personalidade, segundo o doutor Alexander Macklin, médico de duas das três expedições independentes de Shackleton. Ele escreveu que a mãe de Shackleton, Henrietta Gavan, era uma mulher pouco convencional, uma irlandesa "cordial e otimista". O pai, Henry, por outro lado, era um "sólido Quaker de Yorkshire, sério e cauteloso". Um antepassado de Shackleton migrara para a Irlanda no século XVIII para abrir uma escola progressista. E a família Shackleton tem uma tendência de individualismo íntegro que subsiste até hoje.

O pai de Shackleton instalou a família na viçosa região rural do condado de Kildare. Quando Ernest tinha seis anos, mudaram-se para Dublin, onde o pai foi estudar medicina no Trinity College. Tornou-se médico, uma profissão que lhe permitiu dar à família verdadeiras comodidades de classe média alta.

Henry Shackleton chefiava um ambiente familiar rígido embora aparentemente não opressivo. Lia-se a Bíblia em voz alta em casa, e o jovem Ernest, que tinha uma queda pelo teatral, liderava suas irmãs e seu irmão em manifestações do movimento infantil antialcoolismo. Reuniam-se nas portas dos bares cantando canções sobre os perigos do álcool. Na época, aquele ramo da família convertera-se à Igreja Anglicana, mas tamanho ativismo juvenil faz supor que ainda restassem ali alguns vestígios de cultura Quaker. Na segunda metade do século XIX, os Quakers eram atuantes no mundo inteiro em muitos movimentos políticos progressistas: abolição da escravatura, reforma penitenciária, reforma educacional, pacifismo, sufrágio feminino e o movimento antialcoolismo, que alegava ser o álcool a principal causa da violência familiar e da pobreza.

Em toda a sua vida, Shackleton foi visto como uma pessoa adiante de seu tempo em sua atitude com relação a seus comandados e na maneira de tratá-los. Também estimulou as irmãs a sempre expressarem seus pontos de vista e desenvolverem carreiras próprias, e elas se tornaram mulheres impressionantemente autossuficientes para sua época, escolhendo carreiras tais como artista plástica, parteira, fiscal alfandegária e escritora. Quando se tornou adulto, Shackleton abandonou o movimento antialcoolismo e as outras práticas religiosas, adotando sua cota de maus hábitos. Entretanto, manteve a fé e os preceitos morais, equilibrando seu lado contemplativo e espiritual com um compromisso com o prático e o humanístico. Anos mais tarde, a mulher de Shackleton escreveu uma nota biográfica para os ex-alunos de Dulwich na qual ela declarava que seu marido tinha "interesse em movimentos de bem-estar social". Em última análise, sua autoridade como líder estava assentada na consideração e no respeito genuínos que sentia pelos homens que comandava.

Se Ernest Shackleton teve alguma coisa em comum com seu pai, foi o fato de ambos perseguirem seus interesses com grande paixão. O Shackleton mais velho apreciava a vida doméstica, nada o agradava mais do que se debruçar sobre textos científicos na última casa ocupada por sua família em Sydenham, Londres. Morou ali durante trinta e três anos dedicando-se à prática médica, à família e a um jardim de rosas meticulosamente cuidado. Ernest, em contrapartida, gostava de poesia e do mar. Ficaria famoso por sua incapacidade de se fixar em um só lugar, indo até os confins da Terra em busca de aventura. O que decididamente não queria era acatar o desejo do pai de que se tornasse médico.

Ernest tinha dez anos quando sua família se mudou para a Inglaterra. Seu inglês falado conservaria para sempre traços das raízes irlandesas, e por isso constantemente o definiam – para melhor ou pior – como um forasteiro. A cultura anglo-irlandesa ajudou a formar sua mentalidade independente, com um saudável descaso por costumes, clãs e classes sociais.

Shackleton tinha onze anos quando foi à escola pela primeira vez na Inglaterra. Até então, o pai educara todos os filhos em casa. Desde o princípio, o menino demonstrou uma certa aversão pelo esquema formal de uma sala de aula. Não estava destinado a permanecer muito tempo dentro de uma delas. Sua primeira escola foi Fir Lodge, em Croydon, no sul de Londres. Os colegas de classe provocaram o recém-chegado Shackleton, incitando-o a lutar com um outro garoto irlandês no dia de São Patrício. Os meninos apelidaram-no de "Micky", e ele adotou o apelido para o resto da vida, assinando-o como se fosse seu nome em cartas para a mulher e os amigos mais próximos.

Quando completou treze anos, foi mandado para Dulwich College, uma escola de sólida reputação, para meninos. Foi considerado imaturo e desatento, de modo que sempre o colocavam em turmas de alunos um ano mais moços do que ele. De acordo com o relatório de um dos professores, o jovem Shackleton "carece despertar". Outro previu: "Ele ainda não deu tudo de si." Um professor que o encontrou depois que ele se tornou um explorador famoso confessou: "Nunca o descobrimos quando estava em Dulwich." Ao que Shackleton replicou amavelmente: "Mas eu também ainda não havia me descoberto naquela época."

Shackleton reclamava que a escola não tornava as coisas interessantes. A geografia não passava de "nomes de cidades, listas de cabos, baías e ilhas", dizia ele. E, pior ainda, os grandes poetas e escritores tornavam-se aborrecidos com "a dissecação, a análise" de suas obras. Shackleton dá a impressão de ter sido um típico adolescente mal-humorado, mas nunca desagregador nem rebelde. Em vez disso, planejou um jeito de escapar. Com quinze anos, comunicou que sairia de casa para viver no mar. "Queria ser livre", escreveu mais tarde. "Queria fugir de uma rotina que não combinava de modo algum com minha natureza e que, portanto, não estava fazendo nenhum bem ao meu caráter. Alguns meninos adaptam-se à escola como patos à água. Para outros, quer se adaptem ou não, a disciplina é boa. Mas para alguns espíritos mais duros o sistema é irritante, não é benéfico e, quanto mais cedo forem lançados no mundo, melhor. Eu fui um desses."

A decisão do menino foi muito penosa para Henry Shackleton, mas ele não tentou impedir o filho. Pelo contrário, apelou para amigos da família, que o ajudaram a conseguir um emprego razoável de camaroteiro de navio para o rapaz. A mãe de Shackleton incentivou-o a procurar realizar seus sonhos para que não tivesse arrependimentos mais tarde.

Shackleton entrou para a Marinha Mercante e acabou aprendendo a áspera e desenvolta cultura comercial da carreira. Comunicou à escola a sua saída, mas terminou o período letivo da primavera de 1890 enquanto esperava a confirmação de seu emprego. A partir do momento em que teve um objetivo e um propósito definidos, ele finalmente se motivou para ser um aluno aplicado. Começou a se destacar nos estudos, subindo para o quinto lugar em uma turma de trinta e um meninos. Era o despertar que seu professor dissera que lhe faltava. Depois de concluir o período escolar, viajou para Liverpool e juntou-se à tripulação do navio a vela *Hoghton Tower*.

Uma vez tendo feito uma opção, Shackleton levava seus compromissos até o fim.

Shackleton sentiu-se infeliz e com saudades de casa durante a maior parte dos seus quatro anos de aprendizado no mar. Deixara o seio protetor de sua grande família religiosa, constituída de mulheres em sua maioria, para se atirar no mundo rude dos marinheiros. Inicialmente, não havia nenhum contrato que o obrigasse a ficar, mas ele se recusou a sair. Estava determinado a completar o difícil aprendizado e seguir uma carreira. "Acho que nunca formulei nenhuma ideia definida sobre aonde iria chegar com todo aquele trabalho pesado", disse ele. "Mas sonhava intensamente com grandes coisas à frente, grandes coisas relacionadas a aventuras."

O trabalho era mais pesado do que qualquer coisa que Shackleton pudesse imaginar quando devaneava em sua carteira da escola. Ele esfregava o convés, polia metais e realizava a tarefa exaustiva de carregar e descarregar mercadorias. O biógrafo H. R. Mill referiu-se a uma dessas incumbências, quando embarcaram um carregamento de arroz na Índia que seria levado para as ilhas Maurício: "um trabalho horrível, pois todas as 2.600 sacas (cada uma pesando quase 80 quilos), que precisavam ser embarcadas todos os dias, tinham de ser passadas de mão em mão ao longo do convés". Os sacos grosseiros cortavam as mãos de Shackleton e machucaram-nas de tal maneira que, em cartas para casa, o menino desculpou-se por não poder escrever muito e por sua caligrafia estar tão ruim. "Não deixa de ser surpreendente que tal sistema de embarque de carga pudesse existir, mesmo em navios a vela, na última década da era vitoriana, tão renomada por seus avanços mecânicos", escreveu Mill.

Era um trabalho perigoso. A tripulação às vezes enfrentava semanas de tempestades violentas que dilaceravam as velas do navio, levavam embora barcos salva-vidas e atiravam os homens de um lado para outro. Durante as piores tempestades, os meninos eram amarrados ao navio para evitar que fossem arrastados pelas águas. Shackleton viu um tripulante ser tragado pelo mar certa ocasião em que muitas tormentas se sucederam uma à outra de maneira implacável. Na ocasião, nove homens ficaram acamados por causa de acidentes e Shackleton quase foi esmagado pela queda de um moitão. Passou a sofrer de lumbago depois de semanas vestindo roupas molhadas e dormindo em uma cama úmida. Teve disenteria. Uma vez, quando os meninos estavam amarrados por causa do mar agitado, um dos brutamontes do navio pisou de propósito no pé de Shackleton com sua bota grossa. Shackleton jogou-se no chão e enfiou os dentes na perna do homem – sem largar. Depois disso, foi deixado em paz.

Shackleton achava a tripulação em geral intolerável. Mesmo dando margem aos habituais exageros de um garoto numa carta para os pais, ele se queixava amargamente sobre o quanto detestava a bebida, os palavrões e a jogatina constantes que o cercavam. E admitiu ter adquirido o hábito de fumar. Os portos não ofereciam nenhum alívio para essa situação. Para o rapaz, eram lugares violentos e de aparência desagradável, e Shackleton preferia passar as noites a bordo sob o céu estrelado, encontrando conforto na beleza da natureza. Ele escreveu em uma das cartas: "Muitos pintores dariam a metade do que possuem para captar os matizes evanescentes do pôr do sol vermelho e dourado que tivemos na noite passada... O que tenho a dizer é que, se quiser ver a Natureza envolta em seu manto de poder, assista a uma tempestade no mar; se quiser vê-la envolta em seu manto de glória, assista a um pôr do sol no mar."

Em seu primeiro emprego, Shackleton trabalhou sob as ordens de um comandante bondoso que convidava os aprendizes para jantar em sua companhia à mesa e, aos domingos, promovia sessões de canto de hinos em sua cabine. Havia uma tal atmosfera que Shackleton, para sua surpresa, podia ler a Bíblia sem que seus companheiros implicassem com ele. Alguns até o acompanhavam.

O comandante seguinte, porém, era bem menos benevolente e comandava uma tripulação menos disciplinada, que dava muito mais trabalho. O fato de Shackleton estudar a Bíblia fez dele objeto de ridículo para os outros. Como resultado, ele começou a praticar sua religião de maneira mais particular e deixou que suas ações falassem por suas crenças.

Em sua terceira e última viagem como aprendiz, estava terrivelmente saudoso de casa. Para aliviar sua tristeza na viagem de dois anos, Shackleton escreveu centenas de cartas para casa e pediu que lhe escrevessem outras tantas de volta – cartões não contavam.

Depois de completar quatro anos de aprendizado em veleiros de transporte de carga, Shackleton começou a prestar exames a cada dois anos para avançar para postos mais altos. Com vinte anos, conseguiu o lugar de terceiro oficial em um luxuoso navio de passageiros. Com a idade de vinte e quatro anos, tinha conquistado seu diploma de mestre, que o qualificava a servir como comandante em qualquer navio da Marinha Mercante. Tinha uma nova razão para correr atrás do sucesso: apaixonara-se por Emily Dorman, uma londrina refinada e muitos anos mais velha do que ele. Queria uma carreira respeitável e segurança financeira para se casar com ela.

Ao amadurecer, Shackleton tornou-se mais confiante e mais exigente. Queria melhores condições de trabalho, atividades mais promissoras e colegas que pudesse respeitar. Conseguiu o que desejava graças a uma vitoriosa combinação de trabalho árduo, fino instinto político e encanto pessoal. No princípio de 1899, foi contratado pela prestigiosa Union Castle Line. Shackleton imaginava que o novo emprego lhe daria a oportunidade de estar na companhia de colegas mais ambiciosos e de passageiros bem relacionados socialmente. Mostrou-se incansável em fazer contatos e pedir apresentações aos outros. Não perdeu tempo em encontrar um mentor. Enquanto servia como oficial a bordo do *Tantallon Castle*, Shackleton encontrou – e fascinou – um rico empresário da indústria siderúrgica chamado Gerald Lysaght. O empresário impressionou-se com o "caráter fora do comum, a energia e determinação" do jovem oficial de vinte e cinco anos e convenceu-se de que ele estava destinado a grandes feitos. Pelo resto da vida, Shackleton iria contar com o apoio financeiro de seu patrono para as expedições.

A força da personalidade de Shackleton também exercia um efeito magnetizante sobre seus superiores e colegas. No ano seguinte, Shackleton recebeu uma proposta para servir como quarto imediato no *Tintagel Castle*, um grande vapor que carregava tropas para lutar na Guerra dos Bôeres, entre a Grã-Bretanha e os colonizadores holandeses da África do Sul, mas convenceu o comandante a dar-lhe o posto de terceiro imediato. Shackleton distinguiu-se no serviço, indo muito além dos deveres básicos exigidos pelo cargo. Desenvolvera ideias próprias sobre como conduzir as atividades em um navio e como ele próprio deveria proceder. Também começou a adquirir uma noção de seus objetivos profissionais.

Shackleton decidiu escrever um livro sobre suas experiências com a coautoria do médico de bordo, o doutor W. McLean. O título pesadão revela um pouco do que foi a tarefa deles: *O.H.M.S.: Um registro da viagem do* Tintagel Castle: *o transporte de 1.200 voluntários de Southampton à Cidade do Cabo, março de 1900.* Quando Shackleton, com muita ousadia, pediu ao célebre escritor Rudyard Kipling para escrever um poema introdutório para o livro, Kipling consentiu. "Vou fazer o melhor possível para você", foi o que disse o escritor, segundo Shackleton, quando eles se encontraram. Shackleton, que nunca deixava nada ao sabor do acaso, vendeu o livro para os leitores antes que ele fosse escrito. Tomou duas mil encomendas adiantadas, garantindo para si um pequenino lucro. Quando o livro foi publicado no final da década de 1900, o confiante Shackleton mandou encadernar um exemplar especialmente para a rainha.

Mesmo depois de se tornar um explorador famoso por sua incrível resistência, falava com orgulho da maneira como passara por aquela difícil iniciação à vida no mar, dando a impressão de conservar uma certa simpatia pelo aprendiz sofredor que fora. Anos de penoso aprendizado haviam-no endurecido e ao mesmo tempo ensinado a sentir mais compaixão por aqueles que ficavam doentes, infelizes ou sentindo falta de casa. Aprendeu outras lições que nunca mais esqueceu: que um bom chefe podia fazer o fardo do trabalho parecer mais leve, que se recusar a lançar mão dos melhores recursos possíveis sobrecarregava injustamente o trabalho dos outros e que uma única pessoa podia modificar todo um ambiente de trabalho. Shackleton também aprendeu algumas coisas a respeito de si mesmo: que tinha um amor pela natureza às vezes maior até do que seu amor pela civilização, que gostava de estar no centro do palco e que adorava um grande sucesso.

Em todos os cargos que ocupou, Shackleton contribuiu para levantar o moral da tripulação.

Na época em que Shackleton foi para o *Tintagel Castle*, seu lado mais impetuoso já emergira. Tornara-se agudamente consciente da importância do moral a bordo. Não conseguia trabalhar de modo eficaz em um lugar com atmosfera hostil ou vulgar e duvidava que os outros pudessem. Mas não tentou converter os tripulantes desregrados, como tentara em sua juventude. Aos vinte e seis anos, encontrara um meio melhor para fazer a tripulação agir educadamente.

No *Tintagel Castle*, Shackleton ofereceu-se para ensinar sinalização aos oficiais do exército. O navio era um lugar desagradável para trabalhar, estava lotado de tropas e oficiais, e o comando mantinha a disciplina com rédeas curtas. A tripulação estava desanimada. Shackleton encarregou-se de planejar diversões para seus companheiros: esportes, concertos e um ensaio minucioso da chegada do Pai Netuno – uma tradição quando se cruza o equador. Suas iniciativas levantaram o moral do grupo e ele se tornou, nas palavras de um dos tripulantes, "a alma do navio". Foi a primeira vez que alguém se referiu a Shackleton dessa maneira, mas não seria a última. Ele passaria a ser conhecido em todo navio em que servisse por sua mania de dar apelidos a todos, por organizar atividades, pelo comportamento às vezes excessivamente alegre e por experiências não de todo sérias.

Ao longo dos anos, transformou também sua facilidade de se relacionar com as pessoas em um verdadeiro talento para fazer discursos divertidos nos mais variados tipos de fóruns: escritórios, jantares para arrecadar fundos, entrevistas à imprensa. No entanto, é possível que desse mais a impressão de ser naturalmente um sujeito comunicativo e camarada do que de fato era. Tudo indica que se esforçou muito para criar uma *persona* pública. Percebia como era vital para seu sucesso ser alguém de quem os outros gostassem, alguém que desejassem ter por perto – e a quem quisessem dar dinheiro. Mas Shackleton guardava apenas para si aquele lado que ansiava por ficar só com seus livros e que se deliciava com a calma e a tranquilidade dos vastos espaços ao ar livre.

Shackleton lia bastante a fim de encontrar sabedoria e orientação para todas as jornadas da vida.

A educação formal de Shackleton foi interrompida precocemente, mas ele estava determinado a não permitir que isso o colocasse em desvantagem no mundo de riqueza e poder ao qual aspirava chegar. Estudou sozinho navegação, marinharia e tudo o mais que fosse necessário para passar nas provas de promoção. E, mais importante ainda, leu uma grande variedade de livros. Um amigo descreveu assim a cabine de Shackleton no *Tintagel Castle*: "De um lado, uma escrivaninha, com a parede atrás dela coberta de fotos de amigos; do outro lado, uma estante com todos os indícios de que seu proprietário era um bom leitor, pois ali vi Shakespeare, Longfellow, Darwin e Dickens, além de obras sobre navegação." Shackleton cruzou todo o globo quando serviu na Marinha Mercante, visitando a Europa, a América do Sul, o Extremo Oriente, o Oriente Médio, a China, a África e os Estados Unidos. Nada porém abriu mais sua mente para a vastidão, a riqueza e a complexidade do mundo do que a literatura. Os livros transportaram-no para além dos limites de sua experiência pessoal.

Shackleton foi a vida inteira um estudioso de história e de poesia. Em uma entrevista, deixou transparecer como se tornou um leitor tão entusiasmado depois de seu pálido desempenho escolar: "Nunca me interessei muito por relatos de batalhas e cercos, de dinastias e tronos derrubados, mas gostava das histórias de povos que lutavam pela liberdade, de nações aventureiras que enviavam seus navegadores para mares desconhecidos, da história da colonização e das explorações."

Sua educação intensificou-se quando encontrou Emily Dorman. Ela o apresentou aos museus, à arte e às palestras, despertando nele uma profunda admiração pela poesia de Robert Browning, que se tornaria uma luz especial a guiá-lo pelo resto de sua vida. O pai de Shackleton já o ensinara a gostar de Alfred Lord Tennyson, o poeta laureado da Inglaterra, tão popular no final da era vitoriana. Browning e Tennyson representavam para Shackleton os dois pontos principais na bússola de seu mundo: Tennyson tinha uma visão terna e passiva; Browning era audacioso e tinha fome de viver. "Para ser franco, o que encontro em Browning é um otimismo espontâneo, firme", teria dito Shackleton, de acordo com seu biógrafo Harold Begbie. "Nenhum poeta jamais encontrou resposta mais radiosa para o enigma do universo. Ele sabe o que o universo espera do homem: coragem, resistência e fé – fé na bondade da existência."

As leituras de Shackleton sobre assuntos diversos tornaram mais fácil para ele relacionar-se com muitas pessoas apelando aos interesses delas. Anos mais tarde, quando ficaram isolados no gelo, ele provocava debates entre os homens sobre coisas como os diferentes tipos de amor, as diferenças entre as Igrejas Católica e Ortodoxa, o tratamento dispensado aos negros na América. "Eu o invejava demais por sempre saber fazer a citação mais apropriada, marcando uma ocasião ou qualquer coisa que acontecesse", disse um de seus homens, Lionel Greenstreet, a seu respeito.

Shackleton mantinha os olhos abertos para novos horizontes, pronto a não deixar escapar as oportunidades.

Shackleton leu, junto com o resto do mundo, a notícia fascinante sobre o *Belgica*, que zarpou de Punta Arenas, no Chile, em dezembro de 1897 com o propósito de ser a primeira expedição científica à Antártida e de tirar as primeiras fotografias da região. Esse acontecimento deu um rumo inteiramente novo à vida dele. Enxergou o potencial, previu a popularidade da exploração da Antártida e preparou-se para adquirir um novo conjunto de habilidades. Em 1899, associou-se à Royal Geographical Society (RGS), onde se aproximou da cultura da exploração.

Quando a RGS e a Royal Society, uma academia científica independente, decidiram em 1900 que a Grã-Bretanha deveria financiar sua própria expedição nacional à Antártida, Shackleton estava pronto. Começou imediatamente uma campanha cerrada para ir. Um novo século despontava e homens ambiciosos como ele viam possibilidades e mudanças infinitas em marcha. A eletricidade revolucionava a vida doméstica e a indústria. Os navios a vapor haviam substituído quase por completo os navios a vela. Com a exploração polar, todos os cantos do mundo seriam conhecidos pela primeira vez. E a hipótese de que o gelo da Antártida escondia recursos valiosos fazia com que as expedições dessem a impressão de ser o caminho mais curto para a riqueza.

Os avanços realizados pelos exploradores e cientistas provocaram a mesma espécie de excitação inebriante que se sentiu às vésperas do século XXI com a expansão da tecnologia e a mudança para o ciberespaço: um mundo novo e desconhecido estava à mão, e com ele a noção de que dinheiro e fama eram fáceis de alcançar – e que todos estavam tentando fazer isto. O mundo parecia girar cada vez mais depressa.

Um dos membros da tripulação de Shackleton, Thomas Orde-

-Lees, imaginou em 1915 como seria o mundo um século mais tarde: "Sem dúvida, os exploradores de 2015 – se é que ainda vai haver o que explorar – não só levarão consigo seus telefones portáteis sem fio, equipados com telescópios sem fio, como também receberão alimentos e aquecimento por meio de recursos sem fio, assim como energia para abastecer os motores de seus trenós. Mas é claro que, então, já existirão excursões aéreas diárias para ambos os polos."

Shackleton estava pronto para deixar para trás sua antiga carreira. Sua última viagem comercial foi a bordo do maior navio em que serviu, o *Carisbrooke Castle*, um navio de passageiros que seguia para o cabo da Boa Esperança. No início de 1901, ao voltar da viagem de dois meses, foi informado de que havia sido designado para o posto de suboficial no *Discovery*, o navio da expedição à Antártida que seria comandada por Robert F. Scott. A notícia encheu Shackleton de prazer. Ficou imediatamente sob a luz dos refletores e demonstrou então seus talentos para lidar com o público e cortejar a imprensa.

O *Discovery* levantou âncora rumo à Antártida em 31 de julho de 1901 com trinta e oito homens a bordo, chegando ao estreito de McMurdo no princípio do ano seguinte. A excitação dos tripulantes fez com que a viagem fosse alegre. Shackleton tinha uma vantagem sobre a maioria dos outros jovens oficiais, que era o fato de ser um marinheiro experiente. Os navios de exploração utilizavam uma combinação de velas e propulsão a vapor porque a longa viagem para o sul apresentava problemas de abastecimento de combustível. Quase todos os seus companheiros de bordo haviam sido treinados em vapores e precisavam aprender técnicas de navegação a vela.

Shackleton, por sua vez, precisava aprender a fazer experiências científicas. H. R. Mill, o multitalentoso cientista da Royal Geographic Society, acompanhou a expedição até a ilha da Madeira para ensinar ciências à tripulação. Ensinou Shackleton a medir teores de salinidade e a densidade da água, bem como a realizar outros testes. Considerou Shackleton impaciente com a precisão exigida pelo trabalho científico, mas, por outro lado, um bom aluno que aceitava bem as críticas.

Mais uma vez, Shackleton foi chamado de "a alma do navio" pela tripulação do *Discovery*. Ele animava o grupo, distraindo-o com invenções como a do trenó com rodas feitas de barris de rum. Ao mesmo tempo, fazia um trabalho excepcional. Foi o primeiro membro da expedição a encontrar vegetação; foi o primeiro a localizar terra nova, batizada de Terra de Edward VII; saiu-se muito bem editando o *South Polar Times*, o jornal do navio. Também aperfeiçoou o acondicionamento dos trenós, tendo estudado os desacertos das primeiras atividades da tripulação com tais veículos. Basta dizer que dois de seus companheiros naquele navio, Louis Bernacchi e H. R. Mill, mostraram-se tão encantados com o explorador novato de vinte e sete anos que, depois da morte dele, ambos escreveram sobre sua extraordinária capacidade de liderança. Mill, que se tornou um amigo muito próximo de Shackleton, foi o autor de uma rica biografia dele.

Scott escolheu Shackleton e o médico da expedição, Edward A. Wilson, para acompanhá-lo na "Grande Jornada para o Sul", uma tentativa de fazer o percurso de mais de 2.500 quilômetros de ida e volta ao polo, que começou em novembro de 1902. A longa marcha pelo terreno traiçoeiro em meio ao frio antártico exigia uma alimentação mais calórica e revigorante. Scott, porém, reduziu as rações para diminuir o peso da carga nos trenós. Perto do Natal, os três homens já apresentavam sintomas de escorbuto. Foram obrigados a voltar no último dia do ano estando a uns 740 quilômetros do polo. Shackleton, em especial, lutava pela vida. Além da fome e do escorbuto, ele parecia estar sofrendo de problemas cardíacos e pulmonares. O trio em frangalhos mal conseguiu chegar de volta ao navio em 3 de fevereiro de 1903. Em vez de manifestar simpatia ou mesmo assumir a responsabilidade pelos sofrimentos do companheiro, Scott aparentemente atribuiu o fracasso da marcha à doença de Shackleton.

A expedição do *Discovery* pode ter sido um avanço na exploração da Antártida como um todo, mas havia pouca coisa concreta a mostrar depois do esforço de dois anos. Pior de tudo, um marinheiro morreu logo no início em um acidente. De modo geral, Scott não estava disposto ou não conseguia adaptar seu treinamento naval formal ao ambiente inóspito e desconhecido. Quando permaneceram congelados nas águas ao largo da Antártida, por exemplo, ele conduzia a inspeção convencional do convés todos os domingos. Também fazia a tripulação lavar o convés, embora a água congelasse assim que era jogada nas tábuas de madeira.

Apesar de Shackleton ter feito muitas das contribuições registradas no diário de bordo da tripulação do *Discovery*, em março de 1903 – na metade da expedição –, Scott exigiu que Shackleton se oferecesse para voltar para casa no navio de resgate. Shackleton resistiu, estando àquela altura a caminho da plena recuperação. Scott, entretanto, ameaçou mandá-lo de volta rebaixado caso não se declarasse doente.

Shackleton transformou um revés em uma oportunidade para dar um grande passo sozinho.

Foi uma amarga decepção para Shackleton ser mandado para casa. A animosidade entre ele e Scott, desenvolvida no decorrer da expedição, nunca mais se dissipou. Mas Shackleton nunca revidou publicamente. Ao contrário, tirou partido da situação e levou a melhor sobre seu adversário: aproveitou o retorno prematuro para chamar a atenção para si antes da volta do *Discovery*. Seduziu o público com dramáticas histórias de bravura no misterioso continente. Descobriu que existia uma curiosidade insaciável sobre o Sul e tirou o maior proveito possível disso. A publicidade ajudou a polir sua reputação de especialista em planejamento de expedições. Foi convocado para ajudar o governo argentino a planejar uma expedição de socorro à Antártida destinada a levar suprimentos para a ilha Paulet. Mais ou menos na mesma época, ajudou a organizar o transporte de dez mil soldados russos para o front durante a guerra russo-japonesa.

Shackleton também tentou uma sucessão de outros trabalhos, embora todos com o propósito de utilizar o que aprendera e adquirira para promover sua carreira nas explorações. Primeiro tentou o jornalismo, trabalhando para a *Royal Magazine*, onde seu chefe ficou encantado com seu carisma. O editor declarou que o entusiasmo e o pensamento criativo de Shackleton seriam valiosos em qualquer ambiente de trabalho. "Estou convencido de que, se ele pedisse um emprego a um corretor de valores, um açougueiro, um carpinteiro ou um empresário de teatro, decerto conseguiria. Havia algo nele que inspirava confiança", explicou F. W. Everett, concluindo assim: "E nenhum patrão se arrependeria de tê-lo contratado. Embora a corretagem de valores ou o teatro estivessem tão fora de sua linha de ação quanto o jornalismo, de alguma forma ele estabeleceria uma boa reputação em ambas as atividades... Transbordava de ideias originais, pouco convencionais, inteligentes, que – fossem elas práticas ou não – eram sempre estimulantes e sugestivas."

Shackleton usou os três meses que passou trabalhando na revista para fazer preciosos contatos e aprender como lidar com a imprensa. Havia doado o pagamento de um artigo para o Fundo de Socorro do *Discovery*. O navio de Scott ficara preso no gelo da Antártida e, para soltá-lo, foi preciso usar dinamite, em fevereiro de 1904, numa operação muito dispendiosa.

Lançando mão de seus contatos na RGS, Shackleton mudou-se então para Edimburgo e tornou-se um influente funcionário da Royal Scottish Geographical Society. Lá também ele ficou conhecido. Como novo secretário, teria conquistado quinhentos membros para os quadros da sociedade.

A essa altura, suas finanças já haviam melhorado o suficiente para se casar com Emily Dorman – o que ocorreu em 9 de abril de 1904. O casal teve três filhos: Raymond, Cecily e Edward. Emily nunca se acostumou com as longas separações e interrupções de sua vida familiar. As cartas que Shackleton escreveu para ela ao longo dos anos estão cheias de repetidas promessas de abandonar as explorações, assim como de repetidas desculpas por não fazê-lo. Ainda assim, o casal permaneceu junto, e Emily não se casou de novo depois da morte do marido.

Shackleton meteu-se até – sem sucesso – em política. Considerou-se popular o suficiente para tentar uma carreira no Parlamento como candidato da União Liberal por Dundee nas eleições de 1906. Ele agradava às multidões, mas não conseguiu um grande número de votos. Foi amplamente derrotado. Depois da eleição, tornou-se assistente de William Beardmore, um magnata da engenharia na cidade de Glasgow, que apresentou Shackleton a um círculo de proeminentes homens de negócios.

Todos esses esforços não passavam de um prelúdio para o inevitável retorno de Shackleton à Antártida. Para ele, nada se comparava à emoção e à satisfação das explorações. A atração por elas era irresistível. Os exploradores polares eram as celebridades do momento – suas proezas eram registradas na nova mídia, o cinema. Shackleton acalentava planos de liderar sua própria expedição antártica em 1907. Beardmore ajudou-o a equipar o navio, chamado de *Nimrod*. Fama e fortuna pareciam estar ao alcance da mão, embora a fama viesse com muito mais facilidade do que a fortuna. Os planos de Shackleton para uma viagem independente fizeram tanta sensação que o rei Edward VII e a rainha Alexandra se interessaram pessoalmente pelo encantador e moderno jovem explorador e foram visitá-lo no *Nimrod* para desejar-lhe boa sorte. A rainha, particularmente conquistada por Shackleton, entregou-lhe uma bandeira do Reino Unido para ser fincada no polo sul.

O aparelhamento de homens e navios para a difícil viagem custava caro e, apesar da atenção real, era complicado obter fundos para pesquisas polares. As autoridades britânicas queriam que a Marinha Real se destacasse nas explorações e as intrusões de exploradores independentes não eram bem recebidas. Os parcos recursos públicos existentes eram muito disputados. Shackleton teve um bocado de trabalho para convencer os industriais a abrirem seus cofres.

Apesar das frustrações, Shackleton nunca exagerou na venda da expedição do *Nimrod* para seus patrocinadores. Era claro sobre seus planos e objetivos. Um navio partiria da Nova Zelândia e desembarcaria um grupo de terra na Antártida em fevereiro de 1908. Voltaria para a Nova Zelândia e retornaria à Antártida no princípio de 1909 para buscar a equipe. Um grupo viajaria para o leste a fim de explorar a Terra do Rei Edward VII. Outro seguiria para oeste com a finalidade de encontrar o polo geomagnético sul. E o grupo principal iria procurar o polo sul geográfico. A expedição experimentaria várias inovações no transporte, tais como o uso de robustos cavalos da Manchúria em vez de cães, e testaria um automóvel especialmente projetado para a viagem. A cada 160 quilômetros, seriam depositadas provisões destinadas à viagem de volta.

Em uma carta para Emily, escrita a caminho da Antártida em 1907, Shackleton dizia que ela ficaria orgulhosa daquela oportunidade que ele tinha de realizar um grande trabalho. "Há milhares de pessoas que dariam tudo para vir, e esta expedição não deve nada ao mundo de modo geral, mas ainda assim pode ajudar a honrar o país", escreveu ele. Acrescentava que tinha esperança de que a viagem o livrasse da necessidade de "mourejar nos negócios ano após ano", guardando muito pouco dinheiro. Sendo bem-sucedido, dizia, "haverá bastante para vivermos nossa vida como desejarmos".

Shackleton era audacioso em seus planos, mas cauteloso em sua execução, dando grande atenção aos detalhes.

Shackleton tinha conhecimento dos planos mal arquitetados que haviam afligido as explorações polares anteriores, desencorajando até os exploradores mais entusiasmados. Consequentemente, procurou construir uma reputação em que não havia lugar para bravatas – todos os que iam para a Antártida eram considerados tremendamente corajosos –, mas para a cautela. Costumava referir-se a si mesmo como "Velho Cauteloso" e adorava quando os outros também o faziam. Não era necessariamente o primeiro adjetivo que vinha à mente quando se pensava em Shackleton, mas os homens sob seu comando sabiam que ele era cuidadoso com seu trabalho e preocupado com a segurança de todos. Essa reputação foi especialmente importante quando precisou levantar fundos de fontes privadas, que desejavam alguma garantia de que seu investimento não acabaria no fundo do mar.

No *Nimrod*, seria Shackleton quem trataria de um tripulante doente ou treinaria um bando de cachorros a usar arreios e puxar trenós. H. R. Mill enxergou na atenção meticulosa de Shackleton com os detalhes mais uma prova da dualidade da natureza dele: "Alguém cuja mente está sempre voltada para uma exaustiva precaução e para as providências mecânicas de atendimento às necessidades de rotina raramente é atraído para empreendimentos perigosos. Por isso, costuma haver a presença de uma sociedade douta ou um comitê cuidadoso para planejar e equipar uma expedição e um sujeito audacioso para levá-la adiante de acordo com os limites impostos por instruções prudentes. O melhor explorador, entretanto, é o homem que pode ao mesmo tempo conceber e ousar, que carrega seu comitê organizador consigo em cima de seus próprios pés e sabe que não há [mais ninguém] a culpar pelo fracasso a não ser ele mesmo. Um explorador assim deve receber na volta o elogio integral pelo plano e pela execução." Esse explorador era Shackleton.

Shackleton aprendeu com os erros anteriores.
A experiência ensinou-o a definir que tipo
de líder ele não queria ser.

Como todos os grandes desbravadores, Shackleton estudava o passado enquanto sonhava com o futuro. Extraía o que considerava valioso e que achava que poderia aproveitar das expedições anteriores, identificava problemas que podia resolver e esforçava-se para inovar.

A tripulação do *Nimrod* chamava Shackleton de "o Chefe", e o apelido pegou para o resto da vida. Ele aprendeu como escolher uma tripulação, como conceber e realizar experiências e observações científicas e a modificar planos para que se adaptassem a novas necessidades. Suas convicções de longa data – pôr em primeiro lugar o bem-estar de seus homens e respeitar cada um deles individualmente – mantiveram-se admiravelmente firmes, mesmo quando sua popularidade cresceu e as exigências quanto ao seu desempenho aumentaram. "Ele é um homem maravilhoso e eu o seguiria para onde quer que fosse", escreveu o maquinista do *Nimrod*, Harry Dunlop, em uma carta para um amigo.

Shackleton partiu na expedição do *Nimrod* para fazer nome e para se distinguir de seu rival, Scott. Teve o cuidado de mostrar respeito pelas contribuições de Scott, mas estava decidido a estabelecer padrões mais altos. Gabou-se em uma carta para Emily de que o seu navio, o *Nimrod*, era melhor, apesar de menor, do que o *Discovery*, afirmando com orgulho que o equipara e abastecera com habilidade e reunira uma tripulação cuidadosamente escolhida.

Em Scott, Shackleton via a imagem exata do tipo de líder que ele não queria ser. Scott, treinado na Marinha Real Britânica, era rígido e formal. Para ele, a recompensa era sempre o objetivo supremo, e seu treinamento militar lhe ditaria que a perda de algumas vidas era inevitável. Preferia contratar homens com disciplina semelhante para suas expedições, às vezes com resultados deploráveis. "Na Marinha, ordens são ordens, e tínhamos recebido ordens de permanecer onde estávamos", escreveu Frank Wild sobre uma experiência por que passou como membro da tripulação do *Discovery*. "Apesar de estarmos gelados até os ossos e um dos homens estar sofrendo de graves ulcerações pelo frio, além do fato de que ficar ali significaria inevitavelmente a morte para todos nós em poucas horas, levei um tempo enorme para convencer os outros a seguir em frente e tentar encontrar o navio."

Scott era severo, intimidante e controlador; Shackleton era caloroso, brincalhão e igualitário. Scott era conhecido por atormentar seus subordinados; Shackleton provocava, mas nunca humilhava. Scott tentava orquestrar todos os movimentos de seus homens; Shackleton dava responsabilidade e uma certa dose de independência. Scott era reservado e desconfiado; Shackleton falava de maneira aberta e franca com seus homens sobre todos os aspectos do trabalho. Scott punha sua equipe em risco para atingir seus objetivos; Shackleton prezava a vida de seus homens acima de tudo.

Na expedição do *Nimrod*, quando os homens instalaram um acampamento de inverno na costa antártica, Shackleton transformou a cabana em um lar. Era apertada, atravancada e difícil de se manter limpa, mas os homens nunca ficaram irritados nem deprimidos. Raymond Priestley, o geólogo, escreveu: "Nos longos meses de inverno, quando os cientistas trabalhavam com dificuldade no escuro e no frio realizando as tarefas de rotina ao ar livre, podíamos sempre contar com a ajuda e a companhia de nosso líder."

Shackleton era um homem sociável, mas isto não significava que permitisse o relaxamento da disciplina. Por exemplo, ao tentar encontrar um local apropriado para atracar na Antártida, o comandante do *Nimrod*, Rupert England, deixou todos perturbados com sua maneira nervosa de manobrar o navio. No entanto, quando alguém fez publicamente um comentário depreciativo sobre England, Shackleton ficou furioso, lembrando à tripulação que precisava respeitar a autoridade do comandante como as regras do mar exigiam. Agiu assim apesar de também já ter concluído que o comandante comprometia a segurança dos homens e, além disso, depois de ter escrito para seu agente na Nova Zelândia, pedindo-lhe que escolhesse um substituto para vir buscar a tripulação na primavera seguinte.

Shackleton, porém, era um novato na sua posição de liderança e cometeu muitos erros. Às vezes, passava maus pedaços enfrentando seus homens como, por exemplo, quando adiou o momento de dizer a Philip Brocklehurst, sem condições físicas na ocasião, que não poderia acompanhá-los na marcha para o polo. A mãe do rapaz de dezenove anos comprara para ele um lugar na expedição, e Shackleton sentia-se devedor. Também era indeciso de vez em quando. O doutor Marshall encontrou uma versão própria para classificar o lado feminino de Shackleton, chamando-o de "velhinha" por ele ser excessivamente cauteloso. Mesmo que a crítica fosse injusta, revelava a inexperiência de Shackleton em lidar com divergências.

Shackleton, entretanto, aprendia rápido e sabia que precisava encontrar uma outra forma de lidar com sua tripulação instruída, que não reagia bem à disciplina rígida e exigia ser ouvida. Também anotou pelo menos três erros que teriam de ser corrigidos em sua próxima expedição: os cavalos eram pesados demais para o terreno gelado, a comida tinha de ser ainda mais nutritiva e compacta para as viagens pelo interior e os membros fundamentais da tripulação não podiam ter um temperamento e uma visão tão diferentes dos seus.

Shackleton sempre colocava o bem-estar de sua tripulação em primeiro lugar.

Shackleton costumava pôr na balança o custo de um objetivo e a despesa para atingi-lo. Preferia substituir um objetivo fracassado pela tentativa de atingir um outro mais ambicioso.

Ele e seus três companheiros – o doutor Eric Marshall, o tenente Jameson Boyd Adams e Frank Wild – saíram a caminho do polo em 3 de novembro de 1908, levando comida suficiente para noventa e um dias. Em 26 de novembro, já haviam batido o recorde alcançado pela equipe do *Discovery*, embora o diário de Wild revele que ele já começasse a ter dúvidas se conseguiriam ir e voltar do polo antes que o navio de resgate partisse no fim de fevereiro. O próprio Wild quase não conseguiu mesmo. Por pouco não morreu quando o último dos quatro cavalos que traziam caiu em uma fenda no gelo arrastando-o junto. O acidente praticamente eliminou a possibilidade de chegarem ao polo. Sem a carne do cavalo, os homens ficavam à mercê de uma desesperadora escassez de comida. Prosseguiram com dificuldade por mais um mês, com Shackleton anotando em seu diário que, "afinal de contas, dificuldades são apenas coisas a serem superadas".

Em 9 de janeiro de 1909 deram uma arrancada final rumo ao sul, fincando a bandeira dada pela rainha Alexandra a 88°23' sul – somente 150 quilômetros do polo. Não podiam ir adiante. Wild disse que Shackleton "retesou todos os músculos e nervos até o limite" para chegar àquela distância, da mesma forma como iria vê-lo muitas vezes mais esforçar-se ao máximo de sua capacidade nos vinte anos de sua convivência. O Chefe desistiu de seu intento para garantir que todo o grupo voltasse com vida.

Os quatro tinham de voltar correndo para o navio antes que morressem de fome. Comeram o último pedaço de carne de cavalo de sua reserva. Mas a carne estava estragada e todos adoeceram com uma forte disenteria. A certa altura estavam tão fracos que nem ao menos conseguiram levantar acampamento. Temendo que a morte estivesse próxima, Shackleton pediu a Wild que cantasse seu hino favorito, "Guia-me, luz bondosa". Wild não teve forças para ir além da primeira estrofe:

Guia-me, luz bondosa! Em meio às trevas,
Guia-me para que eu siga adiante;
A noite é escura e estou longe de casa,
Guia-me para que eu siga adiante:
Guia-me passo a passo; não quero ver
O que está distante;
Cada passo para mim é o bastante.

Lentamente, os homens se recuperaram, mas restava pouco tempo para encontrarem o navio. Shackleton insistiu para que Wild ficasse com seu biscoito da refeição da manhã, alegando que o amigo precisava do alimento mais do que ele. Quando Wild recusou, o Chefe ameaçou enterrar o biscoito na neve em vez de comê-lo. Wild comeu o biscoito. Foi um gesto que ele nunca esqueceu.

Quase mortos de inanição, alcançaram um depósito de víveres fartamente abastecido que um grupo de apoio do *Nimrod* deixara para eles. O doutor Marshall empanturrou-se de tal maneira que passou mal. Uma nevasca prendeu-os dentro da barraca durante um dia inteiro, mas o médico ainda não estava bem para percorrer os mais de cinquenta quilômetros que os separavam do navio. O Chefe deixara instruções para o novo comandante do *Nimrod* zarpar se o grupo não retornasse até 28 de fevereiro. Ele e Wild teriam de ir na frente com toda a rapidez para chegar dentro do prazo estipulado. Marshall e Adams ficaram, e os outros dois partiram. A mais ou menos um quilômetro de distância do acampamento, Shackleton segurou a mão de Wild e falou: "Frank, meu caro, sempre sobra a pior estrada para o burro velho." Wild, em suas memórias nunca publicadas, observou bem-humorado que os dois "burros velhos" tinham trinta e cinco anos e os que haviam ficado para trás estavam na casa dos vinte.

Shackleton e Wild caminharam penosamente até uma distância aproximada de cinco quilômetros de sua base, então perceberam que se encontravam do outro lado do braço de mar e que este não estava tão congelado quanto esperavam. Abandonaram a barraca, os utensílios de cozinha e os sacos de dormir e forçaram-se à dura travessia de uma geleira de trezentos metros, chegando à cabana exatamente no último dia que Shackleton havia calculado para o retorno. Consternados, encontraram uma carta afixada na cabana explicando que o grupo do polo geomagnético havia cumprido sua tarefa e que o navio partira dois dias antes do previsto em busca de melhor abrigo. Portanto, levaria quase um ano até que outro navio pudesse voltar para resgatá-los.

Com a força de caráter, otimismo e determinação que caracterizavam seus melhores momentos, Shackleton não se deixou levar pelo desespero, apesar de todos os prognósticos serem adversos. Ele e Wild começaram a procurar um jeito de sinalizar sua presença para o navio. Os dedos deles estavam congelados demais para dar um nó e hastear uma bandeira, mas os dois acabaram conseguindo fazer uma fogueira usando parte da madeira da cabana. Sem os sacos de dormir, o frio era demasiado para pegarem no sono, de modo que entraram na cabana, foram para a câmara escura de revelar fotografias e acenderam um fogareiro Primus portátil que havia lá, quase se asfixiando com as exalações que ele produziu. Na manhã seguinte, o socorro estava a caminho. Na noite anterior, Aeneas Macintosh, a bordo do *Nimrod*, fora tomado pela sensação de que Shackleton chegara à costa. À meia-noite, impelido por seu palpite, subiu ao topo do mastro para olhar para trás e avistou a fogueira.

Foram resgatados sem agradecimentos para o comandante do navio, que fora contratado para substituir o anterior. Embora quase tenha sido responsável pela morte de Shackleton e de seus três companheiros, o Chefe nunca o repreendeu nem mencionou mais o incidente. Agora que dois comandantes o haviam decepcionado, Shackleton seria muito cuidadoso ao escolher o seguinte.

Shackleton e Wild foram resgatados em 1º de março. Apesar de Shackleton ter acabado de passar duas noites sem dormir e quatro meses de inacreditáveis privações físicas, reaprumou-se em apenas três horas depois de chegar ao navio e insistiu em liderar o grupo de socorro que iria resgatar Marshall e Adams. E mais, encarregou-se da tarefa de cozinhar durante toda a viagem. Dois dias mais tarde voltaram com os dois companheiros que haviam ficado para trás. Assim que se viram a bordo do *Nimrod* outra vez, os três membros do grupo de socorro caíram de cama, enquanto Shackleton, que não dormira durante o resgate, foi para a ponte de comando guiar o navio até o mar aberto. No final, o Chefe percorrera quase 160 quilômetros em quatro dias.

As façanhas da Expedição Antártica Britânica do *Nimrod* foram dignas de nota. Cinco semanas depois de desembarcar na Antártida, os membros da expedição tinham sido os primeiros a escalar o vulcão do monte Erebus, de 4 mil metros de altitude. Durante o inverno, no acampamento-base de cabo Royds, no estreito de McMurdo, o grupo escreveu e imprimiu um livro, o *Aurora Australis*. (Shackleton mandara dois homens para aprender composição tipográfica, impressão e litografia em um curso intensivo de três semanas.) Os cem exemplares que foram impressos tornaram-se preciosidades de imediato.

Ainda mais significativo foi o fato de, em 16 de janeiro de 1909, uma equipe de três pessoas alcançar o polo sul magnético. Os homens fizeram uma difícil caminhada de, no total, mais de 2.000 quilômetros em 122 dias nas viagens de ida e volta à base. O mais importante, porém, foi a equipe do Chefe ter chegado mais perto do polo geográfico do que qualquer outra. Haviam percorrido a pé cerca de 2.800 quilômetros, puxando um trenó durante a maior parte do tempo, com rações reduzidas e poucas horas de sono.

Shackleton superara o recorde de Scott, indo mais longe em direção ao sul por quase 574 quilômetros. Deu um passo à frente de seus companheiros exploradores e sua fama se espalhou por todo o mundo. Recebeu o título de cavaleiro do Império Britânico, além de uma enxurrada de prêmios vindos de muitos países. Passou também a ser muito requisitado para falar em público e se tornou um bem-sucedido palestrante, excursionando por Itália, Áustria, Hungria, Alemanha, Rússia, Canadá e Estados Unidos. Muitas vezes, mandava traduzir sua palestra para a língua do lugar e então a lia, causando grande sensação, mesmo com a pronúncia claudicante. Vangloriou-se certa vez de ser capaz de fazer sua palestra em chinês, pois aprendera algumas palavras desta língua durante uma de suas primeiras viagens pela Marinha Mercante. Apesar da popularidade, o que ganhou não dava nem para começar a cobrir as despesas do *Nimrod*. Levou anos para liquidar as dívidas da expedição.

Shackleton foi saudado como líder e também como aventureiro pelo que conseguiu realizar na expedição do *Nimrod*. Em 14 de junho de 1909, o *Daily Mirror*, jornal londrino, publicou uma história escrita por um repórter que passou dois dias com Shackleton em sua viagem de volta da expedição. Sob a manchete principal, "A volta para casa do tenente Shackleton", havia um subtítulo declarando que ele era "Um homem que nasceu para comandar".

Shackleton escreveu um livro sobre a aventura do *Nimrod*. H. R. Mill descreveu *The Heart of the Antarctic* (O coração da Antártida) como "a mais rica sucessão de ilustrações que jamais abrilhantou um livro de viagens desde o início da era da fotografia". Foi usado para ensinar inglês na Holanda.

Nos Estados Unidos, foi convidado pelo presidente Taft para ir à Casa Branca e recebeu uma medalha de ouro da National Geographic Society diante de uma plateia de cinco mil pessoas. Ganhou outra medalha do almirante Robert Peary na American Geographical Society e foi calorosamente acolhido em Harvard com vigorosos hurras dos alunos. Naquele ano, Shackleton também fez uma gravação sobre a expedição do *Nimrod*. Bem ao seu estilo: falava primeiro sobre os feitos da expedição, depois dava os nomes de seus catorze companheiros para que dividissem os créditos com ele e terminava com uma versão abreviada de "The Lone Trail" (A trilha deserta), um poema de Robert W. Service sobre a estrada menos percorrida:

As trilhas do mundo são muitas, quase todas percorridas:
Seguimos atrás dos outros, até que a estrada se divide;
E uma trilha segue ao sol, segura; a outra é árida e sem luz,
Porém olhamos a trilha deserta e é ela que nos seduz.

Por mais que Shackleton gostasse dos holofotes, detestava ser chamado de herói. Quando a história do *Nimrod* ia ser publicada como livro de leitura para escolas, Shackleton não permitiu que fosse intitulada *The Hero Readers* (Os leitores de heróis). Muitos dos que conheceram Shackleton dizem que ele na verdade passou a ser mais apresentável e discreto depois que ficou famoso. "Apesar de ainda jovem, Shackleton parece ter encarado todas aquelas situações estonteantes com surpreendente modéstia", escreveu mais tarde o doutor Macklin. "Nunca se tornou nem um pouco vaidoso; na realidade, era um grande homem, grande demais para isto."

Shackleton evitava brigas em público, sempre competindo de maneira respeitosa com seus adversários.

A exploração polar era uma questão de orgulho nacional. Japoneses, noruegueses, alemães e australianos, todos participavam da corrida para o polo e outros destinos na Antártida, e os exploradores agitavam as bandeiras nacionais para incentivar o entusiasmo por suas expedições. Shackleton, entretanto, experimentava um sentimento de fraternidade com relação aos outros exploradores e acreditava que a realidade do negócio das explorações significava que, em um determinado ponto, teriam de cooperar uns com os outros. Esperava deles novas ideias e oferecia-lhes as suas em troca.

Na verdade, seu maior rival era seu conterrâneo Scott, mas Shackleton guardava para si sua indignação. Quando Scott anunciou que levaria o *Terra Nova* para a Antártida em outra tentativa de chegar ao polo, por exemplo, Shackleton disse a Frank Wild que iria sentar-se no canto por uns tempos e dar a vez para Scott. Chegou até a ajudar Scott nos preparativos iniciais em 1910, colaborando na organização dos suprimentos. Também ajudou a equipar expedições de outros países, partilhando o que aprendera sobre empacotamento e calculando o que era necessário para a sobrevivência.

Em uma carta datada de 1903 para um destinatário pouco claro, Shackleton escreveu: "Vejo que você pretende levar uma expedição para o polo norte e, como tenho grande interesse por todas essas iniciativas, gostaria muito de lhe dar qualquer assistência que esteja a meu alcance para se equipar ou ter ideia sobre o equipamento para este tipo de coisa. Minha experiência com a Expedição Antártica Nacional permite-me talvez ser útil, e, como membro da jornada Trenó do Sul e portanto tendo prática em lidar com cães, alguma informação poderia também ser aproveitável. Além disso, acabei de equipar o *Terra Nova* para o Almirantado. Por estar familiarizado com as provisões necessárias, quem sabe talvez possa ajudá-lo.

Terei prazer em encontrá-lo quando desejar e peço-lhe que compreenda que tudo isso se deve apenas à consideração de um explorador por outro, pois não há nenhuma questão relativa a dinheiro envolvida."

Exatamente na ocasião em que Scott estava organizando sua expedição, o norueguês Roald Amundsen zarpava para o que dissera a seus homens – e ao mundo – que seria uma viagem de cinco anos através do polo norte. Mudou de rumo, entretanto, e na ilha da Madeira revelou que seu verdadeiro destino era o polo sul. A corrida começara. Ao chegar à Antártida, traçou uma nova rota para o polo sul. Alcançou-o em 14 de dezembro de 1911.

"Minhas mais cordiais congratulações. Magnífica proeza", foi o cabograma que Shackleton mandou para Amundsen. Recusou-se a depreciar o acontecimento como as autoridades britânicas estavam fazendo: escreveu para a imprensa afirmando acreditar que os noruegueses teriam prestado homenagem a Scott se ele tivesse sido o primeiro a chegar.

Valeu a pena ter mantido a boa vontade dos colegas exploradores quando chegou a vez de Shackleton escrever um prospecto para sua expedição do *Endurance*. Conseguiu veementes recomendações dos exploradores mais bem-sucedidos de sua época. Amundsen escreveu: "Se tiver êxito em sua brilhante iniciativa (como estou certo de que terá), sem dúvida terá realizado a sua parcela de trabalho e acrescentado a mais bela pedra à coroa magnífica conquistada pelos valentes e arrojados exploradores britânicos."

O almirante Robert Peary acrescentou: "A ideia é esplêndida... ele é indiscutivelmente o melhor homem na Grã-Bretanha para essa tarefa, e seu trabalho anterior nessas regiões deu-lhe a experiência necessária para levar a expedição a uma conclusão positiva."

De 1910 até o verão de 1913, quando começou a organizar a expedição transcontinental do *Endurance*, Shackleton mergulhou da melhor maneira que pôde na vida doméstica. Também fez tentativas em negócios variados, todos destinados a proporcionar lucro rápido para financiar outras explorações. Aventurou-se em investimentos arriscados tais como vender cigarros elegantes para os norte-americanos, comprar uma frota de táxis na Bulgária e extrair ouro em minas na Hungria.

Em abril de 1912 houve a comoção causada pela notícia de que o *Titanic* afundara matando mil e quinhentas pessoas. Shackleton foi chamado para testemunhar nos inquéritos oficiais como especialista em navegação em águas geladas. Eximiu de culpa o comandante do navio, dizendo que o maior problema foi os proprietários do navio estarem a bordo, pressionando-o para que a viagem fosse mais rápida.

Seguiram-se outras notícias de impacto: Scott e seus quatro companheiros haviam morrido no princípio daquele ano em sua caminhada de volta do polo, tendo chegado lá um mês depois do grupo de Amundsen. O público ficou obcecado com o sacrifício de Scott, que combinava com a imagem romântica do herói da era vitoriana. Talvez outros tivessem chegado na frente dele no polo, raciocinava o público, mas fora ele quem preparara o caminho e pagara o preço máximo por isso. Shackleton prestou homenagem a Scott e, dadas as tristes circunstâncias, era uma sorte ele nunca ter se posicionado como inimigo do outro.

Shackleton estava desesperado para voltar à Antártida, que jamais se afastava de sua mente. A maioria de seus negócios não fora adiante e só lhe dera dores de cabeça. "Todas as dificuldades da Antártida não são nada em comparação com o dia a dia dos negócios", disse ele.

DESENVOLVENDO HABILIDADES DE LIDERANÇA À MANEIRA DE SHACKLETON

- Cultive um sentimento de compaixão e de responsabilidade pelos outros. Você tem um impacto maior sobre a vida dos que estão abaixo de você do que pode imaginar.

- Tendo feito uma opção de carreira, comprometa-se a não desistir durante o duro período de aprendizado.

- Faça a sua parte para criar um clima otimista no trabalho. Um ambiente de trabalho positivo e alegre é importante para a produtividade.

- Amplie seus horizontes culturais e sociais além de suas experiências habituais. Aprender a ver as coisas de diferentes perspectivas lhe dará maior flexibilidade para solucionar problemas no trabalho.

- Em um mundo de rápidas mudanças, esteja pronto para se aventurar em novas direções a fim de aproveitar novas oportunidades e aprender novas habilidades.

- Encontre uma forma de transformar contratempos e fracassos em vantagens a seu favor. Pode ser uma boa ocasião de dar um passo à frente sozinho.

- Seja ousado na visão e cuidadoso no planejamento. Ouse tentar algo novo, mas seja meticuloso o bastante em sua proposta para que suas ideias tenham uma boa chance de dar certo.

- Aprenda com os erros passados – os seus e os cometidos pelos outros. Às vezes os melhores mestres são os maus patrões e as experiências negativas.

- Nunca insista em atingir um objetivo a qualquer custo. Os objetivos devem ser atingidos com um esforço razoável, sem sacrifícios desnecessários para sua equipe.

- Não se deixe levar por disputas em público com seus rivais. Em vez disso, mantenha uma competição respeitosa. Você pode vir a precisar da colaboração deles algum dia.

PONDO EM PRÁTICA

RICHARD DANZIG, nomeado para o cargo de ministro da Marinha dos Estados Unidos na administração de Bill Clinton, em 1998, ficou tão impressionado com Shackleton como um modelo de boa liderança que promoveu um seminário sobre a expedição do *Endurance* em dezembro de 1999. Compareceram setenta participantes convidados, entre eles o representante do secretário de Defesa, oficiais navais de alta hierarquia e importantes funcionários civis do Pentágono.

"Os valores de liderança que ele proporciona são eternos", diz o ministro Danzig. "Derivam da própria natureza da personalidade humana e envolvem fazer empreendimentos arrojados e trazer à tona o melhor lado das pessoas."

O ministro descobriu Shackleton anos atrás lendo *A Incrível Viagem de Shackleton – A Saga do* Endurance, de Alfred Lansing. Ele está convencido de que o amplo e variado conhecimento literário de Shackleton contribuiu para seu sucesso como líder. Danzig adora dar exemplares do livro sobre o *Endurance* para oficiais da Marinha e do Corpo de Fuzileiros Navais, assim como para dignitários em visita aos Estados Unidos. "Uma das grandes vantagens de se ler ficção ou história é que nos dá a oportunidade de compreender o mundo de diferentes pontos de observação, em diferentes períodos de tempo e considerando diferentes psicologias", diz ele. "Isto é importante para um líder e, por isso, um de meus principais objetivos ao distribuir livros é fazer as pessoas pensarem de maneira abrangente."

Em 1999 o então ministro escreveu um artigo para a *Marine Corps Gazette* recomendando obras de ficção e não ficção do século XX, entre elas: *Eu, Claudius, Imperador*, de Robert Graves, sobre o imperador romano; *Xogum*, de James Clavell, sobre um inglês no Japão do século XVII; *Lord Jim*, de Joseph Conrad, sobre a desonra de um marinheiro; e *Generations of Winter*, de Vassily Aksyonov, que conta a história da sobrevivência de uma família russa em um estado totalitário.

Para Richard Danzig, o modelo de Shackleton funciona em vários níveis: liderança em casos de perigo e adversidade, trabalho em ambientes sob condições extremas, sobrevivência a desafios imprevistos, flexibilidade no planejamento e conquista e manutenção da lealdade dos que estão sob comando. Atravessando grandes perigos e sob tremenda pressão, o explorador conservou sua tripulação unida, manteve o moral e aprimorou cada vez mais seus planos de salvamento até todos estarem em segurança. Ele admira principalmente o que define como o senso de consideração de Shackleton, em todos os sentidos da palavra: "Ele tinha consideração no sentido emocional – demonstrava empatia e cuidado. Também manifestava consideração no sentido cognitivo – pensava logicamente mesmo quando sob grande tensão."

O ministro acha que Shackleton tinha alguns defeitos. "Não era um líder completo", diz ele. "Mas um exemplo excepcional de um conjunto de características a que damos grande valor... A arte da guerra exige adaptação e inovação constantes, e ele era extraordinário nesse aspecto."

Quando ocupou a posição de administrador de alto escalão do Pentágono, o ministro Danzig observou que as organizações são "uma espécie de registro fóssil daquilo que incomodou seus predecessores". Esse registro deveria ser estudado, argumenta ele, para melhor prever como as organizações mudarão. "A questão não é saber se vão enfrentar tipos diferentes de crises – isto já é certo. A questão é saber se mudarão ou não rápido o bastante a fim de estarem preparadas para essas crises no momento em que elas ocorrerem."

Ainda assim, o ministro, um estudioso de história, adverte sobre o risco daquilo que chama de "excesso de aprendizado" com o passado; ou seja, examinar demais um conjunto de circunstâncias em vez de contemplar todas as possibilidades e interrupções que se pode enfrentar na situação atual. Também não se mostra muito confiante na capacidade de quem quer que seja para prever o futuro. Sendo assim, está interessado em estratégias altamente flexíveis. Por esta razão, admira a maneira como Shackleton planejou passo a passo diversas alternativas de planos para resgate de seus homens. "Não havia como tentar atenuar a verdade da situação", diz ele. "Shackleton lutava contra duras e frias realidades e constantemente dava opções que ofereciam a seu grupo maneiras de escapar."

Shackleton é um exemplo para quem deseja aprender a desenvolver a lealdade daqueles que estão sob seu comando. O empenho do explorador para proteger seus homens de danos físicos e psicológicos era total. Perdido na Antártida, ele teve de lidar com uma vasta gama de emoções humanas, como o medo, a raiva e o desespero, observa Danzig. "Ao mesmo tempo, os homens possuíam apenas um recurso: os outros companheiros. Não havia mais ninguém a quilômetros de distância. Sob as pressões de tal situação, as alternativas seriam a fragmentação e a divisão, ou a fusão em um grupo coeso. A fantástica proeza de Shackleton foi fazer sempre as coisas caminharem para um sentido tal que todos ficassem juntos."

O ministro conta que tentou instilar nos oficiais da Marinha e dos Fuzileiros Navais "uma noção mais intensa de que nossos praças são profissionais que devem ser valorizados e apreciados, e que sua lealdade deve ser conquistada e mantida".

2

CONTRATANDO UMA TRIPULAÇÃO EXCEPCIONAL

Não havia qualquer traço de mesquinhez em seu caráter. A única coisa que ele exigia de todos nós era bom humor; e o que recebia de cada homem servindo sob seu comando era lealdade absoluta.

– Leonard D. A. Hussey, meteorologista, *Endurance*

O maior talento de Shackleton nos negócios era sua habilidade para levantar fundos. Como explorador independente, recebia apenas uma ajuda modesta do governo britânico e das sociedades geográficas e tinha de contar com fontes particulares. De certa forma, isto era uma vantagem para Shackleton: ele era obrigado a conduzir expedições enxutas, com objetivos bem determinados e uma tripulação eficiente e bem organizada. Shackleton conseguiu levantar o equivalente a 10 milhões de dólares em valores atuais para cada uma de suas viagens independentes. Fez isso oferecendo aos homens e mulheres mais abastados de Londres emoções indiretas com as explorações e o orgulho de ter seus nomes em diversas geleiras, promontórios e barcos salva-vidas.

O Chefe, todavia, não era muito bom para fazer dinheiro da maneira tradicional. Até certo ponto, o sucesso do *Nimrod* tirou-o da luta feroz para conquistar uma posição, e ele passou a ter uma intensa aversão pelo desgaste diário do trabalho de escritório, especialmente no que se referia a orçamentos. Falara em abandonar a carreira de explorador, mas não conseguia. E por que deveria? Encontrara a fórmula do sucesso: o trabalho de que mais gostava era o que sabia fazer melhor e o que lhe trazia mais retorno financeiro – e ainda por cima o tornara imensamente famoso.

No princípio de 1914, Shackleton instalou o quartel-general da expedição do *Endurance*, oficialmente chamada de Expedição Imperial Transantártica, no número 4 da Burlington Street, na fervilhante área de Picadilly, em Londres, que se tornara o local favorito dos escritórios de expedições. Para a viagem, comprou um navio de madeira de 144 pés construído na Noruega, com três mastros e motor a vapor alimentado a carvão. Fora originalmente encomendado para uma viagem polar comercial que depois não se concretizou. Shackleton rebatizou-o de *Endurance*. Quanto aos outros preparativos, suas tarefas principais eram três: a primeira, encontrar homens bons para a viagem; a segunda, delinear um programa científico; a terceira, organizar o equipamento. Gostava muito da primeira e considerava as seguintes como sua obrigação, mas fazia todas elas extraordinariamente bem.

Dessa vez, todo mundo queria trabalhar para o grande explorador. Quando Shackleton anunciou seu projeto de voltar à Antártida em uma carta para o jornal *The Times* em Londres, em 29 de dezembro de 1913, recebeu uma avalanche de pedidos. Quase cinco mil esperançosos mandaram requerimentos, comparados com os apenas quatrocentos para a expedição do *Nimrod* sete anos antes. Dos milhares, ele selecionou cerca de trinta homens para formar as tripulações do *Endurance* e do *Aurora*, o segundo navio da expedição. A segunda tripulação, que veio a ser conhecida como a equipe do mar de Ross, deveria aproximar-se da Antártida pelo lado oposto do continente ao ponto de atracação do *Endurance* e deixar depósitos de alimentos para a equipe transcontinental de Shackleton. Este não tirou proveito do excesso de oferta de mão de obra e pagou seus oficiais ligeiramente acima da média.

O sucesso de Amundsen e a morte trágica de Robert F. Scott e seu grupo haviam esfriado o entusiasmo do povo britânico pelas explorações polares. Shackleton, porém, conseguiu reacender o interesse do público com sua ideia de cruzar a pé o continente pela primeira vez utilizando cães e trenós, do mar de Weddell ao mar de Ross. Era um objetivo ambicioso – o último grande troféu da era das explorações – e que ele acabou deixando de atingir. O explorador Vivian Fuchs, com o apoio de Sir Edmund Hillary, atravessou o continente somente quarenta anos mais tarde – e usou veículos motorizados.

Os especialistas em marketing e professores de escolas de administração vêm repetindo há muito tempo como a Expedição Imperial Transantártica obteve seus candidatos mandando publicar o mais bem-sucedido anúncio classificado da história: "Procuram-se homens para viagem arriscada. Salários pequenos, frio intenso, longos meses de escuridão completa, perigo constante. Retorno duvidoso. Honrarias e reconhecimento em caso de sucesso." O anúncio, entretanto, é apócrifo, pois nenhuma cópia dele foi encontrada. Além disso, será que o otimista Shackleton em algum momento duvidou que voltariam? É mais provável que o anúncio tenha sido inventado por alguém que achou graça nas longas frases convocando para um trabalho tão horrível.

Havia bons motivos para tanto entusiasmo. Os exploradores eram os heróis do momento, invejados pela oportunidade de trazer honras para si e para o país. Raymond Priestley foi um dos muitos jovens que fugiram do mundo do trabalho cotidiano para o romantismo das explorações. Abandonou os estudos na Universidade de Bristol para fazer parte da primeira expedição independente de Shackleton como geólogo do *Nimrod*. Mais velho, descreveu o que significava ser um dos escolhidos: "Uma expedição bem divulgada – especialmente quando, como nos meus tempos de exploração, o objetivo era o polo – era alvo do interesse e da admiração de todos. Antes mesmo que tivessem a chance de se justificar, os homens eram festejados, brindados, lisonjeados e paparicados, escutados com respeito como autoridades em assuntos sobre os quais muitas vezes pouco sabiam." Para seu líder, os benefícios multiplicavam-se muitas vezes mais.

A vida nas expedições polares, contudo, não era para sonhadores. A Antártida é o mais frio, seco e ventoso continente da Terra, coberto por uma camada de gelo de até quatro quilômetros de espessura. Neva apenas de dois a cinco centímetros por ano no deserto gelado. Ventos furiosos levantam a neve, que fustiga como se fosse areia. A temperatura mais baixa já registrada no mundo foi na Antártida: -128,6 graus Fahrenheit, ou -89,2 graus Celsius, embora a temperatura média anual perto do polo sul seja de aproximadamente -70 graus Fahrenheit, ou -56,7 graus Celsius.

As expedições polares costumavam dividir-se em dois grupos distintos: o grupo de terra, composto de exploradores e cientistas, e a tripulação do navio, de oficiais e marinheiros. Na expedição do *Nimrod*, por exemplo, o navio desembarcou os membros do grupo de terra e seus suprimentos, zarpou de volta para a Nova Zelândia a fim de passar o inverno e retornou no verão seguinte para buscar os homens. O plano original de Shackleton para o *Endurance* era mandar o navio para a América do Sul para o inverno. Na Geórgia do Sul, porém, mudou de ideia e decidiu manter o navio no mar de Weddell.

Depois de desembarcar na Antártida, o grupo de terra prontamente instalaria um acampamento-base. Os homens fariam algumas incursões exploratórias iniciais e em seguida passariam os meses de inverno fazendo ajustes finais em seus equipamentos e nos planos de seus projetos. Assim que chegasse a primavera polar, o grupo se dividiria em equipes menores e seguiria em direções diferentes em função de seus próprios objetivos, trabalhando pelo verão afora.

Os cientistas e profissionais que participavam de expedições polares eram, na maioria, rapazes que haviam levado vidas confortáveis. Pretendiam, sem dúvida, voltar para seus lares e carreiras depois de uma ou duas aventuras. A maioria não estava preparada para a solidão e a dureza do trabalho, o que complicava a tarefa de selecionar uma equipe compatível. Era de suma importância determinar o caráter e o temperamento de um homem. Em *The Heart of the Antarctic* (O coração da Antártida), seu relato sobre a expedição do *Nimrod*, Shackleton descreveu a tarefa de reunir uma tripulação ideal: "Os homens escolhidos devem ser qualificados para o trabalho. Além disso precisam ter as qualificações especiais que as condições polares exigem. Devem ser capazes de viver juntos em harmonia por um longo período de tempo sem comunicação externa, e não se pode esquecer que os homens cujos desejos os levam aos caminhos inexplorados do mundo têm em geral individualidade acentuada. Não foi fácil para mim selecionar o pessoal."

Certa vez, Shackleton lembrou o que um empresário teatral londrino lhe contara sobre o desafio de formar uma companhia: "Caráter e temperamento são tão importantes quanto o talento para representar."

E Shackleton respondeu que aquele era exatamente o seu problema: "Também tenho que equilibrar meus tipos, e a ciência ou a habilidade náutica deles conta pouco diante da espécie de sujeitos que eles são."

O Chefe formava sua tripulação em torno de um núcleo de profissionais experientes.

Depois do *Nimrod*, Shackleton queria os "burros velhos" para fazer o trabalho mais pesado. Também necessitava deles para ajudar a estabelecer uma atmosfera profissional. Os jovens eram vigorosos e entusiasmados, mas, quando as coisas ficavam difíceis, pareciam ser os primeiros a entrar em pânico ou a se conformar com a situação. Não era fácil encontrar homens experientes. A exploração antártica era nova, e as pessoas mais velhas raramente desejavam voltar várias vezes ao continente. Shackleton começou sua busca aproximando-se daqueles que conhecia de expedições passadas e depois acrescentou candidatos recomendados por colegas exploradores.

Quando estava contratando pessoal para a expedição do *Nimrod* em 1907, ofereceu cargos a nove veteranos da viagem de Scott com o *Discovery*. Por várias razões, entre elas compromissos anteriores e lealdade a Scott, só dois aceitaram. Depois que Shackleton adquiriu reputação própria, cada expedição subsequente atraiu números crescentes dos mesmos candidatos. Quatro membros da expedição do *Nimrod* juntaram-se à Expedição Imperial Transantártica. Surpreendentemente, oito homens vindos da sofrida expedição do *Endurance* candidataram-se para um lugar naquela que seria a última viagem de Shackleton, a bordo do *Quest*.

Shackleton franziu um pouco a testa quando contratou o cinquentão T. W. Edgeworth David, um professor de geologia da Universidade de Sidney, para o *Nimrod*. Ele tinha o dobro da idade de muitos outros da tripulação. O Chefe previu corretamente que a calma do cientista exerceria "uma grande e benéfica influência sobre os jovens". Além disso, sabia que precisava de alguém com experiência excepcional para coordenar os diversos projetos científicos que estavam sendo realizados, o que o professor fazia muito bem, e Shackleton não possuía conhecimento técnico para controlar.

Um dos dois homens da expedição do *Discovery* contratados para a do *Endurance* era Tom Crean. Crean também fizera parte da expedição de Scott com o *Terra Nova*, depois da qual lhe concederam a Medalha Albert. Ele salvara a vida do tenente Edward Evans, que estava morrendo de escorbuto, ao correr sozinho para o navio a fim de trazer socorro. Crean tivera anteriormente uma carreira irregular na Marinha Real Britânica, em que várias promoções foram interrompidas por rebaixamentos por embriaguez e comportamento inadequado. Scott contratou-o como marinheiro. Shackleton, porém, enxergou um grande potencial no explorador valoroso, se bem que um tanto rude, e fez dele o segundo oficial de náutica do *Endurance*. Acabou sendo um dos homens de quem Shackleton mais gostava e em quem mais confiava.

Shackleton escolheu um substituto confiável, que partilhava de suas noções de liderança e, acima de tudo, era leal.

Um dos primeiros membros da expedição que Shackleton contratou foi o outro "burro velho" do *Nimrod*, Frank Wild. Ninguém podia superar a experiência de Wild na Antártida. Shackleton e Wild conheceram-se a bordo do *Discovery*. Shackleton encarregou-o então dos depósitos do *Nimrod*. Mais tarde, Wild participou da expedição científica de Sir Douglas Mawson a Adélie Land, na Antártida, como chefe de um dos grupos de terra.

Shackleton via um verdadeiro potencial de liderança em Frank Wild, o único a servir em todas as três expedições lideradas por ele. Durante a corrida desesperada de volta ao *Nimrod*, foi Wild, e não o segundo na cadeia de comando, o tenente J. B. Adams, que ficou do lado de Shackleton. Este encontrava em Wild tudo de que precisava em um número 2: lealdade, bom humor, honradez, força e experiência. Tinha a mesma idade de Shackleton e era tão rijo quanto ele, embora de compleição oposta: pequeno e vigoroso. Trabalhara na Marinha Mercante e na Marinha Real, estando portanto familiarizado com as duas culturas da exploração britânica.

A tarefa de Wild era ajudar a selecionar membros da tripulação e depois continuar a trabalhar com eles a bordo do navio, organizando a rotina diária e atuando como elemento de ligação entre eles e o Chefe. Cuidava de todas as queixas dos homens e de sua necessidade de conselhos. Sabia como lidar com todos os tipos e inevitavelmente conquistava a confiança e a lealdade deles. Thomas Orde-Lees disse o seguinte a respeito de Wild no *Endurance*: "Wild é nosso segundo em comando e de longe o homem mais popular (com exceção de nosso chefe) entre nós. Tem um tato excepcional e o abençoado talento de não dizer nada e ainda assim conseguir que as pessoas façam as coisas exatamente como ele quer. Age como lugar-tenente de Sir Ernest e, quando tem ordens para nos dar, ele o faz da maneira mais simpática possível, principalmente quando se trata de alguma tarefa bem desagradável, como 'arrumar' o carvão na carvoeira do navio ou esfregar o chão."

Wild era filho de um professor escolar. Era inteligente mas não um homem de ideias, e sabia disso. Deixava o raciocínio por conta de Shackleton, a quem manifestava absoluta dedicação. Era, em outras palavras, um complemento perfeito para Shackleton. Suas memórias não publicadas são um relato sincero de sua vida com seu mentor e mostram uma genuína percepção da dinâmica da liderança de Shackleton. Tornou-se tão bom aluno da estratégia de Shackleton que podia assumir o lugar do Chefe sempre que necessário, e Shackleton tinha total confiança nele.

Shackleton queria pessoas que compartilhassem sua visão e seu entusiasmo pela exploração.

Shackleton cometeu um erro na expedição do *Nimrod* contratando indivíduos que não se encaixavam na cultura de audácia e riscos das explorações. Os dois comandantes do *Nimrod* pareciam ser bem qualificados, mas, como se viu, não se mostraram à altura dos desafios peculiares da Antártida. Shackleton conhecera o primeiro comandante, Rupert England, quatro anos antes no navio de resgate de Scott, o *Morning*, onde ele servia como primeiro piloto. Mas

England revelou-se um comandante cauteloso demais diante do clima desumano e imprevisível da região e mudava constantemente a posição do navio, desperdiçando precioso combustível. Para a volta, ele insistiu em um suprimento de carvão quase 40% acima do necessário, obrigando o grupo de terra a economizar sua cota de carvão durante o rigoroso inverno. Para o resgate do grupo de terra depois do inverno, o comandante England foi substituído pelo comandante Frederick Pryce Evans, que se mostrou ainda pior. Foi ele o comandante irrequieto que partiu antes do programado, deixando Shackleton e seu grupo para trás.

Para o *Endurance*, Shackleton queria um comandante com uma certa dose de fanfarronice. Que o comandante Frank A. Worsley tinha aos montes. Era ousado e um tanto excêntrico – "doido de pedra", como o chamava o doutor Macklin, do *Endurance*. Gostava de uma boa história e uma boa piada, o que o fazia passar no teste de compatibilidade de Shackleton. Contava que conseguira o emprego depois de sonhar que descia navegando a Burlington Street, em Londres, em meio a icebergs. Na manhã seguinte, continuava a história dele, dera uma caminhada por aquela rua, reparara no cartaz para a Expedição Imperial Transantártica, entrara e fora contratado.

O resto da tripulação foi escolhido segundo um critério apenas ligeiramente mais ortodoxo. Wild debruçou-se sobre a montanha de pedidos, descartando rapidamente a maioria deles. Ao separar os telegramas, ele os jogava dentro de uma das três gavetas que etiquetara da seguinte maneira: "Malucos", "Fora de Questão" e "Possíveis". Os Possíveis eram mostrados a Shackleton. Se o Chefe aprovasse, seria marcada uma entrevista, depois da qual Shackleton tomaria uma decisão. Essas entrevistas foram depois contadas e recontadas pelos homens durante anos.

Shackleton realizava entrevistas pouco convencionais para encontrar talentos únicos.

Shackleton era um arguto avaliador de personalidades e, sempre que possível, insistia em encontrar pessoalmente aqueles com quem tratava de negócios. Nas suas primeiras entrevistas com os candidatos, mantinha conversas descontraídas que costumavam ser breves mas intensas. A maneira como os candidatos respondiam era mais importante do que o conteúdo de suas respostas. O Chefe estava atento para o grau de entusiasmo deles e para sutis indicações de sua capacidade para fazer parte de uma equipe. Como observou seu biógrafo James Fisher, "dava sempre a impressão de que ele os recolhia aqui e ali de modo displicente e, no entanto, escolhia o homem certo todas as vezes". Os observadores tachavam seus métodos de "extravagantes" e "excêntricos", mas Shackleton procurava homens extraordinários para enfrentar os vastos espaços gelados da Antártida. As entrevistas tradicionais não teriam funcionado para o tipo de espíritos independentes que ele buscava.

Nenhum dos candidatos achava que Shackleton estivesse sendo frívolo. Pelo contrário, muitos se intimidavam. Mesmo aqueles com as expectativas mais exageradas sobre o explorador saíam impressionados. O doutor James A. McIlroy, contratado como médico para o *Endurance*, disse que o Chefe "podia ser uma pessoa bastante assustadora, como Napoleão; tinha uma expressão muito severa e olhava fixo para você com um olhar duro como aço. Não me pediu para sentar. Fiquei de pé diante dele, encarando a luz... Fez-me uma porção de perguntas".

Reginald W. James, escolhido como físico do *Endurance*, descreveu assim sua entrevista pessoal: "Shackleton perguntou-me se meus dentes eram bons, se sofria de varizes, se minha circulação era boa, se eu era bem-humorado e se sabia cantar. Quando me perguntou isto, devo ter demonstrado espanto porque me lembro de ele ter dito: 'Ah, não precisa ser um Caruso, não é isso; mas imagino que você seja capaz de dar uns gritos de vez em quando junto com os outros rapazes?'"

A pergunta sobre saber cantar tornou-se uma das mais comuns para Shackleton, e sua pedra de toque para determinar o espírito de equipe de um homem. Raymond Priestley, designado para geólogo do *Nimrod*, escreveu sobre uma experiência semelhante por que passou: "Ele me perguntou se eu sabia cantar e respondi que não sabia; então, perguntou se saberia reconhecer ouro ao vê-lo e eu disse que não outra vez! Deve ter feito outras perguntas, mas lembro dessas porque eram esquisitas." Priestley surpreendeu-se por conseguir o emprego sem ter um diploma universitário quando "havia doze pessoas com distinções acadêmicas atrás daquele trabalho". Shackleton, porém, vira algo nele de que gostara. E, na realidade, Priestley acabou se revelando um membro valioso e popular da tripulação.

O Chefe gostava de pessoas otimistas.
Achava que tinham mais propensão para o espírito de equipe.

Shackleton queria homens que contribuíssem para o *esprit de corps*, com fervor pela vida de explorador e confiança no sucesso. Um de seus objetivos era encontrar pessoas felizes. Disse ao meteorologista do *Endurance*, Leonard Hussey: "A lealdade se desenvolve mais facilmente em pessoas alegres do que naquelas que têm sempre um semblante grave."

Durante a entrevista de Hussey, o Chefe andou sem parar de um lado para outro no escritório, parecendo não escutar o rapaz franzino, mas mostrando-se claramente concentrado. "Em poucos minutos, ele deve ter-me avaliado", escreveu Hussey.

– Você serve, Hussey – declarou ele. – Fico com você.

Hussey disse que mais tarde o Chefe lhe contou por que ele

fora escolhido: "Achei que você parecia engraçado!" E tinha razão. Hussey, o menor membro da tripulação do *Endurance*, era "incrivelmente engraçado", de acordo com um outro tripulante, e um bom tocador de banjo. Seu talento para distrair os companheiros iria mostrar-se inestimável durante os dias sombrios que se seguiram à perda do navio, quando todos fizeram um grande esforço para não perder o ânimo.

    É claro que só a personalidade não garantia as boas graças de Shackleton. Tinha de vir acompanhada de talento verdadeiro. No caso de Hussey, o que impressionou Shackleton foi o fato de seu pedido ter sido enviado do Sudão, onde o rapaz participava de outra expedição. Mostrava um amor pelas explorações e investigações que abrangia todo o globo. Hussey disse que Shackleton "divertiu-se muito ao encontrar entre os cinco mil pedidos para fazer parte da expedição um que viera do coração da África".

Shackleton procurava homens que realmente quisessem o emprego.

O Chefe raramente implorava. Entregava-se de corpo e alma a seu trabalho e queria gente que fizesse o mesmo. Constatara que os candidatos mais ávidos por serem contratados geralmente provavam seu valor no desempenho de suas tarefas. Rememorava de que maneira contratara George Marston como desenhista do navio para a expedição do *Nimrod*. Reduzira uma pilha de trinta nomes de candidatos a três e enviara um telegrama a cada um na tarde de uma sexta-feira pedindo-lhes que o encontrassem em seu escritório em uma determinada hora no dia seguinte.

    Naquele sábado, Shackleton dirigiu-se para o escritório debaixo de uma chuvarada e lá encontrou um bilhete de um dos candidatos. Explicava que estaria fora da cidade e pedia para transferir o encontro para segunda-feira. O segundo escrevera para dizer que só faria a viagem de quatro horas de sua casa até o escritório se tivesse certeza de que conseguiria o emprego. Shackleton não tivera nenhuma notícia do terceiro candidato e, quando se preparava para ir embora, um homem descabelado e encharcado pela chuva subiu às pressas. Disse a Shackleton que estava fazendo caminhadas pela Cornualha quando entregaram o telegrama na casa onde se hospedava. Partira imediatamente para Londres, tomando vários trens para chegar.

"Contratei-o na mesma hora", escreveu Shackleton. "Refleti que, se um homem podia ser tão rápido assim para conseguir um trabalho, seria a pessoa certa para desempenhá-lo. E, como se viu depois, minha opinião foi mais do que justificada."

Marston foi contratado de novo para a expedição do *Endurance*.

Shackleton precisava de gente para trabalhar duro, que não se esquivasse de realizar tarefas menores.

Shackleton procurava eliminar primas-donas que desejavam a celebridade glamourosa das expedições sem fazer todo o trabalho envolvido. Precisava de homens que trabalhassem tanto quanto ele, paus-para-toda-obra sem pose. Não lhe importava qual a posição que o homem ocupava na sociedade.

Não havia passageiros a bordo do *Endurance*. Todo mundo mais ou menos dividia tarefas. "Não interessava quem fossem ou o que fossem. Suas qualificações não tinham a menor importância", lembrava o marinheiro Walter How. "Os médicos costumavam revezar com os outros no leme, dar uma ajuda na cozinha, ir ao topo do mastro e recolher velas ou içar velas do convés. Todo mundo era de utilidade pública, para ser franco."

Em sua última viagem em 1921, Shackleton tinha três cargos em aberto quando chegou à América do Sul. Umas cem pessoas se ofereceram, inclusive Christopher Naisbitt, que pedira a um funcionário do Clube Britânico do Brasil para apresentá-lo a Shackleton. Este lançou um olhar para o homem vestido com "um terno tropical e um chapéu-panamá" e perguntou se ele algum dia trabalhara duro em sua vida.

– Respondi que servira na Marinha por quatro anos e gostava de esportes – lembrou Naisbitt.

Shackleton perguntou-lhe se sabia que teria de carregar comida da cozinha, encharcado de água do mar e com o navio balançando.

– Disse a ele que estava certo de que podia dar conta do trabalho – contou Naisbitt.

Shackleton tentou desencorajá-lo de participar da expedição e, não tendo êxito, sugeriu que Naisbitt fizesse uma experiência de um dia. O Chefe, que de vez em quando gostava de testar candidatos em perspectiva, pôs Naisbitt para carregar suprimentos, descascar batatas, esfregar o chão da cozinha. Ele fez todo o trabalho sujo sem reclamar. Shackleton contratou-o.

Shackleton contratava aqueles que tinham os conhecimentos especializados que lhe faltavam.

Shackleton interessava-se pouco pelas ciências, mas sabia que eram o pão-com-manteiga, o sustento do trabalho de exploração. Sendo assim, contratou homens como Reginald W. James, um talentoso físico da Universidade de Cambridge, e Robert S. Clark, um biólogo que trabalhara na elaboração dos resultados de uma expedição anterior ao mar de Weddell. A instrução superior e os conhecimentos deles de modo algum intimidavam Shackleton. Ele até os estimulava a dar continuidade a seus projetos pessoais durante a expedição.

Em vez de se manter distante do trabalho científico de campo, no qual não tinha nenhum interesse particular ou para o qual não tinha capacidade, o Chefe fazia um esforço para se familiarizar com as experiências assim que a expedição se punha em marcha. Macklin ficava encantado: "Sempre considerei um dos traços mais admiráveis desse homem admirável a sua capacidade de adquirir uma noção prática de assuntos científicos e técnicos para os quais não fora preparado."

Pouco antes da viagem do *Endurance*, outro talento chamou a atenção de Shackleton. Ele fora ao cinema assistir a um notável exemplo do novo gênero de documentário de aventuras tão popular na época. *Home of the Blizzard* (Terra das nevascas) mostrava tomadas de cena fascinantes da expedição de Thomas Mawson à Antártida em 1912. Haviam sido filmadas por um fotógrafo australiano de vinte e seis anos chamado James Francis "Frank" Hurley. Shackleton sabia que o trabalho de Hurley seria altamente apreciado e contratou-o às escuras – um raro desvio de sua habitual insistência em encontrar pessoalmente seus contratados. Wild pôde dar referências sobre Hurley, pois havia trabalhado com ele na expedição de Mawson.

Foi uma escolha acertada. Hurley era não só um fotógrafo talentoso como também veio "cheio de boas sugestões", Shackleton escreveria mais tarde. Alguns de seus companheiros de bordo consideravam Hurley um gabola, mas ele era resistente, esperto e criativo. Treinado para ser metalúrgico, sua habilidade viria a ser aproveitada quando transformou restos do *Endurance* em objetos úteis, tais como um fogão, por exemplo.

O Chefe também enxergou potencial em Thomas Orde-Lees, que foi para a entrevista em uma motocicleta a fim de provar seus conhecimentos sobre novos motores. Em uma demonstração de apoio à expedição, Orde-Lees foi cedido pelos Reais Fuzileiros Navais. Foi contratado para tomar conta dos trenós motorizados da expedição, que substituíam de modo mais prático o carro que Shackleton "arrastara" pelo caminho durante a expedição do *Nimrod*.

Shackleton certificava-se de que todos os homens que contratava sabiam exatamente o que se esperava deles.

Shackleton fazia questão de nunca iludir ninguém com falsas promessas. Macklin lembrava, por exemplo, que Shackleton deixara bem claro para todos eles que o prestígio de um homem no grupo dependia, em última instância, se ele ajudava no trabalho geral a bordo do navio, além de suas próprias incumbências.

Escrevia cartas para os recrutas especificando exatamente quais seriam seus deveres, quanto receberiam em pagamento e o que ele queria em troca. As cartas eram também uma oportunidade para estabelecer um contato pessoal, hábito que Shackleton reforçava continuamente.

O Chefe enviou a seguinte carta para Robert S. Clark em 1º de julho de 1914, depois que este foi contratado como biólogo do navio:

Expedição Imperial Transantártica

New Burlington Street, 4
Regent Street
Londres
1º de julho de 1914

Ilmo. Sr. R. S. Clark,
Marine Biological Association
Plymouth
Reino Unido

Caro senhor,

Lamento que o volume de trabalho tenha me impedido de, até agora, redigir um memorando sobre nossa conversa.

Recebi sua carta de 28 de junho e estou ciente do teor da mesma e de suas observações. Enumero em seguida o que estou preparado para lhe oferecer, mas, antes, gostaria de comentar sua informação a respeito da licença de trabalho de apenas um ano. Precisamos resolver de alguma forma essa dificuldade, pois um ano não será suficiente, e voltarei à questão no decorrer desta carta.

1. Seu salário será de 400 libras *per annum* (todo o vestuário, etc. será fornecido pela Expedição) a partir do momento em que se juntar à Expedição até esta voltar à Inglaterra, ou por um período que não ultrapasse dois anos. Após o retorno da Expedição, o senhor deverá participar do trabalho de elaboração dos resultados das pesquisas biológicas da mesma com um salário de 250 libras *per annum*, trabalho a ser realizado juntamente com suas obrigações pessoais no laboratório. Com referência à questão de salário, verifico que o senhor está disposto a aceitar uma remuneração proporcional ao trabalho a ser realizado. Sempre ofereço um salário fixo e espero em troca todo o trabalho que seja possível realizar.

2. Vejo que o senhor põe ênfase especial em uma garantia de disponiblidade de fundos para a elaboração dos resultados da Expedição. Estou preparado para esta elaboração de resultados e disponho de fundos para a mesma, porém não forneço garantia a quem quer que seja a este respeito. É evidente que seria inútil contratar um biólogo se não houvesse intenção de elaborar os resultados das pesquisas.

3. O senhor deverá estar permanentemente ligado ao navio *Endurance* e a toda instalação que lhe for cedida para trabalho biológico em mares antárticos e em outros locais.

4. Fornecerei equipamento para arrasto com alcance de até 500 braças e estou preparado para providenciar qualquer outro equipamento que o senhor considerar necessário para o trabalho, tanto no navio quanto em terra.

5. Proponho que tenha a bordo do navio um biólogo-assistente que trabalhe sob suas ordens, sendo que todo o trabalho biológico tanto do navio quanto da base do mar de Ross, bem como do navio e da base do mar de Weddell, estarão sob sua direção e o material coletado sob sua responsabilidade.

6. O senhor terá à disposição todos os recursos para trabalho biológico que sejam compatíveis com a segurança e necessária navegação do *Endurance*.

7. O senhor deverá assinar um contrato de trabalho para o *Endurance* à razão de 1s (xelim) por mês para fins de disciplina, já que, como membro da Expedição, estará subordinado ao comandante do navio, mas este terá minhas instruções para lhe proporcionar todos os recursos necessários a seu trabalho. Devo acrescentar que, quanto a isto, o próprio comandante Worsley está muito ansioso para fazer um registro hidrográfico e biológico da expedição e vivamente interessado no assunto.

8. Quanto à questão da licença de trabalho, se julgar aconselhável, posso entrar em contato pessoalmente com o professor Shipley a fim de solicitar sua aquiescência para uma licença mais prolongada, e, além disso, disponho-me a pagar 200 libras por ano a uma pessoa que temporariamente se encarregue de uma parcela de seu trabalho no laboratório enquanto o senhor es-

> tiver participando da expedição. Suponho que o trabalho mais importante possa ser delegado a vários indivíduos e a pessoa de 200 libras anuais poderia fazer muito para auxiliá-los.
>
> Gostaria que me comunicasse, logo que fosse possível, se estas condições são aceitáveis, pois quero providenciar agora o equipamento. Já encomendei, e está sendo instalado, um guincho a vapor para arrasto e 1.500 braças de rede de arame de 1 1/2.
> Mandei instalar um laboratório biológico no navio, mas deixarei a cargo do biólogo escolher o mobiliário e o equipamento para o mesmo.
>
> Cordialmente,
> (assinatura: E. H. Shackleton)
>
> P.S. – Envio-lhe um cheque anexo de 4 libras para suas despesas de viagem. (rubrica)

Em geral, Shackleton empenhava-se em facilitar as coisas para a tripulação. Sabia, por exemplo, que muitos homens voltariam para seus empregos habituais depois da viagem. Por este motivo, oferecia-se para falar com seus patrões a fim de afastar dificuldades ou ajudar a contratar um substituto temporário. Também pagava extras aos homens mais experientes e às vezes acrescentava reservas em dinheiro para as famílias como uma espécie de seguro contra morte acidental. Estranhamente, deixou de fazer prudentes reservas de fundos para sua família. Sua mulher, Emily, precisou se manter com seu próprio dinheiro depois da morte dele.

Shackleton aparelhava a tripulação com equipamentos de última geração.

Apesar de estar constantemente em apertos financeiros, Shackleton investia em equipamento da melhor qualidade. Chegara à conclusão de que instrumentos ordinários desperdiçavam tempo e dinheiro. Talvez nunca tenha esquecido como sofreu em seus tempos de aprendiz por seu empregador se recusar a usar meios mais modernos para carregar e descarregar mercadorias no navio em que servia. Na Antártida, esse tipo de contenção de gastos podia pôr vidas em risco. Tudo no *Endurance* era o que havia de melhor na época: trenós, esquis, machados, cordas, instrumentos, iluminação elétrica e até diários e pasta de dentes.

Escrevendo sobre a expedição do *Endurance*, Orde-Lees comentou que "todos os cuidados eram tomados para proteger a vida, o corpo e a saúde em geral de todo o grupo, dava-se uma atenção sem limites a todas as questões importantes relacionadas a dieta; e o equipamento polar e instrumentos científicos eram todos de último tipo e beirando a perfeição; na verdade, nada foi deixado ao acaso a não ser o gelo, um fator que nenhuma quantidade de suprimentos poderia sujeitar a regras".

Shackleton dividia o trabalho de aparelhar o *Endurance*, permitindo aos homens que utilizariam o equipamento ajudar a decidir sobre as compras. Ele próprio encarregava-se do navio, suas peças e acessórios e dos cachorros; Wild tomava conta das provisões; Marston cuidava das roupas, barracas, roupas de cama e arreios dos cães; tanto Marston quanto Wild ajudavam com os trenós, esquis e cabanas; Orde-Lees incumbia-se das máquinas e ferramentas; e os médicos e cientistas avaliavam os instrumentos e suprimentos médicos.

Os tripulantes receberam botas feitas pela Burberry de acordo com um desenho de Amundsen para serem usadas com cinco pares de meias. Como se verificou depois, as gáspeas costumavam deixar entrar água. Também levaram *finneskos* ("sapatos finlandeses"), botas feitas de pele de rena revestida de uma espécie de capim que absorvia umidade. No gelo áspero, gastavam-se tão depressa que cada homem do grupo de terra recebeu vários pares. Tinham balaclavas (gorros de malha que lhes cobriam o rosto e o pescoço com uma abertura apenas para os olhos) e óculos de neve de última geração com lentes amarelo-esverdeadas para evitar a cegueira das neves. Para a excursão por terra, a Royal Geographical Society e o Almirantado emprestaram a Shackleton alguns instrumentos científicos e ele comprou o resto. Como era o costume, a expedição do *Endurance* também recebeu presentes de amigos e de fabricantes. Possuíam uma edição especial em papel fino da *Encyclopedia Britannica*. Um amigo doou uma biblioteca particular de livros sobre as regiões polares, mais tarde perdida no desastre – com exceção de uns poucos volumes guardados em segredo por dois dos tripulantes em um gesto de gratidão. O fotógrafo de Scott, o renomado Herbert Ponting, mandou-lhes vinho e bolo e Emily Shackleton deu aos homens doces caseiros.

Como todos os exploradores, Shackleton era um inventor inveterado, permanentemente à procura dos mínimos aperfeiçoamentos e inovações na logística e nos métodos de montar uma expedição complexa. Algumas de suas mais importantes contribuições para sua área de atuação foram nestes setores. Quanto à indumentária, por exemplo, o Chefe superou o explorador norueguês Fridtjof Nansen, que adotara roupas de pele, substituindo o material pesado e incômodo por trajes mais leves e impermeáveis de gabardina Burberry.

Com seu passado de Marinha Mercante, o acondicionamento do material, antes de tudo, era o forte de Shackleton. Sua experiência lhe mostrara que os líderes de expedições costumavam dar muito pouca atenção a este setor, carregando o equipamento na embalagem fornecida pelo fabricante, qualquer que fosse. Scott usara caixotes feitos sob encomenda de Venesta, um antigo compensado que consistia em três camadas de madeira coladas uma na outra; mas os caixotes vinham em tamanhos e formatos variados. Para o *Nimrod*, Shackleton encomendou dois mil e quinhentos caixotes de embalagem de Venesta do mesmo tamanho. Isto não só tornava o processo de acondicionamento e armazenamento mais fácil como, depois de esvaziados os caixotes, sua madeira podia ser usada para construir divisórias e móveis para a cabana da base em terra. Shackleton calculou ter economizado quatro toneladas de peso por não ter de transportar mobília a bordo. A cabana para a expedição do *Endurance* seria construída de tábuas de pinheiro encaixadas umas nas outras e portas e janelas duplas para impedir a entrada do frio. Marston também projetou com grande habilidade dois tipos de barracas arredondadas, em forma de cúpula, que podiam ser armadas rapidamente no caso de uma nevasca e eram mais espaçosas do que as usadas em expedições anteriores.

Shackleton tomava o maior cuidado com as provisões de alimentos. Acreditava que uma dieta variada era o segredo da boa saúde e do bom humor. Os piores sofrimentos nas expedições anteriores haviam sido causados por levarem a comida errada, por sua quantidade insuficiente ou por ela se estragar. Em sua primeira viagem para o sul, o próprio Shackleton tivera escorbuto – doença causada pela falta de vitamina C – e padecera com braços, pernas e gengivas inchados, entre outros sintomas. Ao voltar, estudara a doença e como evitá-la, sabendo mais sobre ela do que a maioria dos médicos de seu tempo. Mesmo com a grave escassez de comida por que passou o grupo Extremo Sul da expedição do *Nimrod*, ninguém teve escorbuto por comer a carne fresca dos cavalos.

A expedição do *Endurance* conseguiu estocar comida suficiente para dois anos utilizando os mais avançados métodos de empacotamento da época. Alguns produtos eram lacrados hermeticamente. As sopas eram altamente concentradas. Os legumes eram desidratados e prensados dentro de latas quadradas de sete centímetros. Percebendo que as forças armadas inglesas enfrentavam um desafio semelhante, pois precisavam alimentar grupos em constante movimento, Shackleton enviou Frank Wild para uma consulta com o general-de-divisão Sir Wilfred Beveridge no Ministério da Guerra. Eles calcularam o número de calorias necessário para homens em marcha – cerca de quatro mil por dia – e apresentaram uma dieta nutritiva adequada a homens que tivessem de caminhar em um clima polar.

Alguns achavam que Shackleton tinha tendência a exagerar em seus cardápios. Douglas Mawson, o explorador australiano, levou para casa, do *Nimrod*, um enorme bloco de chocolate e, durante anos, sempre que alguém visitava seu escritório na Universidade de Adelaide, ele pegava um machado de gelo e cortava uma lasca do chocolate para oferecer à visita. O *Nimrod* deixou para trás provisões tão fartas e requintadas que, quando um grupo da expedição de Scott do *Terra Nova*, de 1910-1913, chegou à cabana de Shackleton no cabo Royds, deliciou-se com biscoitos que cresciam quando aquecidos, potes de frutas, frango cozido, rim, cogumelos, costeletas de carneiro no gengibre e casca de laranja açucarada.

Para pagar tudo isso, Shackleton precisava trabalhar ativamente levantando fundos. Quando organizou a expedição do *Nimrod*, que custou aproximadamente 30 mil libras – e que hoje seriam 6 milhões de dólares –, ele fez empréstimos e assumiu uma dívida enorme. Para o *Endurance*, que custou cerca de 50 mil libras (algo em torno de 10 milhões de dólares em valores atuais), ele lançou mão do recurso muito moderno de vender antecipadamente os direitos para histórias, fotografias e filme. O orçamento do *Endurance* era pouco menor do que a metade do orçamento do *Discovery*, financiado com recursos públicos treze anos antes.

Shackleton enviou um prospecto caprichado com uma carta pessoal anexa a várias centenas de potenciais patrocinadores. A piada era que alguns abastados industriais ingleses estavam mais do que felizes em ajudar a mandar Shackleton para o fim do mundo para que ele ficasse bem longe de suas mulheres. Associavam Shackleton a diversas mulheres, entre elas uma atriz de teatro chamada Rosalind Chetwynd. É verdade que os encantos dele balançavam muitas senhoras da sociedade, mas não se pode afirmar que tenha sido tão mulherengo quanto muitos alegaram que foi.

Os esforços exaustivos e muitas vezes frustrantes de Shackleton para angariar fundos acabaram dando bons frutos. No último instante surgiu um grande benfeitor com a generosa doação de 24 mil libras para pôr em marcha a expedição do *Endurance*. Tratava-se de Sir James Caird, um filantropo escocês fabricante de juta que gostava de viagens. Doou o dinheiro sem compromissos e fez um apelo público a outros doadores para que não pedissem reembolso. A generosidade de Caird rendeu-lhe seu quinhão de imortalidade: seu nome foi dado ao barco salva-vidas que levou Shackleton na viagem através do Atlântico Sul a fim de buscar auxílio para seus homens isolados. Os outros dois barcos salva-vidas que se tornaram famosos na saga do *Endurance* receberam o nome de Janet Stancomb-Wills, uma herdeira britânica do tabaco, e Dudley Docker, um industrial britânico. O governo contribuiu com modestas 10 mil libras e outras mil vieram da Royal Geographical Society.

Wild e Shackleton acabaram de contratar os membros da expedição perto do início do verão de 1914. Precisaram fazer algumas substituições de última hora, acabando por empregar alguns homens que não haviam sido cuidadosamente selecionados. A ameaça da guerra na Europa estava absorvendo muitos dos mais qualificados e criando problemas com a entrega de produtos. No final, contudo, a expedição do *Endurance* estava bem equipada de homens e de material.

As circunstâncias iriam submeter esses homens a provas jamais imaginadas. Mas eles trabalhariam unidos durante cerca de dois anos até retornarem a um porto seguro. Frank Wild foi imperturbável e prosseguiu o trabalho de Shackleton quando este precisou se afastar da tripulação. O marujo Timothy McCarthy conseguiu ser alegre em ocasiões em que outros temiam perder a sanidade. Frank Worsley foi um brilhante navegador. Tom Crean ajudou a resgatar a tripulação na etapa mais difícil da viagem. Louis Rickinson foi incansável. Os médicos, doutores Alexander Macklin e James McIlroy, foram ambos equilibrados e versáteis. O fotógrafo Frank Hurley iria fazer o melhor trabalho de sua vida.

O *Endurance* levantou âncora em 1º de agosto de 1914, um sábado. Deixou a West India Dock sob o brilhante sol de verão e a nuvem sombria do início da Primeira Guerra Mundial. A expedição teve um bota-fora ruidoso proporcionado por uma multidão animada dando vivas nas docas, um coro de sirenes de navios e um gaiteiro escocês que tocou "The Wearin' o' the Green". O navio desceu o rio Tâmisa.

Na segunda-feira, Shackleton ficou desolado ao desembarcar em Margate, na Inglaterra, e ler as notícias de um chamado para mobilização geral. Vários oficiais partiram imediatamente. Shackleton voltou a bordo e pediu permissão a seus homens para colocar o navio à disposição do Almirantado. Uma hora depois de mandar um telegrama, ele recebeu a resposta: "Prossiga." Logo em seguida, chegou outro telegrama do primeiro lorde do Almirantado, Winston Churchill, insistindo que não havia necessidade de interromper planos feitos pelas "maiores autoridades da geografia". O rei enviava-lhes pessoalmente os melhores votos para a expedição. Shackleton, finalmente, achou que poderia fazer o navio partir com a consciência tranquila. No sábado seguinte, o *Endurance* entrou em mar aberto.

Shackleton, Wild e dois dos cientistas ficaram para trás por conta de algumas providências finais e para esperar por provisões que não haviam sido entregues a tempo. Por fim, Shackleton deixou Liverpool em 25 de setembro e seguiu para Buenos Aires, onde encontraria o *Endurance*. A essa altura, já estava cansado, nervoso e preocupado. Escreveu uma carta contrita para a mulher que revelava seus profundos conflitos ao sacrificar a família pelo trabalho e sua disposição em fazer uma promessa que nunca cumpriu: "Só estou obcecado com meu trabalho e tudo o que tenho de fazer... Vou levar a cabo este trabalho e então estarão encerradas, assim espero, minhas andanças por lugares distantes, seja por quanto tempo for."

Nos dois meses que levou para chegar à Argentina, muitos membros da tripulação (principalmente os profissionais e os cientistas) ficaram saudosos, mareados, temerosos e sem ter certeza se haviam tomado a decisão certa. Os que não estavam insatisfeitos (principalmente os marinheiros) divertiram-se tremendamente no porto bebendo, farreando e metendo-se em encrencas com a lei. Tudo isto serve para provar que até a tripulação mais competente precisa sempre de um bom líder.

Orde-Lees reclamou desde o primeiro dia no mar: "Estou começando a me encolher de medo como sempre e a desejar nunca ter vindo. Não vejo para que servem as explorações polares, afinal de contas", escreveu ele em seu diário. Seu desespero cresceu à medida que as semanas se passaram e vários tripulantes se tornaram cada vez mais arruaceiros sem a mão firme de Shackleton no leme. Em outubro de 1914, Orde-Lees fez mais uma anotação: "A tripulação, ou pelo menos uns dez a doze homens, está se comportando da maneira mais desleal, enchendo-se de bebida todos os dias e deixando que nós, da equipe, façamos todo o trabalho. Isto mostra que há algo errado, mas se Deus quiser tudo entrará nos eixos quando Sir Ernest chegar."

CONTRATANDO E ORGANIZANDO UMA EQUIPE À MANEIRA DE SHACKLETON

- Comece com um sólido núcleo de pessoas que você conheça de trabalhos anteriores ou que venham recomendadas por colegas em quem confia.

- Seu número 2 é sua contratação mais importante. Escolha alguém que complemente seu estilo de gerência, demonstre lealdade sem ser um capacho e tenha talento para lidar com os outros.

- Contrate aqueles que tenham a mesma visão que você. Alguém que não combine com sua personalidade ou a cultura da empresa irá criar obstáculos para seu trabalho.

- Seja um entrevistador criativo e nada convencional se estiver buscando pessoas criativas e não convencionais. Vá além da experiência profissional e das qualificações. Faça perguntas que revelem a personalidade do candidato, seus valores e perspectivas sobre trabalho e vida pessoal.

- Cerque-se de pessoas alegres e otimistas. Elas irão retribuir com a lealdade e o companheirismo que são vitais para o sucesso.

- Candidatos ávidos pelo emprego costumam ser os que trabalham com mais afinco para mantê-lo.

- Para eliminar preguiçosos em potencial, escolha empregados que se mostrem dispostos a enfrentar qualquer tipo de trabalho e dar uma mão nas tarefas mais desagradáveis.

- Contrate aqueles que têm os talentos e habilidades que você não possui. Não se sinta ameaçado por eles. Ajudarão você a se manter na vanguarda e vão trazer distinção à sua empresa.

- Explique claramente aos novos empregados quais são as obrigações e exigências precisas de seus cargos e qual será a remuneração. Muitos relacionamentos de trabalho fracassados começam com a falta de comunicação.

- Para ajudar sua equipe a realizar um trabalho de primeira categoria, dê-lhe o melhor equipamento que puder. Trabalhar com ferramentas antiquadas e precárias cria um fardo adicional desnecessário.

PONDO EM PRÁTICA

James J. Cramer afirma que o exemplo de otimismo de Shackleton ajudou-o a se salvar da ruína financeira e da relativa obscuridade poucos meses depois de ter obtido sucesso, riqueza pessoal e fama internacional como importante investidor em Wall Street.

"Shackleton salvou minha vida", diz ele.

Cramer leu sobre Shackleton em 1998, no final do pior ano de sua vida profissional. Sua empresa de investimentos com sede em Nova York, a Cramer Berkowitz & Company, estava em sua maior baixa desde a fundação em 1987. O mercado de capitais em queda na segunda metade do ano fizera com que o principal fundo perdesse 100 milhões de dólares e fechasse o ano com apenas 2% de retorno sobre ativos. "As pessoas estavam retirando capital do mercado", lembra o investidor. "Eu, pessoalmente, perdi 15 milhões de dólares. Estava na hora de ficar quieto em um canto."

Também estava tendo dores de cabeça com seu site de notícias financeiras, TheStreet.com, que criara em 1996 em parceria com Martin Peretz, dono e editor-chefe do *The New Republic*. Em 1998, as perdas da empresa aumentaram dramaticamente para 16,4 milhões de dólares, contra os 5,8 milhões do ano anterior, mesmo considerando que a receita bruta ultrapassara a marca do milhão de dólares.

A situação chegou a um ponto em que Cramer teve de perguntar a si próprio e a seus financiadores: "Estamos acabados?" Chamou seus sócios e viu neles um grau de pessimismo que o surpreendeu e desanimou. Disseram-lhe para fechar a empresa. Sentiu-se derrotado. "Você passa a se arrastar para o trabalho, sente-se fracassado e as pessoas riem de você", diz ele, lembrando a tortura de ter de encarar a equipe e os colegas de trabalho em seu escritório de Wall Street todos os dias.

Foi quando ele encontrou Shackleton.

Depois de ler um artigo sobre Sir Ernest na *National Geographic*, debruçou-se sobre *A Incrível Viagem de Shackleton*, de Alfred Lansing. Em seguida, leu o relato do próprio explorador sobre a expedição. "Percebi que essa era a filosofia – para a vida também, mas especialmente para os negócios", observou ele.

No meio de todas as vozes que lhe diziam para desistir, ele ouvia a de Shackleton dizendo que ficasse firme. Começou a anotar citações de Shackleton com caneta vermelha no quadro branco de seu escritório para levantar o ânimo de sua equipe e dele próprio. A frase "O otimismo é a verdadeira coragem moral" não foi apagada durante os tempos difíceis de 1998, segundo Cramer.

"Se eu não tivesse sido doutrinado por Shackleton, teria desistido", conta ele. "Foi o pior ano que jamais tive. Shackleton ajudou porque, nessas condições, todo mundo, absolutamente todo mundo, diz a você para desistir. Mas voltei de um jeito inacreditável e provei que os pessimistas estavam errados."

Estavam mesmo. Mais ou menos no início de 1999, seus negócios passaram por uma extraordinária reviravolta e, de uma hora para outra, ele adquiriu fama e uma boa fortuna. A *News Corporation*, de Rupert Murdoch, e a *New York Times Company* adquiriram participações minoritárias no TheStreet.com e depois criaram empreendimentos conjuntos. Seu fundo *hedge*, que perdera uns 180 milhões de dólares em ativos em 1998, mais do que dobrou de valor.

O grande desenlace ocorreu em maio de 1999, quando o TheStreet.com abriu seu capital. A habilidade de Cramer para lidar com os meios de comunicação e sua boa lábia, exatamente como Shackleton, criaram tamanho falatório sobre a companhia que a demanda por suas ações inundou o Nasdaq. O preço por ação disparou para 73 dólares, quase quatro vezes o preço da oferta inicial, de 19 dólares, e depois se estabeleceu em 60 dólares no fechamento. Cerca de 13,5 milhões de ações do TheStreet.com foram negociadas naquele dia. Baseada no preço inicial de fechamento, a capitalização total do mercado para a companhia foi avaliada em 1,42 bilhão de dólares. Significava que a parte de Cramer, então com quarenta e quatro anos, valia mais de 215 milhões de dólares – quando seu salário anual na ocasião era de 250 mil dólares.

A companhia despertou atenção internacional. As assinaturas e visitas ao site aumentaram repentinamente, foi preciso contratar mais pessoal e a empresa se mudou para um espaço maior. O fato de a empresa nunca ter sido lucrativa não era importante: em 1999, sua receita bruta mais que triplicou. O nível mínimo de sustentação de preços não se aplicava a firmas pioneiras de internet, ponderavam os especuladores otimistas do mercado. "TheStreet.com representa o futuro", declarou o *USA Today*, atribuindo o mérito do sucesso a Cramer.

Depois disso, o rosto jovial de Cramer podia ser visto por todo lado, fazendo com que o *The Wall Street Journal* o chamasse de "um para-raios de *Wall Street* para atrair atenção e publicidade". Ele apareceu em programas das redes de televisão e em noticiários das TVs a cabo. Além de escrever sua própria coluna on-line – afrontosamente chamada de "Errado!" –, produziu artigos para revistas e jornais e formou alianças com numerosos meios de comunicação e mercados corporativos. Sua enorme popularidade levou a revista *Talk* a incluí-lo na lista dos cinquenta norte-americanos que as pessoas escutaram em 1999.

Em um ano, o investidor dera uma espetacular volta por cima. "Havia uma pressão incrível para que eu desistisse e admitisse a derrota", recorda ele. "Teria sido a decisão mais idiota da minha vida."

Hoje em dia, Cramer tem uma fotografia de Sir Ernest em seu escritório e um bilhete manuscrito pelo explorador na época da expedição do *Nimrod*, que adquiriu em um leilão.

Quando contrata pessoas, ele pensa na maneira como Shackleton analisava sua tripulação. Escolhe otimistas e os que têm ideias e esperanças iguais às suas para o negócio. Admite que ainda se esforça para imitar completamente o explorador. "Gostaria de ser um pouco mais como ele", lamenta. "As pessoas respeitavam-no em sua posição de um modo que jamais conseguirei igualar. Havia uma distância respeitosa entre ele e seus homens. Sou camarada demais."

Com o início do novo século, dissipou-se a efervescência das ações de empresas da internet e o TheStreet.com sofreu novos abalos. Um ano depois da entusiástica oferta pública inicial, a companhia passou por mudanças repentinas e radicais em seus altos escalões, o preço das ações caiu para abaixo de seu preço de abertura e o site tornou-se praticamente gratuito. Cramer abriu mão de seu salário em troca de opções por ações e correram boatos de uma venda iminente.

Ele, porém, continuou a não dar ouvidos aos comentários negativos, insistindo que os que trabalham com afinco para atingir um objetivo devem se manter otimistas. "Se você se cercar de pessimistas, estará condenado ao fracasso nos negócios", afirma. "As vozes deles são as que não podem penetrar em sua cabeça. Se escutá-los, tomará decisões erradas ou ficará tão confuso e atordoado que perderá a energia emocional de que necessita."

3

CRIANDO UM ESPÍRITO DE CAMARADAGEM

Toda e qualquer obrigação é realizada alegremente e de boa vontade, nunca se ouve nenhuma reclamação ou queixume, seja qual for a dificuldade ou o incômodo enfrentado. O maior mérito por isto se deve ao tato e à liderança do chefe da expedição e à jovialidade e bonomia de Wild. Ambos inspiram respeito, confiança e afeição.

– Frank Worsley, comandante, *Endurance*

Shackleton de fato organizava bem as coisas no navio, mas nem mesmo Thomas Orde-Lees seria capaz de prever como sua liderança iria fazer diferença. Se Shackleton era bom escolhendo homens talentosos, era ainda melhor liderando-os. Podia dar-se ao luxo de contratar pessoas levando em conta sua personalidade e seu caráter porque sabia que conseguiria desempenhos acima da média até dos homens mais medianos.

No princípio da expedição do *Nimrod* em 1907, um inexperiente Shackleton gabou-se para sua mulher de ter providenciado uma tripulação e provisões "perfeitas". Acabou desapontado com algumas pessoas fundamentais à equipe, entrou em choque com outras e correu sérios riscos por erro de cálculo dos suprimentos necessários. Na ocasião em que o *Endurance* levantou ferros em

1914, Shackleton tinha quarenta anos e experiência como líder. Não alimentava mais ilusões sobre a perfeição dos homens ou das provisões. Sabia que o gelo podia destruir ambos e que, em última instância, o sucesso ou o fracasso do empreendimento dependiam dele próprio. Amadurecera e se tornara um líder muito mais confiante, sagaz e resoluto. Aprendera em seus primeiros anos no mar a definir o que mais detestava em seus empregos: mesquinhez, patrões irresponsáveis, condições de trabalho insuportáveis e falta de confiança e respeito entre membros da tripulação. Como líder novato de expedição, aprendera o que não funcionava: liderança rígida, distante, não democrática e pouco firme. No *Endurance*, concentrou-se naquilo que lhe proporcionaria a melhor chance de atingir seus objetivos: a união.

"Existem várias coisas boas no mundo, mas tenho a impressão de que a camaradagem é a melhor de todas", o meteorologista do *Endurance*, Leonard Hussey, lembra-se de ter ouvido Shackleton falando.

Formar uma tripulação unida e leal era o fundamento da liderança de Shackleton. Para ele, o trabalho de equipe era mais do que um ingrediente do sucesso, constituía um objetivo em si. Sempre gostou de sua tripulação, mesmo que às vezes não gostasse de todos os seus componentes, e dava-lhe prazer a tarefa de desenvolver uma ligação entre eles e com eles. "A aventura é a alma da existência porque desperta uma harmonia verdadeira entre os homens", disse Shackleton a Hussey.

Fazer da tripulação do *Endurance* uma equipe coesa não seria fácil. O grupo estava dividido por classes sociais, ocupações e temperamentos. Haviam sido contratados em países de língua inglesa e se encontrado na Argentina vindos de diversas atividades anteriores. Frank Wild, o geólogo James Wordie e o físico Reginald James chegaram separadamente em Buenos Aires ao mesmo tempo que os cães de trenó. O fotógrafo Frank Hurley veio da Austrália. A separação inicial criou panelinhas que tinham de ser desfeitas. No entanto, até a tripulação que embarcou no *Endurance* para atravessar o Atlântico na primeira etapa da viagem estava dividida. Os profissionais achavam-se superiores aos marinheiros. Os marinheiros achavam-se superiores aos universitários fracotes.

Além disso, sob a responsabilidade do comandante Frank Worsley, os homens habituaram-se aos conflitos e à falta de disciplina. Muitos se sentiam melindrados com o trabalho que lhes cabia e faziam o mínimo possível. Os que procuravam fazer a sua parte achavam que o esforço não era reconhecido. Em vez de agradecer a participação deles, Worsley e os oficiais do navio, Hubert Hudson e Lionel Greenstreet, demonstravam arrogância. "Bancavam os importantes e costumavam tratar os membros da equipe científica como seres inferiores", comentou o doutor Alexander Macklin em 1957.

Mudaram de atitude com a chegada de Shackleton.

Recém-chegado no ambiente, Shackleton observava antes de agir, só efetuando mudanças para fazer melhorias.

O Chefe chegou em Buenos Aires na sexta-feira, 16 de outubro, mais ou menos seis semanas depois de o *Endurance* ter ancorado. Ainda assim, não embarcou durante vários dias, preferindo em vez disto ficar no Palace Hotel enquanto avaliava os problemas dentro e fora do navio. Shackleton nunca tomava decisões arbitrárias apenas para mostrar que estava no comando.

Um problema imediato era o navio estar sendo retido no porto por causa de burocracia. Sir Ernest entrou em contato com a autoridade superior e resolveu o impasse. O biógrafo H. R. Mill escreveu jocosamente que Shackleton, que conseguira seduzir os "frios homens de negócios" da Inglaterra e convencê-los a lhe dar seu dinheiro, não teve muita dificuldade em lidar com os funcionários argentinos, pessoas mais agradáveis: "Todas as portas se abriam, todas as engrenagens funcionavam perfeitamente, tudo se fazia depressa e com uma elegância castelhana."

Shackleton usou menos sedução para pôr a tripulação em ordem. Despediu alguns deles e contratou substitutos no porto. A experiência ensinara-lhe a não fazer tentativas e eliminar quem não estivesse à altura do trabalho. Não fizera mudanças na expedição do *Nimrod* depois de sair da Inglaterra. Na do *Endurance*, despediu quatro. E, em sua última viagem, com o *Quest*, despediu e contratou gente o tempo todo até chegar na América do Sul.

Uma das primeiras providências de Shackleton em Buenos Aires foi despedir o cozinheiro incompetente do *Endurance* – o que não chega a surpreender, considerando-se a enorme importância que Shackleton atribuía à comida. O substituto foi Charles Green, um padeiro excêntrico com uma voz estridente de que os homens adoravam caçoar. Green provou ser um verdadeiro fenômeno, capaz de produzir rapidamente refeições quentes em grande quantidade até mesmo apoiado em pedras cobertas de gelo em meio a vendavais. Mais tarde, Shackleton iria destacá-lo como um dos heróis da expedição.

Ao mesmo tempo, empregou um marujo norte-americano, William Bakewell, que se apresentara como canadense para se qualificar como cidadão britânico e poder fazer parte da expedição. Dois dias mais tarde, Shackleton despediu dois marinheiros por se ausentarem sem permissão durante uma semana. No dia seguinte, mais um foi despedido. O Chefe adaptava as regras à sua vontade, mas ainda assim acreditava nelas. Fazia vista grossa aos muitos relatos de excessos de comportamento no porto, mas não tolerava falta de responsabilidade. De qualquer forma, não deixou os homens que despedira isolados na América do Sul. Ajudou-os a encontrar emprego em um vapor que retornava à Inglaterra.

Shackleton fazia-se acessível à sua tripulação, escutava as preocupações de seus homens e mantinha-os informados sobre os assuntos do navio.

Shackleton ficou extremamente ocupado durante sua temporada em Buenos Aires, mas sua porta estava sempre aberta para os membros da tripulação. Orde-Lees escreveu como se sentiu satisfeito por ser recebido para tomar café nos aposentos do Chefe no hotel de Buenos Aires em um domingo depois da igreja. Shackleton respondeu a todas as perguntas que seu especialista em motores lhe fez sobre os planos para a expedição e obteve por meio dele informações sobre a alimentação dos tripulantes durante a viagem até lá. "A minha estima por ele, sem dúvida, aumenta mais e mais cada vez que o encontro", assinalou Orde-Lees em seu diário.

Acontecera o mesmo com a tripulação do *Nimrod*. O segundo na cadeia de comando, tenente J. B. Adams, contou que, na cabana de inverno instalada na costa antártica durante aquela expedição, todos os pedidos para uma mudança de política eram sempre discutidos com os envolvidos.

Quando Shackleton finalmente foi para bordo do *Endurance*, sua cabine servia como uma espécie de porto seguro onde os tripulantes podiam falar com ele longe dos ouvidos dos outros ou convalescer de algum problema de saúde. O Chefe, no início, dividiu esse espaço com o comandante Worsley para conhecê-lo melhor, influenciá-lo e aculturá-lo. Mais tarde, quando a tripulação se mudou para uma parte mais quente do navio, Shackleton permaneceu em sua cabine. O afastamento ajudou-o a manter uma distância respeitosa dos outros homens e deu-lhe privacidade para pensar e escrever.

O *Endurance* zarpou da Argentina para a Geórgia do Sul, no oceano Atlântico Sul, em 27 de outubro. Em alto-mar, dois dias depois, apareceu um jovem passageiro clandestino: Perce Blackborow, amigo do novo marinheiro americano Bakewell. Escondera-se em um paiol.

"Acho que ele gostou da ideia", comentou o artista de bordo sobre a reação de Shackleton. Ao que parece, Shackleton imaginou que alguém com coragem para embarcar como clandestino poderia ser uma aquisição valiosa. E por estar com menos um tripulante do que o previsto, aceitou o rapaz de dezenove anos a título de experiência até que o navio chegasse à Geórgia do Sul. Quando o *Endurance* aportou na ilha duas semanas mais tarde, o Chefe concluíra que gostava muito do rapaz. Finalmente, a tripulação estava completa.

Na ocasião, Shackleton mandou cartas para Emily em que mais uma vez abria sua alma sobre a vocação de sua vida e sobre sua família. "Parece duro falar assim, mas sei que minha vida é esta vida de pária e a única coisa para que sirvo, em que não tenho de me submeter a ninguém... Só dou para ser explorador e nada mais", escreveu em uma delas. Em uma outra posterior, acrescentou: "Nunca mais vou sair em uma viagem longa assim. Quero ver a família toda instalada com conforto e então vou recolher minhas velas e descansar. Não quero saber do mundo nem do público; ambos uma hora nos recebem com vivas e na outra com vaias. O que importa é o que somos e o que fazemos de nossa vida."

O Chefe também contou para a mulher em uma carta que não estava satisfeito com alguns membros da tripulação, sem lhes citar os nomes. O tempo mostraria que a maioria dos problemas era administrável: a arrogância de Frank Hurley, a inexperiência de Reginald James e a preguiça egoísta de Thomas Orde-Lees. Depois da provação que viveram, entretanto, um Shackleton exausto escreveu mais uma carta para Emily chamando um dos homens de "idiota" e dizendo que outro "não prestava". No final, não recomendou quatro deles para a Medalha Polar por serviços notáveis prestados: o carpinteiro Harry MacNish, por causa de seu protesto rebelde ao comandante Worsley em um momento decisivo da luta deles pela sobrevivência; o marinheiro John Vincent, por aparentemente ter surrupiado objetos de valor que Shackleton ordenou que todos deixassem para trás; e, por razões nunca inteiramente claras, os marinheiros Ernest Holness e William Stephenson. Depois de tudo por que estes homens passaram, muitos consideraram que lhes negar aquele prêmio individual foi uma atitude excessivamente rigorosa, implacável e incompatível com a habitual natureza generosa de Shackleton. No entanto, teria sido estranho Shackleton não fazer caso de comportamentos que julgava serem fora de linha ou que pusessem em risco a vida dos outros. Shackleton avaliava o desempenho de seus homens sob dois aspectos: fazer bem o trabalho e provar lealdade. Lealdade era de longe o mais importante.

A carta de Shackleton para Emily também revelou apreensões sobre seu navio. Fizera água durante a viagem da Inglaterra para a Argentina e "sua maneira de agir" no porto de Buenos Aires fazia-o suspeitar que não era tão forte quanto o navio anterior. "Eu o trocaria pelo velho *Nimrod* em qualquer ocasião se não fosse pelo conforto", escreveu ele.

O *Endurance*, abarrotado de homens, suprimentos, cães e canis, chegou à estação baleeira norueguesa de Grytviken, na Geórgia do Sul, no princípio de novembro. Shackleton foi informado de que o gelo no mar de Weddell naquele ano era o pior de que se tinha lembrança. Esperou na ilha por um mês, contando que as condições climáticas melhorassem à medida que o verão do hemisfério sul progredisse. O navio afinal partiu para a Antártida em 5 de dezembro.

Shackleton estabeleceu ordem e uma rotina a bordo do navio para promover uma atmosfera de segurança e produtividade.

O Chefe era obcecado em estruturar o dia, estabelecendo parâmetros claros tanto para o trabalho quanto para o lazer. A confortável rotina diária fazia com que todos os membros da tripulação sentissem que seu trabalho contribuía para o perfeito funcionamento do navio. Logo depois de Shackleton ir para o navio, Orde-Lees escreveu em seu diário: "É ótimo ter Sir Ernest a bordo: tudo funciona como um relógio e todo mundo sabe exatamente em que pé está."

Os homens tinham de fazer a limpeza de seus alojamentos e cuidar da própria roupa. As tarefas mais simples exigiam um tempo e um esforço imensos: levava horas alimentar a fornalha sob o mar gelado, por exemplo, para conseguir água suficiente para encher um tanque de lavar roupas. Como Shackleton bem sabia, porém, manter os homens constantemente ocupados ajudava a combater o tédio.

A rotina geral era simples e ninguém se atrevia a deixar de cumpri-la. "O café da manhã era às nove horas em ponto senão o mundo iria abaixo", escreveu Hurley. "O humor de Sir Ernest de manhã antes do café é muito instável."

A falta de uma programação para todas as horas – como a idealizada por Shackleton – fizera a tripulação sair dos eixos sob a autoridade de Worsley, que gostou muito da modificação. "Com toda a certeza, uma boa parte de nosso contentamento se deve à ordem e rotina que Sir E. estabelece onde ele se instala", escreveu mais tarde o comandante. "A obrigação diária regular e o ritmo corriqueiro no qual tudo se encaixa por si só inspiram confiança, e o estado de espírito do líder naturalmente se reflete em todo o grupo."

Shackleton quebrou as hierarquias tradicionais, fazendo todos porem mãos à obra em todo tipo de trabalho do navio.

Shackleton tinha um modo singular de equilibrar o trabalho dos cientistas e dos marinheiros, ou, como os chamava, "os *ABs* e os *BAs*", para *able-bodied seamen* (marinheiros qualificados) e *Bachelors of Arts* (bacharéis em Humanidades). Fazia os cientistas colaborarem em uma parcela das tarefas do navio, deixando de vez em quando seu trabalho científico de lado para realizar obrigações mais urgentes. Também fazia os marinheiros ajudarem na leitura dos instrumentos científicos e na coleta de amostras. Até para o cozinheiro foram treinados substitutos. Parte da estratégia estava relacionada à necessidade de economizar. Tratava-se também de uma rejeição a toda e qualquer hierarquia marítima tradicional e tinha o efeito salutar de formar uma tripulação de generalistas com habilidade para lidar com todos os aspectos do funcionamento do navio. Muito antes de isto ser um ideal reconhecido, Shackleton já se esforçava para ter uma tripulação democrática. "Quando ele assumiu o controle do navio, os oficiais tiveram de baixar um pouco a crista e não ficaram muito satisfeitos com o novo esquema", disse o doutor Macklin.

Todos tinham de cumprir seus turnos na navegação à vela, no leme do navio e igualmente na vigia noturna, que implicava observar as condições do gelo, manter aceso o fogo das fornalhas e fazer registros meteorológicos. Além disso, todos precisavam dividir tarefas tais como lavar o chão dos espaços comuns, distribuir e nivelar a carga de carvão, empacotar e desempacotar as provisões e cuidar dos cachorros. "Eles ficavam de joelhos esfregando o chão", explicou o marinheiro Walter How. "O senhor Clark e o doutor Macklin, todos tinham o seu turno." Ninguém reclamava, contou ele, e "se reclamassem, não adiantaria nada. Só havia um homem (que era) o chefe ali e o que ele dizia para fazer não se discutia".

Na expedição do *Nimrod*, segundo Frank Wild, um faxineiro popular sempre podia contar com ajuda para fazer a limpeza, enquanto os impopulares trabalhavam sempre sozinhos. No *Endurance*, Shackleton não deixava esses gestos ao sabor do acaso e fazia com que todos recebessem a ajuda necessária. Shackleton também se livrou de um posto adicional de supervisão existente no *Nimrod*. Na expedição anterior, o professor Edgeworth David supervisionava os cientistas; no *Endurance*, Shackleton encarregou os cientistas de seus próprios projetos e determinou que cada um deles prestasse contas diretamente a ele.

Os benefícios e a lógica das exigências de Shackleton faziam sentido até para Thomas Orde-Lees, que brigara com o comandante Worsley sobre a questão das tarefas durante todo o percurso da viagem da Inglaterra à América do Sul. "Descobri que somos obrigados a trabalhar!", Orde-Lees escreveu em seu diário não muito tempo depois de deixarem o porto inglês. Ele era uma dessas pessoas que, no trabalho, sempre pensam que ordens são apenas para os outros. "Tenho de fazer o segundo quarto de vigia desta noite, de meia-noite às quatro. Vamos para a cama e só nos levantamos se formos chamados. Em geral, ficamos despertos, mas nunca nos chamam de fato, pelo que já vi. Mas todos os oficiais de Marinha e da Marinha Mercante só sabem pensar em seus navios e acham que todo o mundo tem de ter o mesmo interesse pelos detestáveis navios. Não têm a menor consideração nem respeito pelos 'passageiros' e por seu descanso noturno."

Depois que Shackleton assumiu o comando, Orde-Lees começou a ver as coisas de maneira diferente: "Confesso que acho lavar o chão um trabalho inapropriado para pessoas de formação mais apurada. Por outro lado, sob as circunstâncias atuais, penso que tem um propósito conveniente como medida disciplinar. Torna a pessoa mais humilde e elimina qualquer vestígio de falso orgulho que ainda nos reste, e por esta razão faço o trabalho voluntariamente, sem que me peçam, mas sempre com um misto de repulsa e de abnegação."

A divisão igualitária de trabalho, instituída no princípio da viagem, era tão incomum que chamou a atenção das pessoas de fora. O doutor Macklin descreveu a entrada no porto de Buenos Aires, em que foram conduzidos por um rebocador local: "Eu estava no leme quando entramos, e o piloto achou muito divertido um médico estar fazendo aquele trabalho, dizendo que todos os médicos argentinos ficam enjoados assim que põem o pé em um navio. Quando afinal chegamos em nosso ancoradouro, mostrou-me a todos os presentes como uma grande curiosidade."

Todos não possuíam exatamente posição igual, mas eram igualmente considerados e tratados com o mesmo respeito.

Shackleton fazia um rodízio ao designar as tarefas de modo que, com o tempo, cada um trabalhava ao lado de todos os outros, enfraquecendo as divisões.

O esquema de rodízio do Chefe promovia um clima de imparcialidade e incentivava as amizades. Frank Hurley tirou uma fotografia significativa a bordo do *Endurance* que mostra três dos homens – James Wordie, Alfred Cheetam e o doutor Macklin – ajoelhados com panos na mão, trabalhando ombro a ombro, esfregando o chão de linóleo decorado da sala principal.

Para tarefas importantes e prolongadas, como formar equipes para explorar o interior do continente, Shackleton agrupava os homens de acordo com os tipos de personalidade e as amizades verdadeiras. Para outros encargos, entretanto, ele misturava e combinava as pessoas ao acaso. Os turnos da limpeza e da vigia noturna, por exemplo, eram designados por ordem alfabética. Como uma espécie de dança de quadrilha, os tripulantes trocavam continuamente de par nas diversas obrigações. Logo, os homens habituaram-se a ajudar uns aos outros sem que Shackleton precisasse mandar. O comandante Worsley fazia anotações hidrográficas e ajudava a treinar e exercitar os cães para as equipes dos trenós. O primeiro oficial de náutica Greenstreet ajudava Clark, o geólogo, e Hurley, o fotógrafo, no trabalho deles. Os cientistas cuidavam dos canis e carregavam suprimentos a bordo.

A mistura de obrigações estimulava a confiança de todos na própria competência. Isto, por sua vez, levava a um maior entrosamento dos diferentes níveis sociais. Pode-se constatar em seus diários como era amistoso o relacionamento entre os homens. À medida que a rotina era incorporada por todos, assim também ocorria com os laços entre eles, e a confiança e a camaradagem que daí resultaram foram de grande valia nos tempos difíceis que enfrentariam mais tarde.

Uma anotação no diário do carpinteiro MacNish, quase sempre descontente, mostra o efeito das manobras sociais de Shackleton: "Eu, o doutor McIlroy e o primeiro maquinista esfregamos o chão do (alojamento) como nós três fazemos toda quarta-feira e todo sábado. Depois, fomos dar um passeio e voltamos a tempo para o (jantar), pois já estava ficando um pouco escuro."

O mesmo tipo de mistura foi realizado na expedição do *Nimrod*. "Não havia necessidade de alojamentos 'de proa' ou 'de popa', não só porque o grupo era muito pequeno como também porque as distinções de classe não foram levadas em conta no planejamento", escreveu o geólogo Raymond Priestley. "Não que estas não se fizessem sentir. As diferenças nas maneiras à mesa entre suboficiais e cientistas foram devidamente observadas – e riu-se delas. Certa vez, uma conversa sobre educação universitária correu o risco de se tornar constrangedora – mas não se tornou. O fato é que, nessa expedição, o que contava era a competência de cada homem. Uns eram competentes com as mãos, outros com a cabeça, outros ainda (sobretudo Shackleton) com ambas. A equipe científica, fazendo sua parte das tarefas domésticas, adquiriu sem querer algumas habilidades caseiras."

Shackleton era escrupulosamente imparcial
ao lidar com a tripulação em todas as ocasiões.

Shackleton tinha opiniões formadas sobre sua tripulação, mas, graças a seu sistema equitativo de governar o navio, estas geralmente se mantinham ocultas. Sentimentos feridos e desfeitas eram levados muito a sério pelo Chefe. Em um dos incidentes, um marinheiro registrou uma queixa contra o intendente, Orde-Lees. Embora a falta de espaço obrigasse os marinheiros a comerem separados do resto da tripulação (assim como o cozinheiro e o clandestino), eles recebiam as mesmas rações que Shackleton e os oficiais. Representavam

25% da tripulação e tinham direito a 25% de todos os víveres, até dos produtos de luxo.

Segundo o relato de Orde-Lees:

> Os marinheiros vinham insinuando que não estavam recebendo sua porção justa de pequenos luxos tais como molhos, etc., já que, pelo combinado, devem ter rações iguais às nossas. Sempre tive o cuidado meticuloso de fazer com que recebessem um tratamento justo e, recentemente, Sir Ernest mandou que eu desse a eles um quarto do conteúdo de toda caixa de iguaria que eu abrisse. No dia seguinte, abri uma caixa de 24 garrafas de *chutney* Heinz, dei ao contramestre 1/2 dúzia e pedi a ele que rubricasse o recebimento delas em meu livro de saída, ou melhor, dei as garrafas a um dos homens e disse a ele que entregasse o livro ao contramestre.
>
> O homem disse ao contramestre que eu queria que ele fizesse um recibo pelas garrafas.
>
> Aparentemente, ele se sentiu ofendido com isso, reclamou com o chefe dos oficiais e, quando a história chegou em Sir Ernest, já se dizia que eu queria que todos os homens assinassem por cada prato de seu jantar, ou algum exagero assim. Foi lamentável, mas não achei que valesse a pena desperdiçar o tempo de Sir Ernest com explicações inúteis, sobretudo porque ele foi muito cortês a respeito, mas assim mesmo disse que isso era contrário ao espírito da expedição e ao da Marinha Mercante e pude ver que ele estava aborrecido, achando que eu cometera uma asneira.
>
> Parece uma bobagem e, no entanto, eu daria tudo para que não tivesse acontecido. É claro que não consigo fugir das regras do serviço militar. Por essas regras, seria muito mais sério deixar de obter um recibo.

Shackleton nunca permitia que a punição excedesse o crime. O doutor Macklin lembrava-se de um dia em que dois dos homens de vigia haviam enroscado um cabo de aço na hélice do navio. "Foi uma coisa séria e um acidente muito grave", disse ele. "Mas não houve qualquer recriminação. O mal já estava feito e a questão era desfazê-lo. Durante todo o meu relacionamento com (Shackleton), este foi um traço que observei nele."

O doutor Macklin contou que, todas as vezes que o Chefe achava que fora duro demais com alguém, ele dissipava qualquer impressão desagradável com uma conversa em particular. "Imediatamente, fazia a pessoa se sentir correta outra vez perante ele."

Shackleton liderava pelo exemplo.
Nunca pedia a ninguém que fizesse um trabalho
que ele mesmo não pudesse fazer.

Shackleton dava uma ajuda até nas tarefas mais modestas quando era necessário. Se alguém estivesse doente ou machucado, era muito provável que fosse ele o substituto. Ajudava a carregar peso, fazer limpeza e até a estender o linóleo no chão. "Ele limpou a sala dos oficiais muito melhor do que a maioria dos vigias noturnos", disse Orde-Lees.

Shackleton era uma presença constante nos locais de trabalho. Sua participação proporcionava muitas vantagens: permitia-lhe mostrar pelo exemplo como esperava que as coisas fossem feitas; dava-lhe uma compreensão melhor do esforço que cada tarefa exigia; ajudava-o a avaliar os pontos fortes e fracos de cada homem; conferia uma certa dignidade a todos os cargos a bordo; e aumentava seu prestígio junto à tripulação. Mais do que tudo, fazia com que criasse laços com seus homens.

O Chefe agira da mesma forma no *Nimrod*. "Nos longos meses de inverno, quando os cientistas trabalhavam com dificuldade no frio e no escuro para realizar suas tarefas de rotina ao ar livre, podia-se contar sempre com a ajuda e a companhia de nosso líder", contava

Priestley. "Ele se mostrava igualmente à vontade exercitando os cavalos, cavando valas para examinar gelo marinho ou lacustre, coletando amostras geológicas, tomando o lugar de um biólogo doente na linha de dragagem, assistindo a um teste do automóvel ou treinando os cães para usarem os arreios."

À medida que as condições do gelo pioraram para o *Endurance*, o estilo prestativo de Shackleton fez os homens se sentirem mais tranquilos. "Ele está sempre de pé dia e noite e sobe frequentemente no mastro até o cesto da gávea, pois agora quase sempre há um oficial lá em cima esquadrinhando o horizonte à procura de trechos de mar aberto", escreveu Orde-Lees. Quando o navio cruzou o círculo antártico, ficou claro que o gelo estava tão ruim quanto os baleeiros da Geórgia do Sul haviam prognosticado.

Descanso e distração constituíam partes fundamentais do programa que Shackleton orquestrava.

Shackleton mantinha um equilíbrio entre trabalho e diversão, nunca separando completamente os dois, porém jamais deixando um se sobrepor ao outro. Embora planejasse muitas comemorações especiais, também esperava que todos fizessem o trabalho com prazer, o que segundo ele aumentava a produtividade. E significava ainda que, quando o trabalho estivesse terminado, os homens provavelmente passariam juntos as horas de lazer. Shackleton também sabia como ninguém dosar a sua participação nas comemorações. Estava sempre no meio de tudo, mas nunca se tornou apenas mais um dos camaradas nem escolheu ninguém individualmente para ser seu amigo pessoal. Anos mais tarde, Macklin fazia troça de alguns tripulantes que alardeavam fazer parte de seu círculo mais íntimo de amizades.

Nada resume melhor a maneira de Shackleton estabelecer a união entre as pessoas do que seu comportamento à mesa de jantar, onde ele procurava alimentar corpos e almas. Utilizava a hora das refeições para bater papo e brincar com os homens, escutar suas ideias e relaxar, mais como camaradas do que como chefe e equipe. Costumava mandar fazer comidas especiais e refinadas para estimular o moral e agradar os homens. Alguns ficavam espantados com a informalidade. "Ele se relaciona conosco à mesa sem fazer a menor distinção", escreveu Orde-Lees. "Para ser franco, às vezes acho que ele peca pelo excesso de familiaridade e não repreende certas pessoas que de vez em quando se dirigem a ele com uma falta de respeito que faz meu sangue militar esfriar. Acredito que seja porque ele não aprova uma disciplina rígida demais em uma expedição e não espera isto de homens que nunca estiveram sujeitos a ela. Neste ponto, ele é exatamente o oposto do capitão Scott e talvez esteja muito certo, embora eu pessoalmente tome a liberdade de discordar quanto à questão."

Na viagem do *Endurance* a Buenos Aires, antes de Shackleton embarcar, os horários das refeições não eram fixos. Os oficiais e os profissionais especializados comiam em quatro pequenas mesas separadas. Quando Shackleton chegou, providenciou para que todo o grupo de profissionais se sentasse junto. Instalava-se no meio da mesa e não à cabeceira, como faziam habitualmente os chefes de expedições. Mais tarde, arranjou madeira e pregos para aumentar a mesa e permitir que Orde-Lees se sentasse com eles. Orde-Lees vinha comendo separado de todos os outros e Shackleton queria trazê-lo para o seu meio.

Shackleton também reunia a tripulação semanalmente para escutar música no gramofone, jogar, fazer imitações, assistir a projeções de slides, cantar e tocar instrumentos. "A sessão de música aos sábados à noite era uma regra, e essa regra raramente se quebrava", disse Wild. Hussey tocava banjo muito bem e o primeiro maquinista Rickinson às vezes o acompanhava na rabeca. Além disso, era nas noites de sábado que a tripulação se dedicava a uma venerável tradição do mar, um brinde às amadas: "Às nossas namoradas e mulheres, e que elas nunca se encontrem!" Shackleton autorizava o álcool nas comemorações, mas só o suficiente para criar uma atmosfera descontraída e não o bastante para deixar alguém bêbado.

O Chefe juntava-se aos homens em passatempos simples: um quebra-cabeça ou um jogo de palavras, um jogo de *bridge*, uma discussão animada. Insistia em que todos participassem para evitar que se formassem panelinhas. O isolamento e a saudade de casa podiam destruir o moral de uma tripulação.

Na primeira vez em que o navio ficou preso no gelo, os homens começaram a jogar um "jogo de eliminação", em que alguém sai da sala e, ao voltar, tenta adivinhar o objeto que foi escondido fazendo perguntas que só podem ser respondidas com sim ou não. Em outro período, a mania era fazer julgamentos simulados.

Em outra ocasião, realizaram um concurso de canto em que os homens, por unanimidade e com sabedoria, concederam o prêmio ao Chefe. "A voz dele é original, oscila entre sustenidos e bemóis de uma forma das mais singulares", escreveu Hurley. O comandante Worsley repetiu um refrão comum: "Ele é a alma da metade das brincadeiras e das peças que se pregam no navio."

Em um dia de maio, todos os homens rasparam as cabeças. Foi um "ataque de maluquice de inverno", definiu Hurley. Todos pararam para raspar as cabeças. "Causou muita diversão, e cachos profusos, cacholas carecas e cocorutos divididos para os lados logo ficaram iguais... Parecemos um bando de presidiários."

No princípio, havia alguns no *Endurance* que se queixavam de todas as diversões. Orde-Lees, é claro, era um deles. "Detesto isso", reclamava ele. "Fazem a gente cantar e eu canto mal à beça. Depois, somos afugentados pelo mau cheiro da fumaça de tabaco, sem falar nos vapores do álcool. Acho que deve ser ótimo para quem fuma e aprecia uma bebida, mas para os que não gostam é uma penitência repugnante. Não há dúvida de que a sobriedade e a sociabilidade são de certa forma incompatíveis e foi provavelmente o que mais depôs contra a propaganda dos abstêmios."

No entanto, um ano e meio mais tarde, perto do final da penosa experiência do *Endurance*, Orde-Lees estaria tão envolvido em uma das comemorações que afirmaria ser aquele um dos dias mais felizes de sua vida, apesar de estarem todos em uma situação desesperadora.

Shackleton mantinha fielmente as tradições e os rituais próprios dos feriados. No Natal de 1914, passado no *Endurance*, a sala dos oficiais foi decorada para o jantar e pequenos presentes foram colocados nos pratos de todos. Alguns haviam guardado presentes recebidos em casa para serem abertos naquele dia. Saborearam um banquete de sopa de tartaruga, arenque, lebre assada, o pudim de ameixas típico do Natal, tortas recheadas, tâmaras, figos e frutas cristalizadas. Para beber, foram servidos rum e cerveja preta. À noite, os homens cantaram todos em coro.

No Natal de 1901, Shackleton estava em marcha para o polo com Robert Scott e Edward Wilson na "Grande Jornada para o Sul". Vinham aguardando com ansiedade sua refeição especial natalina. Scott prometera porções duplas de suas refeições, de costume parcimoniosas. Quando os homens estavam se instalando para jantar, Shackleton puxou uma meia sobressalente de sua trouxa de roupas e, mergulhando bem a mão no fundo, tirou de dentro dela, como definiu Scott, "um nobre pudim de passas". Remexeu em sua bagagem e exibiu um ramo de azevinho artificial para enfeitar o pudim. Por mais faminto e enfraquecido que estivesse, fizera questão de guardar aquilo como surpresa para o dia de Natal.

A tripulação do *Endurance* chegou a comemorar o Natal de 1915, que passou isolada em uma banquisa de gelo sem o navio. Mesmo assim, os homens foram brindados com as poucas iguarias que ainda restavam: anchovas no óleo, feijão "e lebre assada formaram uma mistura gloriosa com que não sonhávamos desde os nossos tempos de escola", escreveu Shackleton em *Sul*.

Os esforços de Shackleton para unir sua tripulação foram recompensados quando a situação se tornou inquietante. Não houve verão naquele ano no mar de Weddell, reclamou Wild. Em 18 de janeiro de 1915, o *Endurance* estava "preso no gelo" a apenas um dia de viagem do ponto escolhido para a chegada. "Dava para enxergar a terra para onde estávamos indo umas quarenta milhas adiante, porém, quanto a atracar de fato, poderiam muito bem ser quatro mil milhas em vez de quarenta", escreveu Wild em suas memórias.

Os homens de modo algum culparam Shackleton por metê-los naquela situação terrível. No mínimo, lamentavam que, de todos, fosse ele quem enfrentaria a ruína pessoal, perdendo seu dinheiro, a confiança de seus patrocinadores e talvez sua reputação arduamente conquistada. O "Velho Cauteloso" Shackleton começava a se preocupar com a segurança do navio. Mas o otimista Shackleton ainda não desistira. Outras expedições já haviam sido obrigadas a passar o inverno nos mares congelados. Bastava ter um navio resistente e águas calmas sob o gelo. Vez por outra, as esperanças da tripulação se reacendiam ao avistarem uma nova "passagem", ou um novo canal de água, quando o banco de gelo rachava e se fazia em pedaços. Todos corriam para o convés. O navio avançava gradualmente e logo era cercado pelo gelo outra vez. Pouco a pouco, as passagens rarearam e ficou evidente que estavam presos para valer.

Até onde a vista alcançava, uma espessa crosta de gelo cobria o mar de Weddell. Wild se lembrava de ter caminhado com Shackleton e Worsley no gelo perto do navio e ter visto uma banquisa imensa, plana. Worsley parou e disse: "Ah, rapazes, que ótimo campo de futebol isto aqui vai dar!" Ao que Shackleton replicou: "Ora, Wuzzles, já quase perdi as esperanças de sair daqui este ano, mas você também não precisa ficar lembrando isto de modo tão alegre assim."

Breve os homens estavam jogando hóquei, futebol, futebol ao luar, xadrez, cartas, dominó e vários outros jogos no gelo e no navio. "Parecemos uma família maravilhosamente feliz, mas acho que Sir

Ernest é o verdadeiro segredo de nossa união", escreveu Orde-Lees. "Considerando-se as divergências de nossos objetivos e as diferenças de posição, é surpreendente ocorrerem tão poucas discordâncias de opinião."

Até as tentativas de tirar o navio do gelo foram transformadas em brincadeira pela tripulação. Worsley descreveu uma delas para dar um "tranco" no navio em que os tripulantes corriam de um lado para o outro do convés, de modo que o balanço o fizesse soltar-se do gelo. O convés estava tão atravancado com os canis e suprimentos que os homens tinham de se espremer em uma passagem estreita. "Um caía por cima do outro com muitas gargalhadas e alegria, mas sem abalar muito o navio. Em seguida, pulamos simultaneamente ao sinal de 'Um, dois, três, pulem'. Ainda assim, o navio continuava inerte e nós aceleramos o ritmo, todos batendo as mãos com força para dobrar o tempo. Isto produziu o efeito esperado... Essa modalidade de exercício e diversão salutar pôs o navio em uma posição favorável para aproveitar a primeira abertura no gelo."

O que quer que viesse adiante, aqueles homens tinham um líder e estavam preparados para enfrentar com bravura, todos juntos, a provação. "Faz seis meses que saímos da Inglaterra e, durante todo esse tempo, trabalhamos em harmonia juntos e quase completamente sem atritos", escreveu o comandante Worsley logo depois que o navio ficou preso no gelo. "Seria difícil encontrar como companheiros de bordo um grupo mais agradável de cavalheiros e bons sujeitos."

FORMANDO UMA EQUIPE UNIDA E LEAL
À MANEIRA DE SHACKLETON

- Não se apresse e observe bem antes de agir, especialmente se tiver acabado de chegar. Todas as mudanças devem visar melhorias. Não faça mudanças apenas para deixar sua marca.

- Mantenha sempre a porta aberta para os membros de sua equipe e seja generoso com as informações que os afetam. Empregados bem informados são mais empenhados e mais bem preparados para participar.

- Estabeleça ordem e rotina para o trabalho de modo que todos saibam suas posições e o que se espera deles. A disciplina faz a equipe sentir que está em boas mãos e que o líder tem capacidade para conduzi-la.

- Desmonte as hierarquias tradicionais e as panelinhas treinando os membros da equipe para fazer trabalhos variados, dos mais modestos aos desafiantes.

- Sempre que possível, faça os membros da equipe trabalharem juntos em certas tarefas. Isso desenvolve sentimentos de confiança, de respeito e até de amizade entre eles.

- Seja justo e imparcial ao estabelecer remunerações, cargas de trabalho e punições. Desequilíbrios fazem todos se sentirem constrangidos, até os favorecidos.

- Lidere pelo exemplo. Intrometa-se de vez em quando para ajudar com o trabalho que mandou os outros fazerem. Dá a você a oportunidade de estabelecer um padrão alto de desempenho e mostra seu respeito pelo trabalho.

- Promova reuniões regulares para formar o *esprit de corps*, o espírito de grupo. Podem ser almoços informais, que permitem aos trabalhadores falarem livremente fora do escritório. Ou feriados especiais, comemorações de aniversários, que deixam os empregados se relacionarem uns com os outros como pessoas em vez de apenas colegas de trabalho.

PONDO EM PRÁTICA

ERIC MILLER, consultor sênior do banco de investimentos Donaldson, Lufkin & Jenrette, impressionou-se com a habilidade de Shackleton para entrelaçar as personalidades individuais de sua tripulação e formar uma entidade coesa. "Ele tinha alguns elementos mais fracos, mas combinou-os de tal forma com os outros que os neutralizou", diz ele. "Nunca demonstrava suas decepções pessoais e jamais se rebaixou a gestos de vingança."

Perspicaz observador e analista de tendências de negócios por mais de três décadas, Miller descobriu Shackleton depois que um cliente lhe deu o livro de Alfred Lansing sobre a saga do *Endurance*. "Com suas decisões, Shackleton inspirava uma confiança inabalável, conquistando a firme lealdade de seus homens", afirma ele.

Para o consultor, a aventura do *Endurance* é um "exemplo maravilhoso e uma história estimulante sobre a capacidade humana" de superar as adversidades. Como antigo oficial dos fuzileiros navais na Coreia, ele admira a preocupação de Shackleton com a segurança de todos os seus homens. Aprecia de modo especial a grande capacidade que o explorador tinha de personalizar sua comunicação com os oficiais e os outros homens.

Shackleton era muito avançado para sua época, mais democrático do que seus pares e mais sensível às necessidades individuais. Segundo Miller, seus métodos e ideias sobre a estrutura do trabalho só estão sendo amplamente aceitos agora, quando "as organizações se tornaram mais horizontais e menos hierárquicas".

Organizações mais abertas tornaram-se possíveis, segundo ele, à medida que a economia passou a ser orientada pela tecnologia e por setores de serviços e deixou de lado a tradicional indústria pesada. Assinala principalmente a maneira como os líderes da Intel e outras companhias do Vale do Silício foram pioneiros ao abolirem os símbolos e privilégios das organizações estratificadas, tais como os escritórios de portas fechadas e os estacionamentos exclusivos para executivos próximos às entradas principais. Hoje em dia, diz ele, é comum até os presidentes das empresas serem chamados pelo primeiro nome por empregados de todos os níveis.

Miller também admira o talento de Shackleton para combinar trabalho e diversão. O explorador sabia quando "promover uma pequena comemoração e fazer seus homens saborearem algo que consideravam uma iguaria", explica, chamando atenção para o fato de que os homens parecem surpreendentemente bem nas fotografias tiradas durante a expedição do *Endurance*. "Ele sabia como se juntar aos outros e participar tanto do trabalho quanto da diversão, sem prejuízo para a autoridade e o respeito que deveriam ter por ele", acrescenta. "Todos faziam os serviços domésticos, incluindo os cientistas especializados, e a força física e a resistência moral do próprio Shackleton demonstraram ser um incentivo."

Nas empresas progressistas de hoje, afirma, a festa formal do escritório tem sido substituída por passeios, atividades esportivas e comemorações espontâneas de aniversários, de um trabalho bem-feito ou de uma boa ideia.

Ao longo de sua carreira de quarenta e cinco anos, sendo quase a metade dela passada no D. L. & J., Miller acompanhou as tendências administrativas. Nos últimos vinte anos, foi anfitrião de seminários para grandes clientes institucionais sobre questões como liderança, gestão e planejamento estratégico.

Testemunhou as imensas mudanças por que passou o ambiente de trabalho durante suas atividades, contudo poucas foram mais significativas do que a atribuição de poder aos indivíduos dentro das corporações. A diluição gradual das linhas rígidas de comando, com gerentes e seus subordinados trabalhando em maiores condições de igualdade, "promove a autoconfiança e a resistência", opina. Nos nossos dias, espera-se que os empregados tenham iniciativa. É raro vê-los aguardar passivamente as ordens superiores para se porem em movimento. Simplesmente não há mais tempo para padrões decisórios antiquados e hierárquicos. "O ritmo das mudanças tecnológicas e da competição global exige um tempo de reação mais veloz e uma adaptação mais ágil", diz ele. Toda essa transformação soa shackletoniana quando o consultor define a sua essência: "Brio, energia e mudança."

4

OBTENDO O MELHOR DE CADA INDIVÍDUO

Ele liderava, não dirigia.

– G. Vibert Douglas, geólogo, *Quest*

O *Endurance* estava preso no gelo. A tripulação tentara, por semanas a fio, sair do banco de gelo através de canais de água, mas não adiantara. Em 24 de fevereiro, Shackleton suspendeu toda a rotina regular do navio – convertendo-o, na realidade, em uma estação de inverno. "Dali, podíamos ver a nossa base, hipnotizados, enlouquecidos", contou o doutor Macklin. "Shackleton, nessa ocasião, revelou um de seus lampejos de verdadeira grandeza. Não esbravejou nem externou o menor sinal de decepção. Disse-nos apenas, com calma e simplicidade, que teríamos de passar o inverno no banco de gelo e explicou os perigos e as possibilidades decorrentes disto. Nunca perdeu o otimismo e preparou-se para o inverno."

O melhor que os homens poderiam esperar agora seria que o navio suportasse o inverno polar e se soltasse no degelo da primavera, uns nove meses adiante. Shackleton, à sua maneira, procuraria esticar aquele farrapo de esperança para dar apoio a seus homens até lá.

Por ora, os oficiais e marinheiros estavam sem trabalho. Todo aquele treinamento para transformar todos os homens da tripulação em bons marujos não serviria para nada. Shackleton precisava encontrar um jeito de combater o desapontamento, o tédio e os temores que oprimiam a tripulação. Trabalhou para manter a rotina e a estrutura estabelecidas de modo que a tripulação se sentisse segura. Procurou então se certificar de que todos os homens teriam forças para suportar a prova que tinham pela frente. Eles confiavam que seu líder cuidaria de tudo. E ele o fez. Shackleton arcou com todo o peso do dilema deixando seus homens livres para se concentrarem no trabalho ao seu alcance.

Shackleton dava igual atenção a todos os seus homens. Quando um dos tripulantes de quem menos gostava ficou doente, tratou-o com o mesmo cuidado que dedicou a um de seus melhores amigos também acometido por uma doença. Ninguém precisava merecer seu respeito e atenção – ele os dava de graça.

Ao final, Shackleton conquistou a inabalável lealdade da tripulação com sua extraordinária capacidade de se comunicar e se relacionar individualmente. Seu contato com os homens era constante, amigável, instrutivo e quase sempre divertido. "Ele liderava mental e fisicamente, e transmitia à pessoa a impressão de que ela, aquela pessoa em especial, era a parte mais importante da questão", escreveu G. Vibert Douglas, geólogo do *Quest*. "Diria que Shackleton era muito generoso na apreciação que fazia de seus homens. Havia calor humano nele."

Os diários dos tripulantes revelam uma espantosa despreocupação com o fato de se encontrarem presos no gelo. Em vez de escrever sobre isto, escreviam sobre o tempo, sobre os livros que estavam lendo, vindos da ampla biblioteca do navio, sobre passeios e sobre trivialidades da vida diária. Mostravam-se quase envergonhados por se sentirem tão felizes. Conheciam todas as histórias de horror sobre as explorações polares e consideravam-se relativamente afortunados.

Mais uma vez, Shackleton deu o tom por seu próprio exemplo. "Seu infalível bom humor significa muito para um bando de exploradores desapontados como nós", escreveu Orde-Lees. "Ele é

FRACASSO BEM-SUCEDIDO

A expedição do Endurance *à Antártida (1914-1916) acabou deixando de cumprir seu objetivo, mas se tornaria um sucesso lendário para Ernest Shackleton, que conseguiu levar todos os seus homens em segurança para casa depois que seu navio afundou em um mar remoto e congelado.* Primeira fileira, da esquerda para a direita: Clark, Wordie, Macklin, Marston, McIlroy. Segunda fileira: Cheetham, Crean, Hussey, Greenstreet, Shackleton, Gooch (um amigo, sentado), Rickinson, Hurley. Terceira fileira: MacNish, James, Wild, Worsley, Hudson, How, Green. Última fileira (centro): Holness, Bakewell.

Mãos à obra

Shackleton quebrou as hierarquias tradicionais ao fazer cientistas e marinheiros dividirem todo tipo de tarefas, tais como limpar o navio, distribuir a carga de carvão e desempacotar provisões. Da esquerda para a direita, Wordie, Cheetham e o doutor Macklin esfregam o chão.

De olho na equipe

Shackleton, que na foto ao lado aparece no convés do navio com o fotógrafo Frank Hurley ao fundo, pendurado no mastro, observava atentamente o comportamento de seus homens e tentava manter por perto os mais difíceis. Por isso, aproximou-se do vaidoso Hurley, evitando que ele questionasse sua liderança.

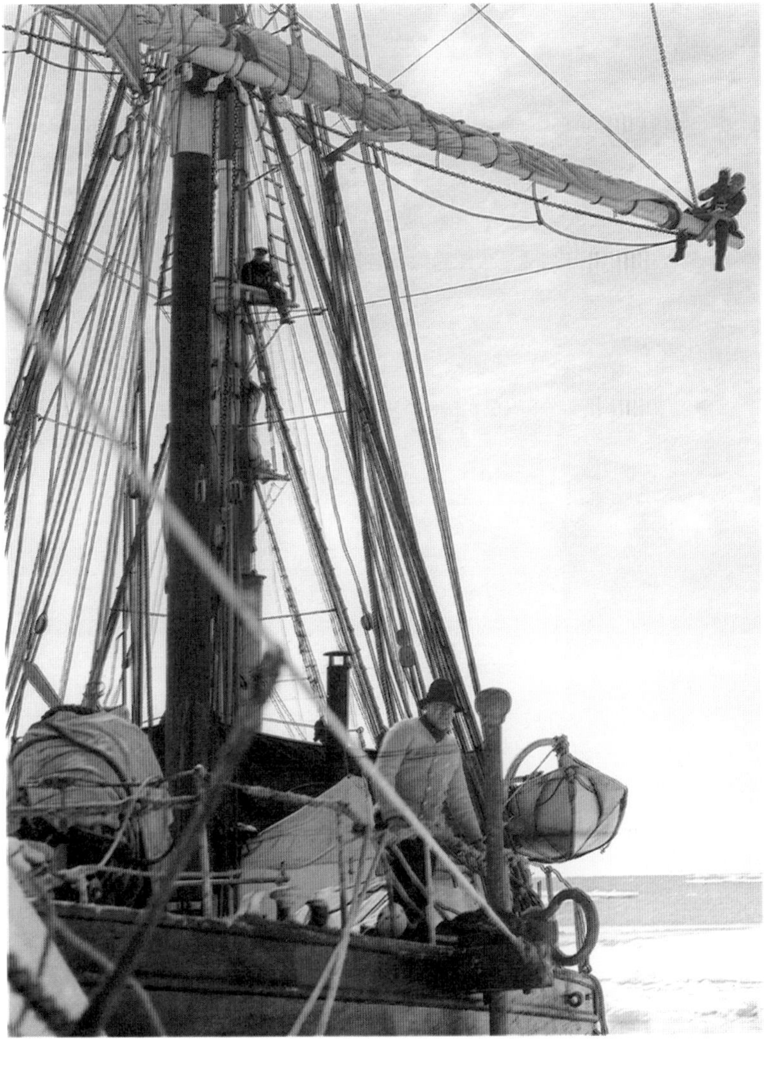

TRIPULAÇÃO UNIDA

*Formar uma tripulação unida e leal era o fundamento
da liderança de Shackleton. O trabalho de equipe
constituía um objetivo em si. Na foto, o vigia noturno,
encarregado de manter o fogo aceso e observar
as mudanças no gelo, cercado de "companheiros".*

Confiança e otimismo

Quando o Endurance *ficou preso no mar congelado, Shackleton tentou de tudo para liberá-lo, fazendo a tripulação até mesmo cortar o gelo ao seu redor (foto). Mas, ao perceber que teriam de passar o inverno na Antártida, não demonstrou frustração nem perdeu as esperanças.*

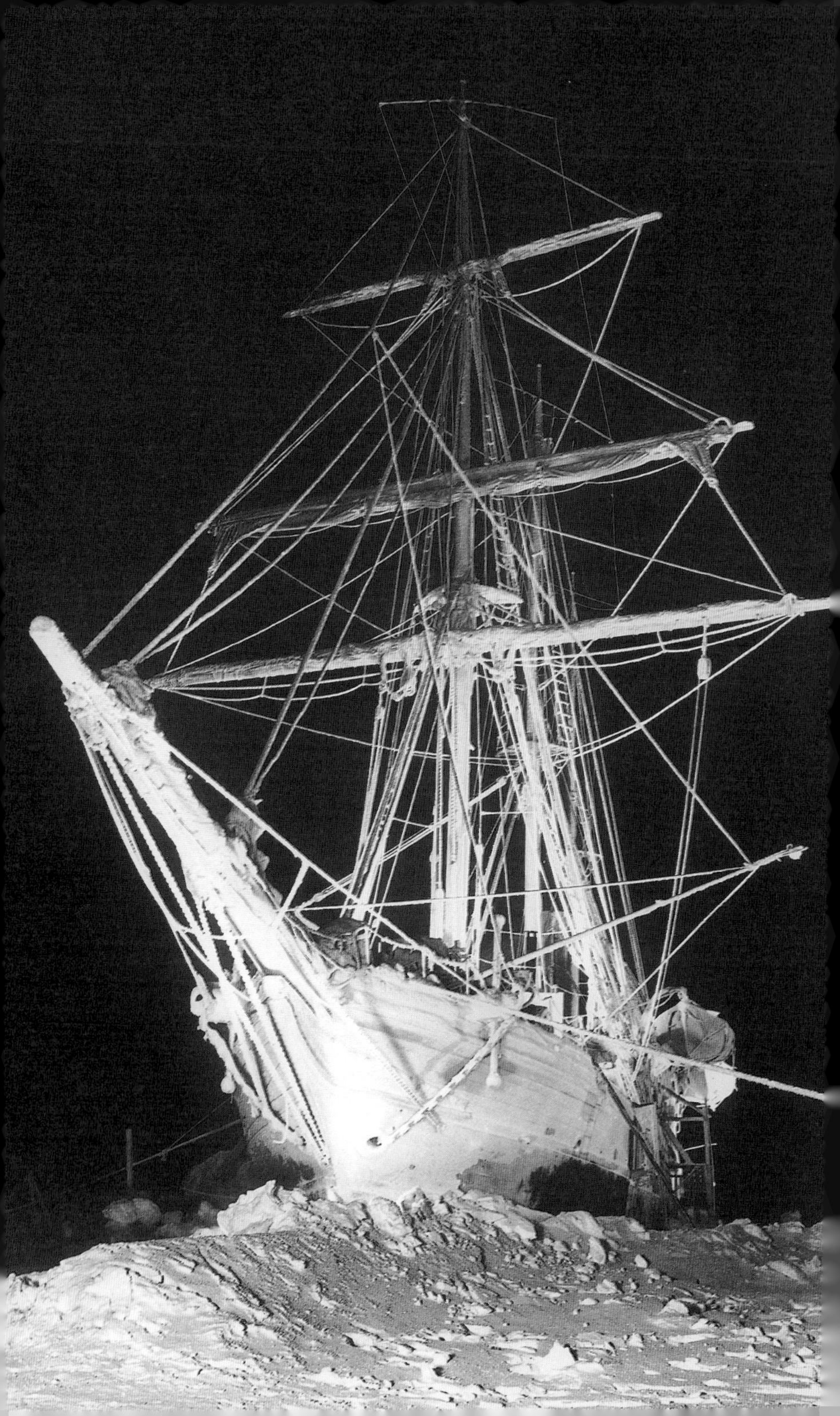

O *Endurance* aprisionado

A imagem do Endurance *presa no gelo era desoladora, principalmente à noite, mas o Chefe (como Shackleton era chamado pela tripulação) tomou uma série de medidas para levantar o moral da equipe. Para enfrentar o frio, transferiu os alojamentos para o porão, que ganhou o apelido de Ritz.*

Beleza gelada

O gelo novo formava tufos salgados, chamados de "flores de gelo". Os tripulantes gostavam de caminhar pela banquisa, apreciando a beleza da paisagem antártica. "Naqueles campos, passamos muitas horas felizes", escreveu o doutor Macklin. (página seguinte)

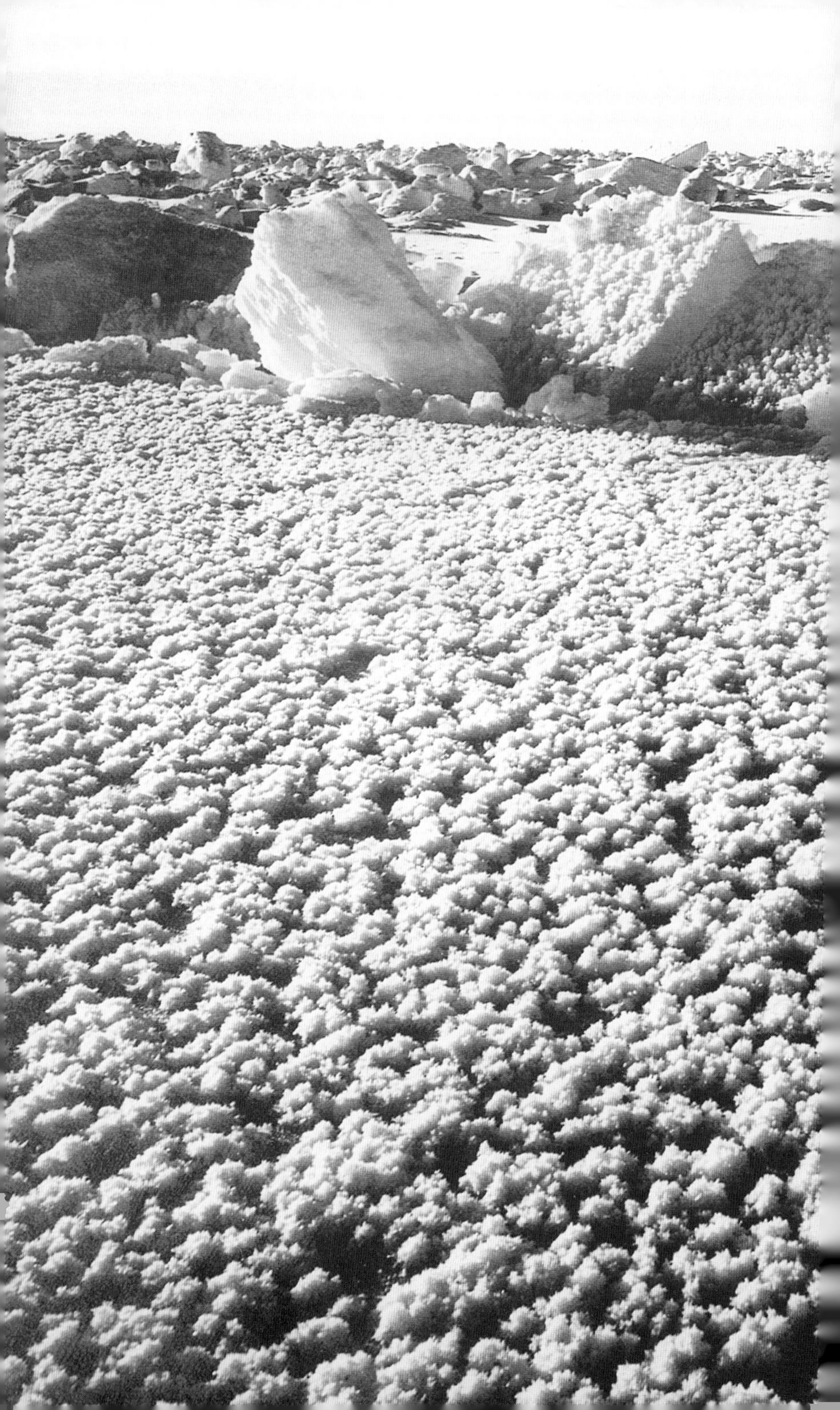

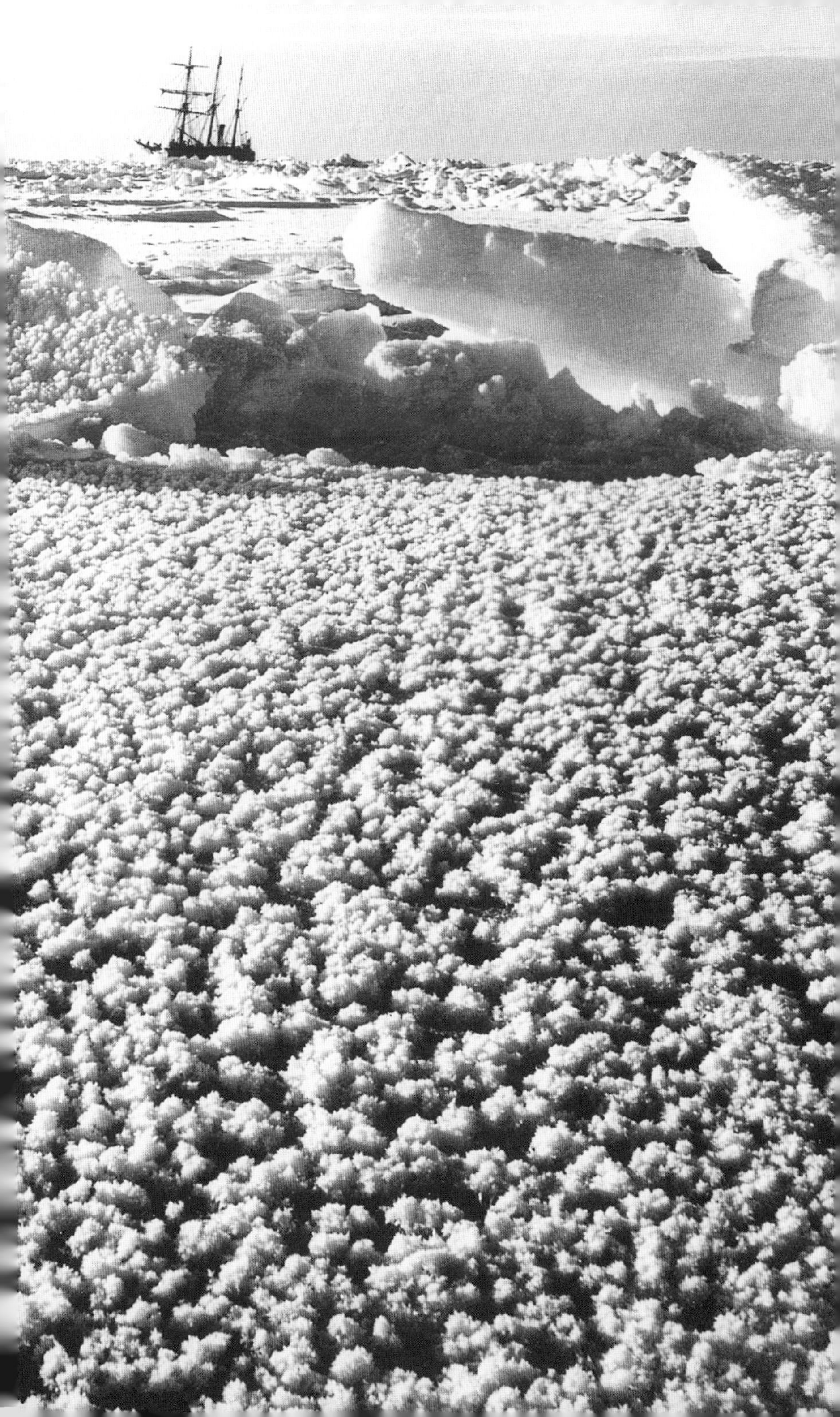

PARTIDA DE FUTEBOL

*Um dos passatempos prediletos da tripulação era jogar futebol
na banquisa. Shackleton incentivava os homens a praticar
esportes para se manterem em boas condições físicas e emocionais.
"Parecemos uma família feliz, mas acho que Sir Ernest
é o verdadeiro segredo de nossa união", escreveu Orde-Lees.*

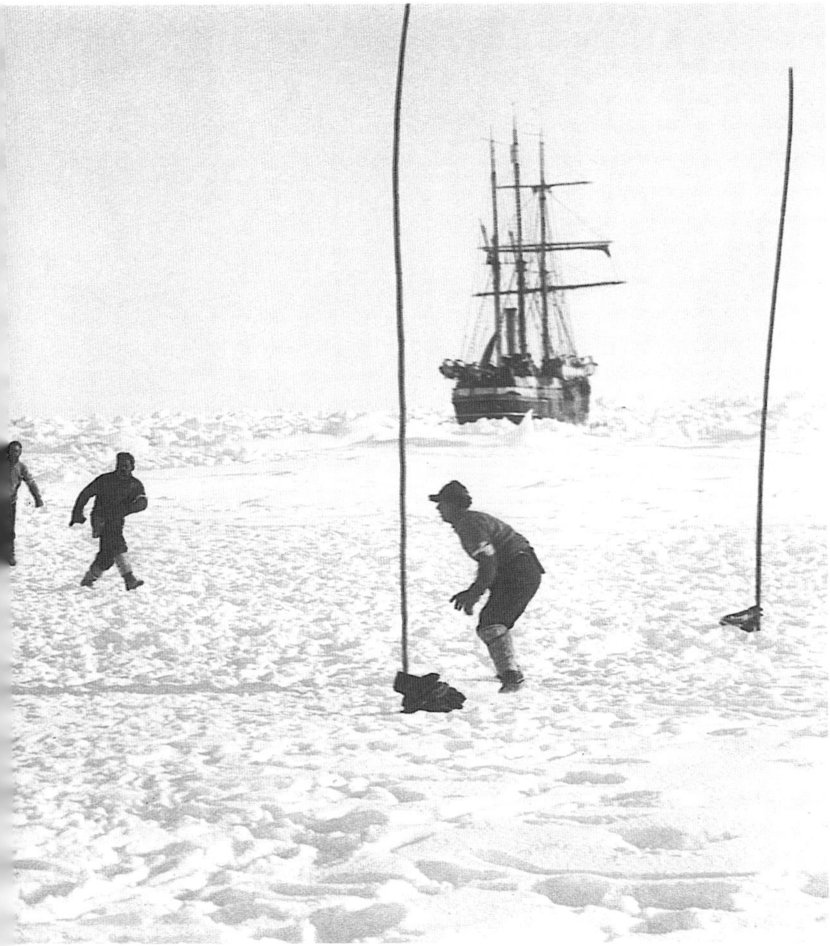

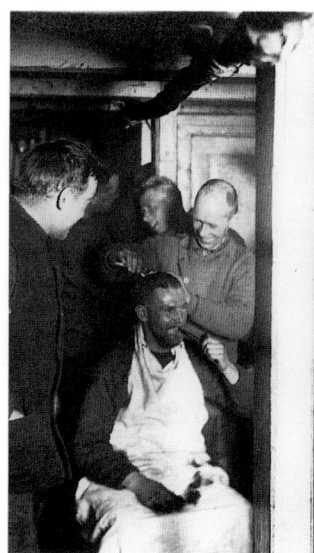

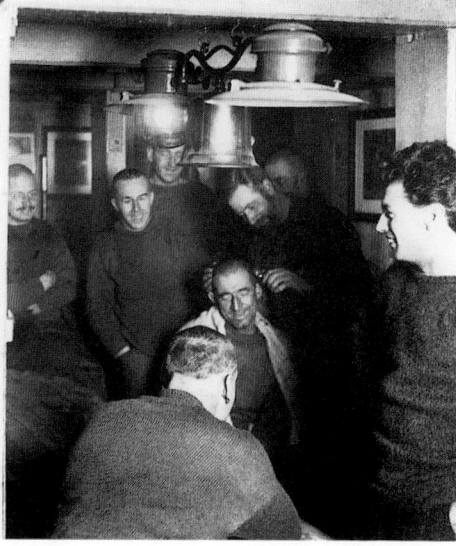

Camaradagem

Os homens do Endurance *sentiram, certa tarde, uma vontade súbita de raspar a cabeça, o que lhes deu a aparência de um "bando de presidiários", como descreveu um deles. O Chefe os incentivava a trabalharem e se divertirem juntos, para manter o clima de camaradagem.*

O fim

Em 27 de outubro de 1915, a tripulação teve de abandonar o navio, que, depois de sofrer durante meses a pressão do gelo, começou a fazer água. Cerca de um mês depois, Shackleton viu o Endurance *se despedaçar. "Um homem precisa se voltar para um novo alvo assim que o antigo vai ao chão", dizia ele.*

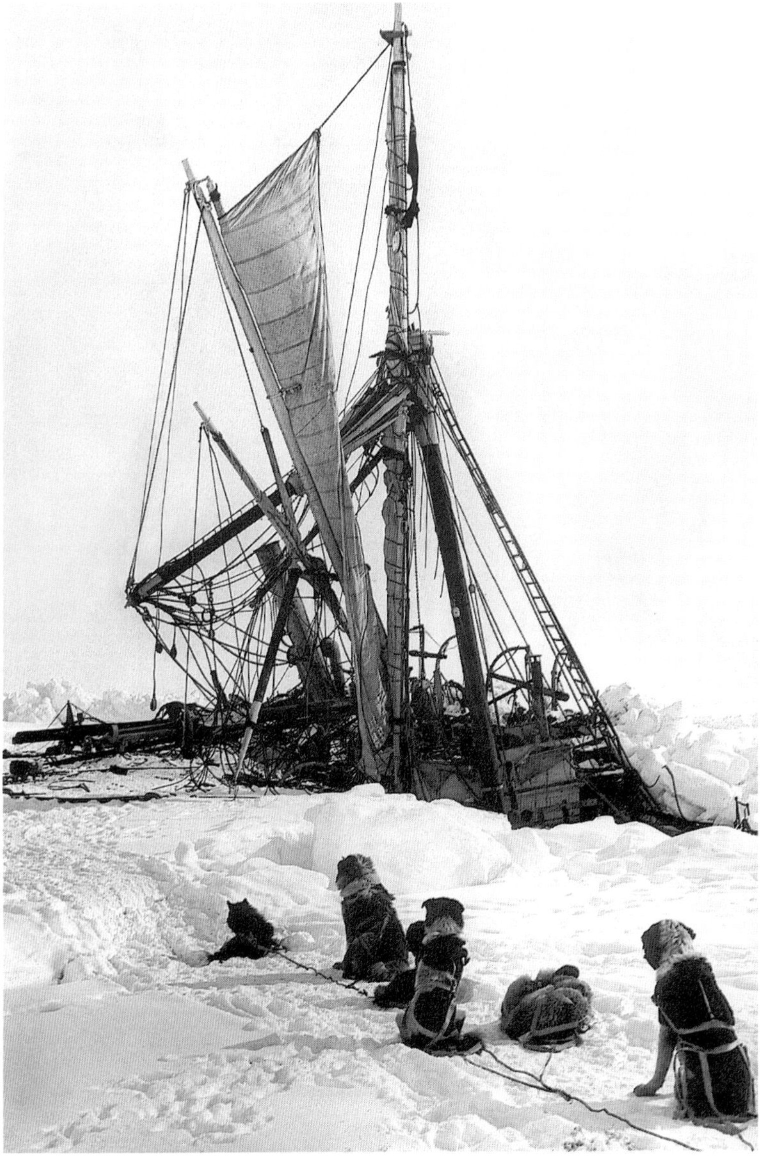

Juntando forças

Fazer a tripulação isolada no meio do gelo puxar os botes salva-vidas sobre o terreno congelado e irregular era um esforço vão. Shackleton tinha consciência disso, mas sabia que a atividade dava a seus homens a sensação de que estavam fazendo alguma coisa para sair daquela situação difícil.

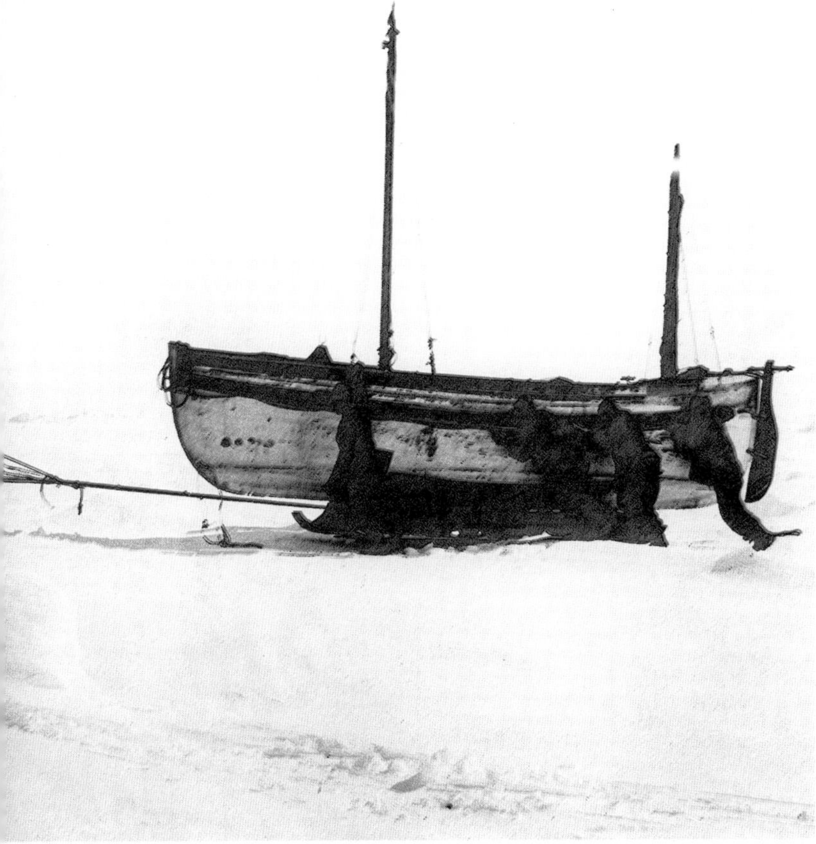

A EQUIPE EM PRIMEIRO LUGAR

O grupo deixado na ilha Elephant acena para os seis companheiros que partem no James Caird *à procura de socorro. Sabendo-se responsável por sua equipe, Shackleton fez um esforço sobre-humano para chegar à ilha Geórgia do Sul. Em 30 de agosto de 1916, ele conseguiu resgatar todos os seus homens com vida.*

um dos maiores otimistas que já conheci. Não fica satisfeito em falar: 'No fim, tudo vai dar certo.' Apenas diz que este é um pequeno contratempo de certa forma previsível e imediatamente começa a modificar seu programa para se adaptar à situação, chegando até a formular planos futuros com datas estabelecidas e de acordo com as várias possíveis contingências."

Shackleton mantinha uma atmosfera leve criando várias situações burlescas. Logo de início, inaugurou o automóvel experimental, para alegria dos homens e grande excitação dos cachorros. "Marston encarrega-se da máquina e, com um estilo inimitável, oferece sorvetes imaginários para a multidão e os passantes, alguns dos quais fazem imitações bastante convincentes de meninos *cockney*", escreveu o comandante Worsley. Hurley filmou o acontecimento.

Shackleton acreditava na importância dos bens materiais para manter o moral e deixava cada homem pôr sua marca pessoal no ambiente que o cercava.

O Chefe nunca insistia na uniformidade. Preferia gente que pensava de maneira criativa a pessoas meramente competentes. Durante a expedição do *Nimrod*, tornou divertida a cabana de inverno, enfeitando e dando nomes aos alojamentos de cada um dentro dela. Escreveu em seu livro, *The Heart of the Antarctic* (O coração da Antártida), que construir alojamentos "não é tão simples quanto pode parecer para alguns leitores, pois durante os meses de inverno o interior da cabana era para nós todo o mundo habitado". Contou no mesmo livro que um dos cubículos era tão arrumado e elegante que foi chamado de "Park Lane, 1". Em outro, o artista Marston criou a ilusão de um lar aconchegante pintando uma lareira com o fogo aceso e um vaso de flores no console. Um dos moradores do "Rogues' Retreat" (Antro dos Malandros) ficou tão alvoroçado com a construção de sua cama que o trabalho foi realizado em segredo absoluto dentro do quarto de depósito. Mas ele esqueceu de levar em conta a largura da porta e teve de serrar a cama ao meio para fazê-la sair de lá. Até hoje, os que visitaram as cabanas dos exploradores comentam como era acolhedor o alojamento de Shackleton.

No *Endurance*, Shackleton decidiu que os alojamentos ocupados pelos oficiais e pelos cientistas eram frios demais para os meses de inverno que viriam. Em março, convocou todos para ajudar na mudança para a parte mais funda do navio, mais aquecida. Deixou que os homens escolhessem seus companheiros de quarto. Os canis foram retirados do convés superior, transferidos para o gelo – e os suprimentos e o equipamento levados para o lugar deles. O porão foi convertido em um espaço habitável, com cubículos ao longo das paredes laterais. Entre as duas fileiras de cubículos foi colocada uma mesa. Os homens, brincalhões, chamaram o novo local de "Ritz". Todas as refeições passaram a ser feitas ali, em vez do salão de oficiais, e sempre pontualmente: desjejum às nove da manhã, almoço à uma, chá às quatro e jantar às seis horas.

No antigo salão de oficiais foram instalados os homens mais velhos: Wild, Worsley, Crean e Marston. Eles o apelidaram de "The Stables" (Estrebarias). Outros cubículos receberam nomes que refletiam as personalidades de seus ocupantes, como "The Anchorage" (Ancoradouro), para os dois oficiais do navio; "Auld Reekie" (Velho Fumacento), para os cientistas escoceses; e "The Knuts", um trocadilho com as porcas (*nuts*, em inglês) e parafusos do ofício dos maquinistas. Sempre que alguém tinha um tempo livre, aprimorava seu quarto. Hurley escreveu que Marston criara "uma espécie de canapé de salão de fumadores de ópio com mais ou menos 1,2 metro por 1,4 metro que realmente ocupa todo o espaço disponível do cubículo".

Por volta de 10 de março, todos se mudaram para as novas instalações. Só o Chefe não arredou pé da cabine do comandante, longe dos outros.

Shackleton insistia em uma dieta saudável, exercício e medidas de segurança sensatas, acreditando que preparo físico e mental estavam intimamente ligados.

Shackleton fornecia o necessário para que cada pessoa estivesse física e mentalmente preparada para enfrentar os desafios de sua função. Ele próprio parecia manter sem muito esforço um estado de espírito positivo e um físico vigoroso e resistente. Quanto aos outros, estimulava-os a combinar hábitos alimentares saudáveis com a prática rigorosa de esportes e alguns meios de relaxamento. Autorizava-os a passar grandes períodos de tempo fora do navio, no banco de gelo. Também recomendava enfaticamente que ninguém corresse o risco de se ferir em brincadeiras brutas e desnecessárias.

Àquela altura da expedição, os membros da tripulação estavam agradavelmente surpresos com seu bom estado de saúde – embora isso fosse em parte o resultado de viverem em um ambiente livre de germes.

Em março, com o inverno chegando, as temperaturas verdadeiramente gélidas começaram a se fazer mais frequentes. Tornou-se mais difícil andar pelo navio. A superfície do banco de gelo ficou marcada por grandes cristas de gelo formadas pela colisão das banquisas. As únicas áreas lisas ficavam sobre o gelo novo que se formava nas passagens abertas. (Um dos homens observou que o gelo de quatro semanas tinha uns 35 centímetros de espessura.) Uma dessas áreas, de aproximadamente 45 metros de extensão, estava a pouco mais de 200 metros do navio. Do outro lado, a uma milha de distância, havia uma superfície semelhante. Os homens caminhavam habitualmente até as duas. Procuravam trechos onde o gelo novo formava tufos salgados, chamados "flores de gelo". Na superfície irregular, suas botas não escorregavam. "Naqueles campos, passamos muitas horas felizes", lembrou Macklin. "Toda a tripulação costumava aparecer e demonstrava o maior entusiasmo; estávamos todos com excelente disposição; o ar cortante nos dava um piparote adicional e gastávamos uma quantidade prodigiosa de energia."

Os homens jogavam futebol e hóquei, faziam corridas de cães e davam longas caminhadas. Orde-Lees andava até em sua querida bicicleta, que trouxera consigo na expedição. Uma vez, foi longe demais e perdeu-se na noite de inverno. Shackleton proibiu-o de usar de novo a bicicleta, uma decisão que magoou Orde-Lees profundamente. Mas o Chefe era inflexível quando se tratava de riscos desnecessários de alguém se ferir. Quando certa vez o marinheiro McLeod se perdeu, suplicou a seus salvadores que não dissessem nada a Shackleton, sabendo muito bem que significaria o fim das compridas e solitárias caminhadas que tanto gostava de fazer. Em outro incidente, quando os homens estavam jogando hóquei, o marinheiro McCarthy foi atingido no rosto e precisou ter o lábio costurado. Worsley escreveu que isso foi feito "sem que Sir E. visse, pois ele faz um escândalo quando alguém se machuca sem necessidade".

Para evitar que alguém se perdesse no gelo no meio da escuridão da prolongada noite de inverno que começava a se instalar, Shackleton fez os marinheiros criarem um círculo de montes de gelo em torno do navio e ligá-los com cabos de aço, de modo que pudessem encontrar o caminho de volta mesmo em meio a uma nevasca. O fotógrafo Frank Hurley, também um experiente eletricista, instalou lâmpadas ao redor do navio em postes de seis metros de altura para iluminar a banquisa. O Chefe realizava até treinos de emergência. Se houvesse alguma grande rachadura no banco de gelo, os homens e os cães deveriam subir para bordo rapidamente.

O *Endurance* carregava um bom estoque de comida, mas os homens precisavam comer carne fresca para evitar o escorbuto. A princípio, eles protestaram. Não queriam comer alimentos vindos do mar quando havia enlatados caros para saborearem. O Chefe precisou usar de psicologia. De acordo com o geólogo James Wordie, quando a primeira foca da expedição foi abatida por Wild em dezembro, o Chefe foi para o convés admirar a caça e anunciou que só havia carne para a sala dos oficiais, onde jantavam os oficiais e os profissionais. "O castelo de proa vai ter de esperar pela próxima", disse ele. Logo depois, os marinheiros enviaram-lhe um representante para exigir em seu nome a porção de 25% de todas as provisões, acertada em contrato. O Chefe deu o que lhes cabia e nunca mais eles rejeitaram suas porções de foca e de pinguim.

Não havia nenhum líder para cuidar desse tipo de detalhes sobre dieta e segurança do outro lado do continente, onde a outra metade da expedição, a equipe do mar de Ross, estava deixando depósitos de suprimentos para a planejada travessia. Ao contrário da boa saúde e dos registros positivos de segurança dos homens do *Endurance* – e da tripulação do *Nimrod* antes deles –, a equipe do mar de Ross perdeu três homens desnecessariamente. Um recusou-se a comer a carne fresca de foca e de pinguim, necessária para formar uma reserva de vitamina C para a longa caminhada que tinham pela frente, alegando que o gosto não lhe agradava. Durante a jornada para o interior, caiu doente com escorbuto e morreu. Dois outros homens, que também estavam com escorbuto, morreram por não darem ouvidos às súplicas de seus companheiros e tentarem atravessar um trecho coberto de água onde ainda não se formara uma crosta sólida de gelo. Desapareceram e nunca mais foram encontrados.

Shackleton certificava-se de que o trabalho de cada um dos homens fosse significativo e desafiante.

Com todo o trabalho principal do navio tendo sido suspenso, Shackleton tinha de encontrar para todos tarefas que fossem consideradas importantes para a expedição ou para a tripulação. A maior parte do esforço visou melhorar as condições de vida para os homens e animais, prosseguir com os projetos científicos e fazer preparativos para a travessia da Antártida, que os homens ainda esperavam ter sido apenas adiada.

Os cientistas e artistas ocupavam-se explorando e registrando os novos e fascinantes arredores, utilizando algumas invenções relativamente recentes. O físico Reginald James e o navegador Hubert Hudson convocaram alguns dos oficiais e marinheiros para ajudá-los a montar um aparelho receptor de rádio, uma tentativa malsucedida de receber uma transmissão das ilhas Falklands (ilhas Malvinas). James também observou as estrelas e realizou outros trabalhos científicos, tais como estudar as condições atmosféricas, as condições do gelo e da água e as variações magnéticas. James Wordie, o geólogo, e Robert Clark, o biólogo, fizeram furos no gelo para sondar as profundezas e coletaram amostras de lama. O comandante Frank Worsley impressionou os colegas fazendo um mareômetro para aferir o nível de acúmulo de gelo. Leonard Hussey fazia registros meteorológicos.

Hurley ajudava Hussey a fazer medições do vento e em geral ficava à disposição de todos. Começou diligentemente a revelar seus filmes, instalando uma câmara escura improvisada e pendurando os filmes para secar em uma geladeira. Tirou e revelou mais fotografias dos homens, do navio, dos cães e do gelo. De vez em quando, nos fins de semana, também fazia palestras em que mostrava diapositivos da Nova Zelândia, da Austrália e de Bornéu. A favorita de todos era a que mostrava as mulheres nativas. Hurley chegou até a inventar uma caixa de descongelamento para a carne de foca usada para alimento dos cães. Em vez de talhar um bloco sólido e congelado de carne, esta era colocada em uma caixa conectada ao fogão e no dia seguinte podia ser cortada com faca.

George Marston pintava e às vezes consertava botas. O segundo oficial de náutica Thomas Crean encarregou-se dos trenós e do equipamento correspondente. Alfred Cheetham, terceiro oficial de náutica, continuou a ser responsável pelos marinheiros. Os homens ergueram uma cabana para as medições científicas e um abrigo para cortar em pedaços as focas abatidas nas caçadas. Os marinheiros saíam todos os dias com um grande trenó para trazer gelo fresco, que era derretido a bordo para fornecer água. Uma das vantagens da exploração polar é que há abundância de água e esta não precisa ser carregada. Quando a água salgada congela, o sal vem para a superfície.

Os homens não se entediavam e, muito pelo contrário, se sentiam ocupados. "Estou certo de que é ótimo ter bastante trabalho duro por aqui", escreveu Orde-Lees. "No momento, tenho a impressão de que não há tempo para fazer nem a metade das coisas que quero fazer, e meu único medo é que algum dia me adiante em minhas tarefas e me veja na posição nada invejável de não ter nada mais para fazer a não ser dormir, comer e ler."

Na Geórgia do Sul, Shackleton já decidira quem o acompanharia na travessia continental, embora não tivesse divulgado os nomes dos escolhidos: Wild, Crean, Macklin, Hurley e Marston. Todos, menos Macklin, eram experientes em matéria de Antártida. Cada um deles recebeu uma equipe de nove cães para preparar para a travessia, com um sexto homem, o doutor McIlroy, encarregando-se da equipe que o Chefe utilizaria. Esses "*wallahs*"[1] dos cães, como eram conhecidos os homens incumbidos dessas equipes, tinham de treinar, alimentar, exercitar os cães e cuidar deles, procurando em cada grupo um cão-guia em torno do qual organizar a equipe. Em homenagem ao Chefe, os homens deram a diversos cães nomes que começavam com s, como Saint, Sailor, Shakespeare e Sampson.

Quando se decidiu que os barulhentos animais ocupavam espaço demais no navio, toda a tripulação foi posta para trabalhar construindo os "*dogloos*" – combinação das palavras "cão" (*dog*)

---

[1] Nota do tradutor: *wallah*: gíria da Índia significando pessoa que se ocupa ou se relaciona com o que está indicado pela palavra antecedente; homem, sujeito, cara (*Dicion. Webster's*/A. Houaiss, Ed. Record). No caso, *dog wallahs*, os "sujeitos dos cães".

e "iglu" (*igloo*), palavra esquimó que designa o abrigo feito com blocos de gelo – e até um "*pigloo*", para o porco remanescente. Os homens se entusiasmaram construindo caprichados canis "de cristal" formados de blocos de gelo e de neve vedados com água que se jogava sobre eles. Um se afunilava para cima formando agulhas como as de torres de igrejas e outro tinha um sofisticado pórtico com colunas, como se fosse uma mansão. Lamentavelmente, a "Cachorrolândia" não resistiu por muito tempo à pressão e às rachaduras do gelo da banquisa.

Em abril, só quarenta e cinco dos sessenta e nove cães da expedição haviam sobrevivido. Alguns estavam doentes com vermes, pois o vermífugo fora inadvertidamente deixado na Inglaterra. O esforço para curar e tratar dos cães mostra como Shackleton criava um ambiente equilibrado de trabalho em torno de uma tarefa simples. Primeiro, esclareceu a importância do trabalho para a expedição: os cães precisavam estar fortes e bem treinados para a travessia. Em seguida, atribuiu responsabilidades básicas para os homens encarregados. Finalmente, transformou a tarefa em uma fonte de orgulho estimulando a competição, o que resultou em um esmerado Grande Prêmio Canino Antártico.

Tudo começou em um dia de junho com Hurley gabando-se de que seu grupo era o mais rápido e Sir Ernest instigando-o. Fizeram apostas. O comandante Worsley apostou sua ração semanal de chocolate contra a de Wordie que a equipe de Wild venceria. "Isso deu início à partida e foi combinado que todas as equipes competiriam no dia seguinte em uma corrida cronometrada", escreveu Worsley. "A distância seria de uns oitocentos metros." A equipe de Wild, a favorita, ganhou da equipe de Hurley. Em uma nova disputa, a equipe de Wild ganhou outra vez, mas foi desclassificada porque Shackleton caiu do trenó a apenas dez metros da linha de chegada. "Ele ficou muito aborrecido consigo mesmo e insistiu em pagar todas as apostas", escreveu o comandante.

Shackleton combinava tipos de personalidade com responsabilidades de trabalho.

Ao mesmo tempo que treinava todos os homens para fazer o serviço doméstico do navio, o Chefe analisava a personalidade de cada um. Queria atribuir a cada pessoa uma função de longo prazo que ela apreciasse e à qual melhor se adaptasse. Observou-os um por um enquanto cuidavam dos cães em um sistema de rodízio e depois selecionou os líderes das equipes de cães. Shackleton imaginava que os melhores resultados viriam dos que tivessem interesse especial pelo trabalho e achava que os cães se beneficiariam mais do cuidado e dedicação de um único dono.

Em um outro exemplo disso, há o caso de Orde-Lees, contratado como especialista em motores, que era como certos ratinhos que pegam e escondem pequenos objetos, obcecado com a possibilidade de ficar sem provisões. Os membros da tripulação sabiam que, quando faltava alguma coisa no navio, provavelmente estaria debaixo do travesseiro ou da cama de Orde-Lees. E Shackleton fez desse amealhador seu intendente. Para alguns, seria o mesmo que pôr a raposa tomando conta do galinheiro, mas Shackleton sabia que essa tarefa acalmaria as ansiedades de Orde-Lees e afastaria o risco de ter de lidar com outros problemas mais adiante. Orde-Lees ficou encantado: "É uma fantástica sorte para mim Sir Ernest ter me dado esse trabalho que combina tanto comigo."

Shackleton dava constante feedback *aos membros da expedição, elogiando seus esforços e corrigindo seus erros.*

Shackleton empenhava-se em fazer de cada pessoa sob seu comando um ótimo marinheiro. Acreditava no tipo de treinamento que envolve participação ativa e prática – mas só quando necessário. Esperava sempre que os homens se saíssem bem e só interferia quando isto não acontecia. Ele "nunca veio nem uma vez sequer 'espionar' meus depósitos nem me pediu para fazer um relatório de minha intendência", explicou Orde-Lees. Transmitindo tamanha confiança, Shackleton obtinha o melhor trabalho de cada homem. Uma prova da leveza do toque de Shackleton é o confiante e competente Hurley raramente mencioná-lo em seu diário até começar a dividir uma barraca com ele meses mais tarde.

À medida que a situação da tripulação do *Endurance* ficava mais grave, entretanto, Shackleton mostrava-se menos inclinado a delegar responsabilidades. Em julho, por exemplo, uma tempestade distante fez as banquisas de gelo se deslocarem rapidamente e colidirem entre si. MacNish registrou em seu diário que recebeu ordens de transmitir as condições do gelo a cada meia hora. Em todas as circunstâncias, Shackleton estava presente com uma palavra animadora. Destacado para cozinheiro interino, Orde-Lees sabia que todas as vezes que fazia suas experiências desajeitadas na cozinha, podia contar com pelo menos um freguês. "Infelizmente, esqueci umas tortas de geleia no forno hoje e elas ficaram pretas como carvão", escreveu ele. "Sir Ernest, com muito boa vontade, tentou comer uma, mas foi demais até para ele."

Shackleton era paciente e generoso com seu tempo, e os homens ficavam lisonjeados com a atenção adicional. Na expedição de Shackleton com o *Quest*, um de seus homens, o escoteiro James Marr, contou por que lhe agradava a tutela do chefe. Marr desamarrara um tambor estocado no convés do navio e, quando o estava abrindo, Shackleton apareceu e deu-lhe "uma imprescindível lição de bom senso em *marinhagem*".

"Não tente fazer coisas demais sozinho até estar familiarizado com elas", disse-lhe Shackleton. "Se acontecesse algum acidente e esse tambor se soltasse, o culpado seria o contramestre, porque a segurança do estoque é função dele. Quando você interfere na função de outra pessoa, tem de lembrar sempre que ela pode levar a culpa por algo que você fez." Marr assistiu ao Chefe amarrar o tambor enquanto explicava: "Você fez uma volta escorregadia com o cabo. A maneira certa é esta, e, no mar, é a maneira certa que conta."

"Com todo o peso da responsabilidade que ele carregava nos ombros e com todas as suas preocupações – pois tinha muitas –, ainda encontrava tempo para se interessar por um obscuro escoteiro", escreveu Marr. "Mas ele era assim. Acho que essa era uma das qualidades que faziam sua grandeza."

Shackleton relacionava-se com todas as pessoas sob seu comando vendo-as como seres humanos, não só como trabalhadores.

O Chefe desenvolveu um relacionamento especial com cada membro da tripulação. Queria que seus homens gostassem dele e o respeitassem tanto quanto acatavam sua posição. Suas conversas nunca pareciam forçadas ou ensaiadas. Da mesma forma que preferia sempre encontros pessoais com seus financiadores, também gostava de lidar individualmente com os membros de sua equipe. Nenhum elogio ou censura jamais foi transmitido por meio de um intermediário ou de modo tortuoso. Shackleton falava pessoalmente com o superior e o inferior na hierarquia de sua tripulação e encontrava um terreno comum onde ambos podiam pisar.

Mostrou-se particularmente solícito com seus homens depois que ficaram presos no mar congelado e o inverno polar aos poucos se aproximou – em maio, o sol desaparecia por quatro meses. A maioria experimentava pela primeira vez a implacável escuridão e Shackleton fez de tudo para preparar o espírito deles para suportá-la.

O doutor Macklin, então com vinte e quatro anos, disse que, quando Shackleton topava com um tripulante andando sozinho, "ele puxava conversa e falava com certa intimidade, perguntando coisas triviais sobre a pessoa – como estava indo, se estava gostando, que aspecto do trabalho em especial mais lhe agradava – esse tipo de conversa... Esse lado comunicativo de Shackleton era um de seus traços que os homens mais apreciavam. Era também, é claro, a maneira mais eficaz de estabelecer boas relações com um grupo muito variado".

Shackleton gostava de bater papo com seus homens bem cedo, na quietude das primeiras horas da manhã, quando predominava uma atmosfera mais descontraída. Raymond Priestley escreveu sobre ele quando estavam a bordo do *Nimrod*: "Depois que todos iam dormir, o vigia noturno nunca se espantava ao ver Shackleton chegar no princípio da madrugada para meia hora de conversa ou para fumar um cigarro antes de ele próprio se recolher."

Quanto mais velho, mais o Chefe gostava de escutar. Na juventude, era mais dado a fazer preleções. O explorador Louis Bernacchi lembrava que, na expedição do *Discovery*, Shackleton veio certa vez rendê-lo no quarto de vigia às quatro da manhã "cheio de versos e chocolate quente da Marinha. A mim, faltava entusiasmo. Shackleton era um poeta e, naquela manhã, estava muito desperto poeticamente, engabelou-me com aquele seu jeito irlandês e não me deixou ir para meu beliche, recitando versos sem parar com a voz e os maneirismos de um ator trágico de antigamente".

Os livros sempre foram um refúgio e um instrumento para Shackleton. No *Endurance*, conservava a biblioteca do navio em sua cabine. Assim, sempre que encontrasse um de seus tripulantes, teria assunto para conversar. William Bakewell dizia que Shackleton "fazia-me muitas perguntas e pedia a minha opinião sobre todos os livros". Ainda na expedição do *Discovery*, durante a Jornada para o Sul, quando o relacionamento entre Shackleton e Scott começou a se deteriorar, os dois homens mantiveram as linhas de comunicação abertas lendo poesia em voz alta à noite.

Shackleton promovia pequenas comemorações que proporcionavam reconhecimento individual às pessoas.

O Chefe alternava as festividades coletivas com as que homenageavam uma única pessoa. As comemorações do Natal e de outros feriados semelhantes eram marcadas por grandes fanfarras e respeito à tradição. Mas Shackleton também contava com as celebrações e diversões nas quais os indivíduos pudessem demonstrar seus talentos, suas personalidades e seu otimismo.

As mais populares dessas pequenas festas eram os aniversários. Não eram demonstrações rotineiras ou vazias, mas sim acontecimentos inteligentes e personalizados, geralmente em torno de um brinde no final da noite. A tripulação as apreciava muito. Os homens passaram o dia 14 de fevereiro de 1915 do lado de fora com picaretas e serras tentando libertar o navio do gelo. Trabalharam o dia inteiro sob temperaturas de um dígito cortando o gelo à volta do navio em blocos, içando os blocos imensos para a banquisa, partindo-os e espalhando os pedaços. Tudo isto para nada.

À meia-noite, todos interromperam o trabalho, puseram suas ferramentas no chão, desejaram a Sir Ernest "muitos anos de vida" e deram três vivas em sua homenagem. O Chefe completara quarenta e um anos.

Em 18 de abril, Hurley contou que o aniversário de Wild foi celebrado com um brinde, música e "um bolo excelente com as maravilhosas cores do arco-íris" feito pelo cozinheiro. No dia seguinte, comemoraram o aniversário de Stephenson com uma garrafa de rum. Orde-Lees fez uma anotação sobre seu aniversário: "Hoje comemorei meu aniversário e acredito ter feito trinta e seis anos. Não sinto isto mas meus amigos garantem que minha aparência revela que não tenho nem um dia a menos." Em 1º de setembro, o aniversário de Macklin valeu-lhe o lugar de honra, na fileira da frente e no centro, em uma fotografia de grupo. No dia 11 do mesmo mês,

Clark recebeu "várias cartas e cartões, selados e endereçados, e uma miscelânea de objetos quase todos sem qualquer utilidade. Foi obrigado a ler suas cartas na mesa do café, o que causou muitas risadas".

Todos aguardavam com ansiedade o dia 22 de junho, a festa do solstício de inverno, que assinalava o ponto crítico da longa noite polar, quando o inverno começaria a declinar. Os homens vestiram fantasias (Shackleton, de cartola, era o mestre de cerimônias) e representaram uma peça cômica com uma porção de sátiras a seus companheiros. Orde-Lees levantou-se às sete da manhã para decorar a sala dos oficiais com bandeirolas. Houve um banquete que se estendeu pelo dia inteiro e, à noite, um espetáculo escandaloso de três horas. Os marinheiros tiveram um banquete de comidas especiais. Não foram convidados para o espetáculo, talvez por Shackleton recear que a autoridade dos oficiais sofresse grandes abalos se eles fossem vistos aos pulos, vestindo fantasias e sendo arremedados.

Shackleton tolerava as peculiaridades e fraquezas das pessoas. Não hesitava em mimá-las se julgasse necessário.

Shackleton era de uma gentileza extraordinária com seus homens. Quando tudo indicava que seria impossível ele dispor de tempo ou energia para um gesto atencioso, ele o fazia. Foi a única pessoa no navio que perdoou o egoísmo e a carência de Orde-Lees. "Ele conhece as nossas limitações melhor do que nós mesmos e invariavelmente as leva em conta", escreveu Orde-Lees. "Nunca espera que façamos mais do que somos capazes de fazer."

Orde-Lees sofria de dor ciática e teve uma crise particularmente séria no final de julho. Shackleton em especial culpou Orde-Lees pelo descuido: ele saíra sob temperaturas frígidas vestindo apenas as roupas comuns que se usa em um dia de frio brando na Inglaterra.

Shackleton também tinha crises recorrentes de dor ciática, de modo que compreendeu bem a situação. Orde-Lees permaneceu deitado de costas na cama durante uma semana, sem conseguir se mexer por causa da dor e cheio de autopiedade. Sir Ernest convidou-o para se mudar para sua cabine. O paciente ficou lá por duas semanas, convencido de estar recebendo melhores cuidados de Shackleton do que teria encontrado em um hospital inglês. O espaço restrito deve ter sido extremamente desconfortável. Para ajudar a curar a dor de seu paciente, o Chefe atiçava o fogo da pequena estufa e fazia a temperatura subir a alturas sufocantes noite após noite.

"Cá estou eu deitado há cinco dias com todo o conforto, mas fortes dores, enquanto Sir Ernest se encolheu o melhor que pôde para dormir em um banco estreito, pequeno demais para ele!", escreveu Orde-Lees no princípio de sua estada. "Ele é um homem maravilhoso. Dorme o mínimo possível, raramente mais do que três ou quatro horas por noite, às vezes menos. Como consegue dormir, mesmo pouco, em uma cama tão desconfortável é um enigma. Toma conta de mim pessoalmente com o cuidado atencioso de uma enfermeira treinada, o que para mim, por enquanto, de fato ele parece ser, muito mais do que apenas meu líder e mestre. Cuida ele próprio de mim, acendendo o fogo e preparando-me uma xícara de chá à noite se por acaso digo que estou com sede, lendo para mim e sempre me distraindo com sua excelente conversa, fazendo-me esquecer minha dor com gracejos constantes, como se eu fosse uma criança mimada. Que sacrifícios eu não faria por um líder assim!"

Os homens, de modo geral, estavam satisfeitos. O doutor Macklin tomou nota de uma conversa ocorrida em um fim de tarde em que ele levou Alf Cheetham para um passeio de trenó:

"– Veja só, doutor, o senhor não acha que estamos em melhor situação do que o rei? – perguntou Cheetham.

– Não sei, Cheetham – respondeu Macklin.

– Bem, eu estou feliz, doutor, o senhor está feliz, e cá estamos nós sentados em um trenó deslizando de volta para casa e apreciando as maravilhas do mundo. Faz bem pra alma da gente, é ou não é? O rei, com toda a riqueza e poder que ele tem, não poderia vir para cá e aproveitar tudo isto que eu estou aproveitando agora."

Entretanto, o mundo tranquilo dos homens do *Endurance* estava prestes a se despedaçar quando o gelo começasse a se movimentar com violência. Em 31 de julho, Shackleton já se preparava na surdina para várias situações possíveis. Pediu a Orde-Lees que fizesse uma lista dos mantimentos necessários para alimentar vinte e oito homens durante setenta e dois dias e arrumar esse estoque no convés para o caso de terem de abandonar rapidamente o navio. Orde-Lees aparentemente estava a par dos planos de longo alcance de Shackleton: "Talvez possamos ir de trenó pelo gelo para a ilha Paulet, onde se sabe que há um grande depósito (de alimentos), ou até a baía Wilhelmina, onde se acredita que exista uma estação baleeira", escreveu ele. "Seria um grande empreendimento, mas, sob o comando de Sir Ernest, sem dúvida conseguiríamos, vivendo de carne de foca e de pinguim até sermos resgatados."

Nesse ponto, Orde-Lees observou que Shackleton estava dormindo muito pouco e providenciou para sair de sua cabine. Foi o primeiro sinal das dificuldades que viriam pela frente. Shackleton passou em claro a noite de 7 de agosto, véspera do aniversário da entrada do *Endurance* em mar aberto. Os homens haviam assistido a um choque de dois imensos bancos de gelo que ergueu uma crista de gelo de uns seis metros de altura. Os canis de cristal foram reduzidos a pó. Havia tempestades se armando. Os homens estavam assustados. Em sua cama de doente, Orde-Lees escreveu que se lembrou de um terremoto por que passara quando criança. Espantou-se com o estranho silêncio durante um treino de emergência, quando toda a tripulação levou os cachorros para bordo. "Não há confusão nem gritaria nem barulho algum a não ser os latidos dos cães desnorteados e o som macio dos pés da tripulação envoltos em peles, enquanto os cães são rapidamente tirados de seu canil na banquisa e trazidos para um lugar predeterminado no convés." Segundo ele, o trabalho foi realizado com grande ligeireza e precisão.

Duas banquisas de quase dois metros de espessura prendiam o navio como um torno de bancada, fazendo as vigas estalarem. Como parte do plano de emergência, cada membro da tripulação ficou uma hora de vigia em um alerta de vinte e quatro horas. No entanto, tão de repente quanto começara, a pressão afrouxou e o gelo cedeu.

A tripulação viveu episódios semelhantes durante mais dois meses angustiantes. Mas ninguém se desesperou. A primavera polar se aproximava e, por algum tempo, parecia que haviam sobrevivido à provação e breve poderiam seguir para terra. Orde-Lees escreveu em 11 de outubro de 1915 que "tudo a bordo está pingando de umidade do degelo". Os homens já pensavam em se mudar de volta para o convés superior e rumar para a civilização. "Sentimos falta de ver até as pedras, que dirá árvores, relva e animais", escreveu Orde-Lees. "Ainda assim, não podemos reclamar de nada, pois temos calor, conforto e comida da melhor qualidade, além do que o clima estimulante faz todo o mundo se sentir sempre disposto e bem."

Dias antes do início do ataque final do gelo, R. W. James não gostou de ser acordado no meio da noite para seu turno de vigia. Vários outros resmungaram quando Shackleton mandou que as caldeiras fossem acesas para o caso de necessidade da energia a vapor. Em 24 de outubro, o navio foi novamente atacado pelo gelo em movimento. Toda a tripulação desceu com pás e picaretas para abrir valas, em uma tentativa inútil de aliviar a pressão. O navio começou a fazer água. Os homens acionaram as bombas. No entanto, mesmo com as bombas trabalhando dia e noite e MacNish construindo um pequeno dique, não foi possível deter o avanço da água. Começaram a retirar os estoques, nervosos com a barulheira da água jorrando e da madeira rachando.

Em 27 de outubro, o tempo clareou e a temperatura atingiu 26 graus negativos. Hurley ouviu um alarme ensurdecedor causado pelo gemido das tábuas, o ranger do gelo e o uivo dos cães. Enrolou seu álbum de fotografias em um tecido impermeável. No convés, a tripulação estava empilhando os estoques de suprimentos. Às sete da noite, foi dada a ordem para baixar os barcos salva-vidas. De nada serviu. Tinham de abandonar o navio. No meio do caos que se seguiu, Shackleton observava a situação, segurando-se no cordame do navio e fumando um cigarro "com uma expressão séria, mas de certa forma despreocupada", recordava Orde-Lees. Mesmo então, Shackleton fez comentários pessoais para cada um que passou por ele. "A cada um de nós, conforme a ocasião permitia, ele dizia uma ou duas palavras de estímulo, como: 'Não se esqueça de levar tal e tal coisa com você se tiver de sair do navio.' Para mim, ele disse: 'Não deixe de pôr seu antigo diário em minha bolsa, pois acho que foi mantido com muito mais regularidade do que o meu.'"

Shackleton desceu para o banco de gelo depois da tripulação. Ainda fariam excursões para resgatar coisas no navio durante um mês, mas o *Endurance* não era mais sua casa nem seu porto seguro. Orde-Lees escreveu: "Sir Ernest está agora diante do maior problema que, imagino, já foi obrigado a resolver: como nos livrar deste sério dilema e assegurar a volta à civilização do grupo inteiro vivo e em condições."

DESENVOLVENDO TALENTOS INDIVIDUAIS À MANEIRA DE SHACKLETON

- Crie um ambiente de trabalho bastante confortável para fazer os profissionais terem prazer em passar ali a maior parte de seu tempo. Leve em conta algumas preferências pessoais.

- Seja generoso com os programas que promovem o bem-estar de sua equipe. Corpos e mentes saudáveis são mais produtivos.

- Assegure-se de que cada empregado tenha um trabalho importante e desafiante para fazer. Até os de mais baixo escalão devem sentir que estão contribuindo com algo de valor que é apreciado pela empresa.

- Combine a pessoa com a função. Observe os tipos de pessoas que trabalham para você e quais os cargos que melhor se adaptam às suas personalidades tanto quanto à experiência que possuem.

- Dê *feedback* constante sobre o desempenho. A maioria dos empregados acha que quase não recebe palavras de elogio e estímulo.

- Empenhe-se em manter relacionamentos de trabalho que tenham um componente humano além do aspecto profissional. Seja qual for o tamanho de sua empresa, procure conhecer o maior número possível de empregados. Memorize os interesses deles de modo que possa conversar sobre outros assuntos diferentes do trabalho.

- Recompense os indivíduos tanto quanto o grupo. O reconhecimento público de um trabalho bem-feito – e de um aniversário ou de outra data significativa – fará o empregado se sentir apreciado.

- Seja tolerante. Conheça os pontos fortes e fracos de cada um e estabeleça expectativas razoáveis. De vez em quando, satisfazer os caprichos de alguém, mesmo achando que a pessoa está sendo carente demais, pode ter resultados muito significativos, sobretudo em situações de grande tensão.

PONDO EM PRÁTICA

Luke O'Neill estava à procura de um nome para uma escola secundária inovadora que ele sonhava abrir em Massachusetts, destinada a alunos que se sentiam frustrados com os métodos tradicionais de educação. Queria que a escola incentivasse os jovens a esquecer quaisquer fracassos passados e se concentrasse em seus pontos fortes, a fim de que pudessem ser bem-sucedidos de formas jamais imaginadas. O nome precisaria transmitir esse compromisso com a realização pessoal.

O'Neill ainda não havia encontrado um nome quando se formou na Harvard Business School, para onde fora com a finalidade de adquirir as habilidades de organização e gerência de que necessitava para implementar seus planos. Naquele verão, um amigo deu-lhe o livro do comandante Frank Worsley sobre o *Endurance*. Fascinado com a emocionante história de liderança e sobrevivência, percebeu que havia encontrado o espírito que deveria orientar sua escola. Em 1998, O'Neill, então com trinta e oito anos, abriu as portas da Shackleton Schools, com sede em Boston e um "acampamento-base" a mais ou menos cem quilômetros de distância, em Ashby.

Hoje, ele espera criar um dia uma rede espalhada por todo o país de meia dúzia dessas escolas, que são mantidas com recursos privados e não têm fins lucrativos. "Nossa meta educacional é treinar os alunos para serem líderes, educadores, criadores de comunidades, empreendedores e administradores da Terra", declara ele.

Não há salas de aula tradicionais para os alunos – meninos e meninas entre catorze e dezoito anos. O currículo é baseado em "expedições de aprendizado" que combinam disciplinas acadêmicas com viagens educativas. Um grupo, por exemplo, visitou cidades na fronteira Estados Unidos–México para estudar a língua e a cultura espanholas, o ambiente e as políticas públicas. Os alunos e seus instrutores passam pelo menos metade de seu tempo em expedições como essa. O resto do tempo é passado em estágios e trabalhando em projetos independentes em suas comunidades.

Shackleton teria adorado uma escola assim.

"Nossa meta é ir ao encontro do mundo como Shackleton fez: experimentar, explorar e servir", diz O'Neill. As expedições de Shackleton, acrescenta, "tinham mais a ver com explorar seu próprio potencial do que explorar a Antártida".

Desse ponto de vista, dois aspectos da escola têm um paralelo direto com a história de Shackleton. O primeiro é o verdadeiro sentido de uma expedição: descobrir o que você tem, o que você é e qual sua missão na vida. O segundo é a noção de servir – a si mesmo e à comunidade.

Para aprender, o fundador da escola acredita que é preciso passar por situações que desencadeiem emoção. Para isso, é preciso tirar as pessoas de sua rotina, seja física ou mentalmente. "Não aprendemos quando estamos dentro de nossa zona de conforto, quando nos sentamos na mesma escrivaninha todos os dias, no mesmo lugar, fazendo a mesma coisa, e tudo é previsível", afirma. "Na zona de aprendizado há uma dose administrável de desconforto e as emoções são intensificadas."

O'Neill enumera vários exemplos de jovens que conheceu ao longo dos anos que surpreenderam a todos, inclusive a si mesmos, com o que foram capazes de realizar. Uma aluna de quinze anos, Bailey Hirss, passou um verão como interna no maior hospital de Vermont depois de seu primeiro ano na Shackleton Schools. Acabou reestruturando todo o sistema de transporte interno de pacientes do hospital, organizando o pessoal remunerado e os voluntários. No final do verão, o tempo médio de espera dos pacientes entre consultas caiu de quarenta e cinco minutos para dois minutos. O hospital chamou-a de "Voluntária do Século" e indicou-na – com sucesso – para o Prêmio de Serviços Estudantis conferido pelo presidente Clinton.

O'Neill demonstrou uma persistência shackletoniana para realizar seu projeto audacioso. Seu caminho começou quando era estudante na Universidade Georgetown em Washington, D.C. Oferecera-se como monitor e descobriu que trabalhar com gente jovem era a sua vocação. O passo seguinte foi formar-se na Escola de Direito Georgetown, onde trabalhou no escritório universitário de Justiça de Menores, mas acabou frustrado por seu contato com os jovens na função de advogado só ocorrer depois que eles já estavam em dificuldades. Quando foi trabalhar em uma respeitada firma de advocacia em Connecticut, continuou a prestar serviços gratuitos para clientes de baixa renda em juizados de menores locais. Com o passar do tempo, abandonou sua atividade legal corporativa e, em 1990, seus caminhos levaram-no a um emprego no Outward Bound, movimento que oferece treinamento para aventuras, treinamento naval e outras atividades ao ar livre para rapazes e moças. Em menos de quatro anos, arrecadou mais de 8,5 milhões de dólares para o movimento e também se tornou instrutor. Essa experiência inspirou-o a abrir suas próprias escolas.

No período anterior à aquisição do acampamento-base de vinte e oito hectares, a escola tinha de ganhar a estrada. Alunos e instrutores dormiam em barracas, usavam fogões a lenha, construíam barcos e costumavam enfrentar novos obstáculos todos os dias. "Começar um negócio é exatamente como fazer uma grande expedição – você tem de ser ao mesmo tempo engenhoso, resistente, corajoso, diligente e otimista", diz ele. "Acima de tudo, tem de ser perseverante."

Como Shackleton, O'Neill aprecia o poeta canadense Robert Service e gosta de citar um verso de seu poema "The Call of the Wild" (O apelo da selva): "As coisas simples, as coisas verdadeiras, o homem silencioso que faz coisas." Ele diz que tudo em Shackleton estava relacionado com o fazer: ele teve coragem para perseguir um sonho e noção de responsabilidade para fazer com que fosse até o fim.

O'Neill definiu a maneira humana como Shackleton encarava seu trabalho em uma entrevista para o *The Wall Street Journal*: "Nunca desista, não tenha medo de liderar, siga seu instinto e lembre-se: tem a ver com gente."

5

LIDERANDO COM EFICÁCIA EM UMA CRISE

Não só o problema principal, mas também seus detalhes o absorviam. Comida, como obtê-la, como distribuir nosso estoque reduzido de alimentos em conserva para dar maior variedade à eterna carne de foca. Como manter todos ocupados e alegres, como conservar secos os sacos de dormir para eliminar pela raiz qualquer sinal de pessimismo, qual a melhor maneira de manter os estoques de suprimentos prontos para um deslocamento imediato – todas essas coisas e muitas mais ocupavam seus pensamentos durante o dia e por grande parte da noite.

– Reginald W. James, físico, Endurance

Os homens correram para a segurança do gelo, exaustos depois dos três dias de luta para salvar o navio. Armaram suas tendas rapidamente e enfiaram-se dentro delas. Mal tinham adormecido, abriu-se uma fissura no gelo que passou pelo meio do acampamento e tiveram de sair às pressas para outro local mais seguro. De repente, ficou claro para todos que teriam de enfrentar desafios extraordinários apenas para se manterem vivos. Sua expectativa anterior fora trabalhar com relativo conforto em um acampamento-base ou fazer as tarefas de rotina do navio. Em vez disso, viam-se isolados em uma vasta e instável camada de gelo, seu único refúgio contra as profundezas do mar de Weddell ou, pior ainda, as mandíbulas de uma baleia assassina ou um leopardo-marinho. E a temperatura era de 27°C negativos.

Os leitores modernos podem pensar que a tripulação do *Endurance* era de uma estirpe diferente – vivendo em uma época em que se dispunha de menos facilidades. É bem verdade que quase todos haviam tido alguma experiência como marinheiros ou exploradores, mas vários eram profissionais formados em universidades com pouco mais de vinte anos e despreparados para o que os esperava. Além do mais, como observou Shackleton certa vez, "quem pediria para ir trabalhar duro nos confins da Terra a não ser gente de uma espécie inteiramente diferente?".

Vejam como Orde-Lees, o intendente, encarou seus primeiros dias no *Endurance* apenas catorze meses antes de ter de abandonar o navio: "Servimo-nos diretamente da manteigueira, e assim por diante, de forma repugnante demais para ser mencionada. É extraordinário quão rapidamente se cai na barbárie."

R. W. James, de vinte e quatro anos, o físico do navio, um sossegado acadêmico recém-saído da universidade, tornou-se alvo das zombarias dos outros por causa de seus instrumentos esquisitos. Fora criado por duas tias que possuíam uma loja de guarda-chuvas em Londres. Exceto pela mente científica privilegiada, seus antecedentes e temperamento não o recomendariam para o cargo. Alexander Macklin reconheceu o mérito dele em aguentar a situação toda até o fim, considerando-se que estava claramente fora de seu elemento. "Em um acampamento-base, fazendo seu próprio trabalho, tenho certeza de que ele teria parecido outra pessoa, de estatura consideravelmente mais elevada."

Frank Hurley, com vinte e nove anos, era inteligente, articulado, talentoso e incrivelmente engenhoso, um pau-para-toda-obra, como seus companheiros o chamavam, porém mal-humorado, insociável e solitário. Um amigo, Ian Anderson, achava que, por causa de sua infância difícil, ele crescera sem confiar nos outros. Usava a câmera como um escudo entre si e o resto do mundo. "Ele precisava ter uma máscara. A fotografia não era apenas uma vocação, mas uma necessidade."

Dali em diante, só podiam contar uns com os outros e com a camaradagem e a cultura que Shackleton estabelecera como fundamento de seu trabalho. Já fora um bocado difícil, quando o navio ficara preso, os homens terem de abrir mão de seu trabalho mais importante. Agora, haviam perdido seu local de trabalho, seus sonhos de glória e até sua moradia. Precisavam de estímulo. Shackleton adiantou-se e dirigiu a palavra a seus homens antes de entrarem pela segunda vez em suas barracas.

Shackleton falou a seus homens, deixando claro que se encarregaria de tudo e que os faria sair daquela crise se ficassem unidos e confiassem nele até o fim.

O Chefe reuniu o grupo inteiro em torno dele e falou com sinceridade a seus homens. Procurou se expressar com simplicidade, fez uma avaliação realista da situação, explicou as opções e propôs um plano de ação. Depois, agradeceu-lhes por seu esforço e pediu o apoio deles.

Enquanto falava, transmitia uma impressão de calma, confiança e força. Anos mais tarde, vários homens lembravam o quanto suas palavras haviam significado para eles na ocasião. "Não teve nada de um discurso preparado", contou R. W. James. "Falou para todos nós reunidos dizendo que pretendia fazer o grupo caminhar pelo (gelo) na direção oeste... que achava que deveríamos tentar fazer uns oito quilômetros por dia e que, se trabalhássemos todos juntos, ele acreditava que seria possível. A necessidade parecia óbvia. No fundo, provavelmente estávamos contentes por ter acabado o período de ansiedade e dúvida sobre salvar ou não o navio e dali em diante tudo depender apenas de nós. Não me lembro de ninguém discutir ou questionar o assunto de qualquer forma. Estávamos em uma enrascada e o Chefe era quem podia nos tirar dela. Dá para avaliar a sua capacidade de liderança por este fato na ocasião parecer quase axiomático."

Os homens juraram-lhe lealdade em silêncio.

"Foi um discurso bem característico dele – simples, comovente, otimista e altamente eficaz", escreveu Hussey mais tarde. "Fez com que saíssemos de nossa melancolia. Recuperamos o ânimo e fomos jantar."

Oferecer comida para reconfortar era um recurso típico de Shackleton para deixar que os homens falassem e relaxassem enquanto as palavras penetravam em suas mentes. A rotina costumeira também revelava que tudo iria prosseguir da maneira mais normal possível. Depois do jantar, Shackleton não foi dormir. Andou de um lado para outro na banquisa, primeiro olhando para a penosa cena de seu navio agonizante, em seguida para a imagem desalentadora de sua tripulação exposta e vulnerável. Por volta do raiar do dia, às duas da madrugada, chamou Wild e Hurley para irem com ele até o navio buscar um pouco de combustível. Depois de recuperarem duas latas com grande dificuldade, voltaram para o acampamento saltando sobre o gelo partido. Transformaram dois reservatórios estanques de cinco galões tirados de um dos barcos salva-vidas em um fogão e rapidamente prepararam leite quente para os homens tomarem quando acordassem. "Nós três, os anjos salvadores, fizemos a ronda das barracas com a bebida revigorante e ficamos surpresos e um tanto magoados com o descaso com que alguns dos homens receberam aquela contribuição ao seu bem-estar. Não compreenderam direito quanto esforço fizemos por eles no início do amanhecer", escreveu Shackleton em seu livro *Sul*, acrescentando que "um simples agradecimento faz um bem enorme em tais ocasiões".

Shackleton estava aprendendo o que ficaria muito claro para ele mais tarde: que a função do líder é muitas vezes uma tarefa solitária e sem agradecimentos, sobretudo em tempos difíceis. Seus homens raramente retribuíam seus gestos de indulgência e os afagos aos egos que ele distribuía com tanta liberalidade.

Shackleton achatou o que restava da hierarquia de autoridade.

Os homens formavam um só corpo e Shackleton era o líder. A essa altura, todos os títulos e posições sociais perderam o sentido. "Os oficiais do navio tornaram-se unidades sem mais autoridade do que qualquer membro do grupo e sua posição na banquisa era a mesma dos outros", contou Macklin.

O Chefe, que não exigia privilégios para si mesmo, insistia em um tratamento igual para todos. Worsley escreveu sobre a noite, logo depois de abandonarem o navio, em que os sacos de dormir forrados de pelo de rena, mais quentes do que os outros, foram distribuídos. Havia poucos porque originalmente se destinavam apenas aos integrantes do grupo de terra. Os vinte e oito homens fizeram um sorteio para ver quem seriam os oito felizardos. Não importa realmente quem venceu. O Chefe fez tudo parecer justo e imparcial, de modo que ninguém se sentiu ameaçado. Os que continuaram com os sacos feitos de lã de cobertor receberam uma pele de rena para deitarem em cima e não ficarem mais desconfortáveis do que os vencedores, sentindo-se com tanta sorte quanto eles.

Mais tarde, depois das queixas de que as porções de comida não eram iguais, Shackleton aplicou um procedimento de rotina à distribuição de alimentos que ele próprio inventara na expedição do *Discovery* e depois utilizara na do *Nimrod*. Todos – inclusive Shackleton – tinham de se revezar pegando a porção de comida com o cozinheiro e levando-a para a barraca. Lá, outro homem fechava os olhos ou dava as costas para a comida. O portador apontava para ela e perguntava ao outro: "De quem?" O homem dizia um nome e aquela pessoa recebia aquela porção. Todos admitiram que o sistema era justo, apesar de Macklin escrever que isto não os impedia de olhar "com um pouco de inveja para o prato do homem ao lado, que sempre difere do nosso em algum detalhe especialmente apreciado".

Voltando o olhar para Shackleton de uma perspectiva moderna, fica evidente que ele era um psicólogo astuto. Na época, isto não se via com tanta clareza. Macklin observou mais tarde que a psicologia não era um assunto muito popular no tempo de Shackleton. O Chefe era um leitor voraz e provavelmente se interessava pelas teorias dos estudiosos de então – como Sigmund Freud e Ivan Pavlov.

Em *Sul*, seu relato pessoal da expedição do *Endurance*, Shackleton mencionou cada vez mais o "aspecto psicológico" de seus feitos, ou o "interesse psicológico" de suas observações.

Shackleton fazia muitos planos de contingência intensamente detalhados, ao mesmo tempo permanecendo flexível.

Shackleton estava começando a pôr em ação muitas das ideias e estratégias que planejara meticulosamente no navio durante os meses anteriores. Referiam-se sobretudo a como fazer seus homens chegarem a um lugar seguro mantendo-os unidos e livres do desespero. Seu diário dos meses em que ficou no navio encalhado no gelo é cheio de listas e instruções. "Há muitos meses que o desastre vinha se preparando, e estudei centenas de vezes meus planos para todas as contingências", ele mais tarde escreveu.

O objetivo era assustador. Estavam a mais de mil milhas de qualquer outro ser humano e a centenas de milhas de terra firme. "A tarefa agora era garantir a segurança do grupo e nisto deveria concentrar minhas energias e poder mental, aplicando todo bocado de conhecimento e experiência que a Antártida me dera", escreveu Shackleton. "Seria provavelmente uma tarefa longa e extenuante, e a mente ordenada e um programa claro seriam essenciais para irmos até o fim sem perdas de vidas."

Quando abandonaram o navio, estavam a 500 milhas da baía Wilhelmina, na península antártica, onde havia esperança de serem avistados por navios baleeiros de passagem. A cerca de 350 milhas a noroeste ficava a ilha Paulet. Nesta ilha, havia uma cabana que o próprio Shackleton fora contratado (pelos argentinos, uns treze anos antes) para abastecer com suprimentos de emergência para uma expedição. O trecho mais próximo de costa antártica ficava a 180 milhas de distância, mas era deserto e dificilmente seria visitado por alguém.

A banquisa seguia à deriva no sentido dos ponteiros do relógio para a direção norte, aproximando-os de seus alvos. Enquanto isso, os homens avançariam para oeste por terra e, quando o gelo ficasse frágil demais, usariam seus barcos. O Chefe tentou a caminhada duas vezes e em ambas se viu forçado a suspendê-la. Os barcos eram pesados demais para serem arrastados sobre o terreno irregular e os preciosos salva-vidas estavam levando uma sova.

Shackleton reduziu os pertences pessoais
a apenas o que era essencial à sobrevivência.
Era criterioso quanto ao que constituía uma necessidade.

Shackleton era frugal, mas não era sovina. Sabia o que era importante. Felicidade e conforto não eram sacrificáveis. Quando os homens acordaram em 30 de outubro, o dia estava encoberto. Haviam passado três dias no gelo e Shackleton resolvera iniciar a marcha rumo à terra. Determinou que cada homem carregaria somente duas libras (cerca de 900 gramas) de pertences, incluindo seis pares de meias, um par de botas sobressalente, um par de meias-luvas de pele e uma libra de tabaco ou de chocolate. Cada um recebeu seu próprio rolo de papel higiênico, que em alguns casos foi mais tarde usado como papel de enrolar cigarros. Restava pouco para artigos de uso pessoal – como sabonete, escova de cabelo, escova de dentes e dentifrício. Tinham de se desfazer de tudo o mais.

Shackleton deu o exemplo atirando no gelo todas as suas valiosas posses: um relógio de ouro, cinquenta soberanos de ouro, escovas de prata e uma caixa de toucador, a maior parte dos livros do navio e a Bíblia dada pela rainha Alexandra – depois de arrancada a página com a dedicatória da rainha e um versículo de Jó. Todos o imitaram.

Hussey lembrava que Shackleton o chamara na ocasião para lhe dizer: "Acabei de voltar do navio. Fui à sala de oficiais – está uma confusão terrível, as vigas de madeira se partindo como se fossem palitos de fósforo, mas no único lado ainda intacto encontrei algo que lhe pertence. Deixei-o ali adiante junto com os estoques de comida."

Hussey surpreendeu-se ao ver que se tratava de seu banjo. "É bastante pesado. Acha que deveríamos levá-lo?", perguntou Hussey.

"Sim, com certeza", foi a pronta resposta de Shackleton. "É um remédio mental de suma importância, e vamos precisar disso."

O abrigo temporário do grupo foi chamado de "Acampamento Abandono". Os homens se queixavam, embora nunca na presença de Shackleton, da perda de objetos pessoais de estimação, de instrumentos, roupas polares e, acima de tudo, de comida. O marinheiro Tom McLeod resgatou a Bíblia, acreditando que jogá-la fora lhes traria má sorte. Pelo menos um outro, John Vincent, voltou às escondidas para recolher objetos de valor, e mais tarde pagaria muito caro por sua ganância. Mas o Chefe não podia permitir que os homens se preocupassem em salvar coisas quando suas próprias vidas estavam ameaçadas. Se Shackleton tivesse qualquer dúvida sobre a necessidade de estabelecer prioridades rígidas, um incidente com Orde-Lees logo depois do abandono do navio teria eliminado todas elas. Orde-Lees escreveu, contrito, em seu diário que fizera a tolice de perguntar a Shackleton se este conservara sua bela cigarreira de ouro. "A cigarreira que vá para o inferno", rebateu o Chefe, irritado. "Acabei de perder um maldito de um navio, ora!"

Sempre que possível, Shackleton ajudava os homens a deixarem as coisas para trás, no sentido literal e figurado, andando e afastando-se delas. Esperou até os últimos minutos antes de saírem do Acampamento Abandono para mandar sacrificar os quatro filhotes de cachorro e o gato de MacNish, a Senhora Chippy. Eles davam muito trabalho. Logo em seguida, iniciou a marcha para a terra. Os trenós puxados pelos cães iam na frente, carregados de suprimentos, e depois os barcos, arrastados pelos homens. O barco salva-vidas *Stancomb Wills* ficou para trás. Os barcos eram extremamente pesados e tinham de ser puxados por uma superfície congelada cheia de cristas e protuberâncias. No primeiro dia, não chegaram a percorrer um quilômetro e meio. O dia seguinte foi um pouco melhor: passaram de um quilômetro e meio. No terceiro dia, ficou claro que não atingiriam a meta diária de seis a oito quilômetros estabelecida por Shackleton. Nunca alcançariam a terra em um tempo conveniente. Ele cancelou a marcha.

Era o dia 1º de novembro de 1915: a primavera antártica. Os homens armaram um acampamento mais confortável, chamado "Acampamento Oceânico", e lá permaneceram até bem antes do Natal. Lançaram mão de sua engenhosidade para fazer do acampamento um arremedo de civilização. Fotografias do Acampamento Oceânico mostram roupas secando penduradas em varais, uma torre de sentinela feita de madeira e um grande fogão. "Quando a temperatura lá em nossa terra chega ao ponto de congelamento ou abaixo dele, com ventos leves e céu encoberto, dificilmente se encontraria alguém trabalhando o dia inteiro ao ar livre sem luvas, como muitos de nós fizemos hoje, e alguns despidos até a cintura, tomando um banho parcial na água de neve derretida", escreveu Orde-Lees.

O fato de as temperaturas estarem subindo para perto de seis graus negativos não foi tão bem-vindo quanto se poderia pensar. As banquisas amoleceram e de vez em quando um deles caía em um pedaço mais fraco. O estado de seus sapatos e roupas variava do úmido para o encharcado. Só à noite podiam andar um pouco melhor por causa do endurecimento da superfície do gelo. Todos se preocupavam por estarem constantemente molhados. O ar era úmido demais para que suas roupas secassem e havia tempestades de neve e chuvas frequentes. A situação piorava à noite quando o calor de seus corpos derretia o piso das barracas. "Muito quente na barraca, temperatura subindo para 26°C!", escreveu Hurley.

E havia algo ainda mais angustiante: tinham consciência de que o gelo sobre o qual estavam vivendo era uma base muito precária. Hurley escreveu em seu diário em 7 de novembro: "É impossível conceber, mesmo para nós, que agora estamos morando em cima de uma colossal jangada de gelo, com apenas um metro e meio de gelo a nos separar de duas mil braças de oceano e indo à deriva ao capricho dos ventos e marés sabe Deus para onde!"

Shackleton procurava fazer com que os homens tivessem uma noção realista da dificuldade de sua situação.

O Chefe queria que os homens se sentissem felizes e acreditassem que iriam sobreviver. Mas também queria que encarassem sua situação com seriedade e assumissem parte da responsabilidade por seu próprio destino.

Logo depois de abandonarem o navio, Shackleton ouviu dois dos homens pedindo chá ao cozinheiro. Um pediu chá forte; o outro, fraco. "Foi agradável saber que estavam tranquilos, mas achei a ocasião oportuna para lembrar que o chá seria igual para todos e que teríamos sorte se ainda houvesse algum para beber dali a dois meses", Shackleton escreveu em *Sul*. "Ocorreu-me naquela hora que o incidente tinha um aspecto psicológico interessante. Lá estavam aqueles homens, com o lugar onde haviam morado todo destruído, em um acampamento montado em cima de uma camada instável de gelo e, ao que parecia, apenas uma remota possibilidade de alcançarem a segurança, calmamente cuidando de detalhes corriqueiros da vida diária e dando atenção a ninharias como a intensidade da infusão de seu chá."

A despeito desse tom simpático, Shackleton preocupava-se com a atitude altiva dos homens com relação às circunstâncias em que se encontravam. Imediatamente cortou as rações de comida para 270 gramas diárias por homem. O que significa 1.500 calorias, não muito para um bando de jovens molhados e com frio. Só impôs a redução por alguns dias, mas conseguiu que compreendessem. Eles escreveram durante anos a fio sobre o que sofreram naquele período difícil.

A ordem foi cancelada depois de acabarem de resgatar uma quantidade suficiente de provisões do navio. Hurley captou o humor do grupo em um dia do início de novembro: "A equipe de resgate abriu caminho pelo convés logo depois das onze horas... Pescando com ganchos de atracação, as caixas foram puxadas uma por uma na direção da abertura, de onde emergiam flutuando para a superfície. A cena foi altamente divertida e me lembrou o jogo infantil de pescaria. Se um dos pescadores tirava uma caixa de alimentos de grande valor, dava-se um grande viva. Cheguei a tempo de ver um barrilete de carbonato de sódio ser recebido com resmungos. Assim, de acordo com os valores relativos das caixas recuperadas, seu aparecimento era saudado com as exclamações correspondentes."

Ao todo, os homens retiraram três toneladas de provisões utilizando aquele sistema. Shackleton calculou que a comida daria para três meses se coubesse a cada um deles cerca de meio quilo de alimentos por dia. Todos teriam o bastante para se manterem saudáveis, se não saciados. "A monotonia nas refeições, mesmo considerando as circunstâncias em que nos encontrávamos, era o que eu procurava evitar, e, sendo assim, nosso pequeno estoque de guloseimas, tais como patê de peixe, arenques enlatados, etc., foi cuidadosamente economizado e distribuído de modo a durar o máximo possível", escreveu Shackleton.

Na realidade, os que tinham experiência em expedições à Antártida achavam a comida mais do que suficiente. Vinham caçando focas o tempo todo. O diário de Hurley conta que ele ajudou os homens a matar centenas de pinguins e dezenas de focas durante o período em que viveram na banquisa. Hurley descreveu o cardápio: "O desjejum consiste em bife de carne de foca, chá, leite e açúcar; no almoço, pudim de gordura e geleia, chocolate, leite e açúcar; o jantar é *hoosh* (uma combinação de picadinho com ensopado) de presunto e fígado de foca com batata dessecada e farinha, chocolate, leite, açúcar e biscoitos digestivos."

Shackleton mantinha os descontentes perto dele para controlar sua influência e tentar persuadi-los.

Shackleton estabeleceu a base para a sobrevivência da tripulação na banquisa com sua brilhante seleção de quem ficaria em cada uma das cinco barracas, combinando as personalidades, a experiência e as opiniões das pessoas. Cortava as divergências pela raiz e mantinha os pessimistas junto dele.

Em seu livro, o Chefe apenas citou quem vivia em que barraca. Entretanto, mesmo na ocasião, não escapou a ninguém como essa distribuição havia sido bem calculada. Para si, reservou uma pequena barraca comum com um poste central e escolheu três companheiros de barraca. Ele contrariava todos os instintos humanos de evitar pessoas desagradáveis e combater aqueles que desafiassem sua autoridade. Greenstreet, primeiro oficial de náutica, escreveu sobre a escolha dos companheiros de barraca de Shackleton: "Reuniu junto de si aqueles que achava que não se entrosariam com os demais. Não eram pessoas muito fáceis de se conviver, os que levou para a sua barraca – uma mistura daquelas."

Um dos escolhidos foi o fotógrafo Frank Hurley. Hurley era forte, inteligente e tinha potencial para ser um adversário na disputa pela lealdade dos homens. Já tivera diversas conversas secretas com Macklin criticando vivamente certas ordens de Shackleton. Macklin fez alusão a elas em seu diário, anotando algumas partes em código. Shackleton via no ego inflado de Hurley seu ponto vulnerável, e assim fez o fotógrafo achar que era seu conselheiro e confidente. Quanto mais Hurley conhecia o Chefe, mais gostava dele. Escreveu o seguinte, depois de conviver com ele por duas semanas: "Tenho grande admiração pelo chefe, que é muito atencioso, de índole bondosa e um excelente companheiro."

Outro escolhido foi Hubert Hudson, o navegador, com quem Shackleton achava que seria difícil conviver por ele gostar muito de uma discussão. Shackleton o manteve ocupado debatendo vários tópicos. A conversa dentro da barraca era ao mesmo tempo animada e íntima.

O físico Reginald James estava ansioso e, levando-o para sua barraca, Shackleton conseguiu fazê-lo sentir-se mais seguro. "Ele era um excelente companheiro de barraca e quando entrava deixava para trás em grande parte seu papel de comandante", disse James mais tarde em uma entrevista.

> Tivemos grandes discussões sobre toda espécie de coisas. Uma de suas argumentações preferidas era a favor da pesquisa científica "prática" contra a pura. Não via necessidade, ou assim dizia, para a ciência pura e achava que nosso empenho deveria ser direcionado para linhas práticas. Eu costumava defender o ponto de vista oposto e discutíamos longamente, mas sem chegar a nenhuma conclusão.

Às vezes, entregava-se às reminiscências e essas ocasiões eram as que mais apreciávamos, pois ele conhecera muita gente, até reis, e sabia como contar uma história, com o humor que a situação exigia. Ele falava sobre novas expedições, não só polares, sobre tesouros escondidos, sobre planos de todos os tipos para enriquecer rapidamente e dava para percebermos que jogador ele era. Ou ele lia ou recitava poesias e enxergávamos um outro lado dele, completamente diferente. Uma de suas diversões favoritas era o jogo "animal, mineral ou vegetal", em que um dos jogadores tem de adivinhar qual o objeto escolhido pelos outros fazendo perguntas que só podem ser respondidas com "sim" ou "não". Shackleton tinha uma habilidade incomum para este jogo. Com umas poucas perguntas bem formuladas, ele reduzia o campo de investigação e rapidamente chegava à resposta, por mais remota que estivesse a coisa.

Na barraca número 2, uma barraca arredondada pequena, ele colocou seu colega de confiança, Frank Wild. O Chefe pôs James McIlroy junto com ele porque sabia que Wild gostava muito do médico, um homem zombeteiro e conhecedor do mundo. Acrescentou Wordie provavelmente porque este precisava de um pouco de ânimo na ocasião. O Chefe também queria que Wild tomasse conta de Harry MacNish, uma pessoa pessimista e infeliz, que ele preferia que ficasse isolada dos mais moços e mais impressionáveis.

Na número 3, uma barraca arredondada grande, Shackleton instalou todos os marinheiros. Já viviam juntos desde o princípio da expedição e haviam ficado próximos. A barraca abrigava Walter How, William Bakewell, William Stephenson, Ernest Holness, Timothy McCarthy, Thomas McLeod, John Vincent e o cozinheiro, Charles Green.

Na barraca número 4, também pequena e arredondada, colocou Tom Crean, Alfred Cheetham, Leonard Hussey e George Marston. Formavam um grupo agradável. Crean era um líder natural, sempre confiável e trabalhador. Cheetham também era popular e trabalhador. Hussey, com seus vinte e um anos, era engraçado e tocava banjo, o que, como Shackleton previra, todos apreciavam muito. Ele e Marston, o artista, não gostavam de fazer nenhum trabalho extra, mas mesmo assim pegavam no pesado.

A barraca número 5, uma grande barraca em forma de pirâmide com um poste central, ficou cheia de gente, com Frank Worsley, Robert Clark, Lionel Greenstreet, Thomas Orde-Lees, A. J. Kerr, Louis Rickinson, Alexander Macklin e Perce Blackborow, o clandestino. Pensou-se que a seleção de pessoas daquela barraca fora um lapso de Shackleton. Clark observou que tinha "todos os ingredientes de um barril de pólvora". Kerr, Rickinson e Blackborow eram de temperamento calmo. Mas Worsley era excêntrico e imprevisível. Macklin tinha um gênio forte, Greenstreet e Orde-Lees tinham o poder de irritar as pessoas e Clark fungava tanto que deixava os outros malucos. Para surpresa geral, o grupo se integrou muito bem apesar de um ou outro momento de tensão. Orde-Lees escreveu: "De fato nos damos maravilhosamente bem, levando-se em conta que estamos sempre e de modo literal pisando nos pés uns dos outros."

Shackleton certificou-se de que todos soubessem o que fazer caso o gelo se rompesse sob as barracas. Cada pessoa foi designada para uma função e incumbida de um dever. O Chefe fazia treinos de emergência: quando soprava seu apito, os homens recolhiam utensílios e provisões, desmontavam as barracas e preparavam-se para partir. Fora isso, Shackleton mantinha a vida tão normal quanto possível – refeições nas horas certas, tarefas determinadas e exercícios diários. Hurley fez um esboço da rotina do acampamento da seguinte forma: "Despertar no acampamento às oito da manhã, desjejum às oito e meia... Tarefas de rotina, a saber: procurar focas, arrumar o acampamento, etc. até uma da tarde. Almoço variável... Tarde passada segundo a vontade de cada um, lendo, caminhando, etc. Geralmente, *hoosh* de foca ou de pinguim às cinco e meia da tarde e chocolate quente. Seguir direto para sacos de dormir. Fazer uma hora de vigia em noites alternadas."

Os cães precisavam ainda ser exercitados diariamente. Os homens também se revezavam para trazer para os companheiros de barraca as refeições vindas do fogão na cozinha improvisada. É claro que Shackleton instalou uma biblioteca – na cozinha, onde também havia um espaço de trabalho para Hurley e Marston. O tempo era passado costurando barracas e alisando os caminhos. E, mais importante, o carpinteiro MacNish trabalhava aumentando as bordas dos barcos salva-vidas para a inevitável fuga da tripulação da banquisa cada vez menos segura. Grupos de caça saíam todos os dias quando o tempo permitia. Com mau tempo, costuravam suas roupas e botas e jogavam cartas.

Shackleton não deixava que os homens perdessem o senso de humor.

O Chefe providenciava para que tivessem muita distração, sobretudo quando o tempo inclemente os mantinha dentro das barracas por dias a fio. Hurley lembrava que, quando a tripulação resgatou o uniforme de comandante de Worsley do *Endurance*, Shackleton pôs o quepe, empunhou a espada e desfilou diante de todos. Visitava todas as barracas todos os dias, só interrompendo essa rotina quando teve uma crise tão forte de dor ciática que não conseguia nem sair sozinho de seu saco de dormir. "Foi a única ocasião, enquanto estávamos na banquisa, em que ele deixou de visitar cada uma das barracas. Mesmo durante as nevascas, ia indagar sobre as condições de saúde e conforto de cada homem", recordava Wild.

O Chefe, além disso, enviava Leonard Hussey com seu banjo de barraca em barraca para fazer todos os homens cantarem juntos. "Ele tocava muito bem e, nas noites de sábado, continuávamos a fazer a sessão musical de costume; agora sem o acompanhamento das bebidas", contou Wild. Os homens também se visitavam uns aos outros nas barracas. Wild e McIlroy aparentemente eram convidados muito requisitados. Hurley escreveu em 2 de dezembro sobre um concerto em sua barraca com Wild, Wordie e McIlroy: "Foi uma noite muito agradável e Hussey tocou em seu banjo muitas canções antigas bastante populares." Outra vez, em 18 de dezembro, Wild e McIlroy foram convidados para ir à barraca. Macklin escreveu mais ou menos na mesma ocasião que Wild e McIlroy entraram na tenda 5 para uma cantoria e Hussey levou o banjo. "Tivemos uma noitada alegre, embora seja difícil encontrar canções que já não tenhamos escutado muitas vezes antes", contou Macklin.

O médico também fez referência a uma "febre de *bridge* entre os ocupantes da barraca. Sir E., McIlroy e outros já estiveram aqui ensinando e dando conselhos. Todos fumavam seus cachimbos, e o fumo tinha um cheiro muito forte. Tão forte que Rickinson e eu não aguentamos e tivemos de sair da barraca – eu, com uma forte dor de cabeça".

Os jogos de cartas só faziam sucesso quando o tempo estava relativamente quente, pois era quase impossível manuseá-las de luvas. Hurley e o Chefe jogaram durante semanas diversas modalidades de pôquer apostando coisas que pagariam quando voltassem para casa: ingressos de teatro, estojos de barbear, vinhos, caixas de colarinhos e um chapéu da loja Johnson, Bond Street número 38, Hatler – certos de que um dia chegariam lá.

O que invariavelmente alegrava os homens era uma boa e farta refeição, e Shackleton usava as rações para levantar o moral. Os jovens, pelo menos, estavam sempre famintos. Os mais velhos, por causa de sua idade e experiências de sobrevivência, conseguiam passar com menos comida e às vezes davam parte de sua cota para os moços. A única exceção era Worsley que, com quarenta anos, tinha o apetite de um rapaz com a metade de sua idade.

Shackleton forçava os homens a esquecerem o passado e se concentrarem naquilo de que precisavam para sobreviver.

Ao anoitecer do dia 21 de novembro, Shackleton saiu para dar uma volta na banquisa e um movimento súbito no navio chamou sua atenção. Fazia um mês que fora abandonado. Durante esse tempo, todavia, o *Endurance* servira de depósito de estoque, repositório de toneladas de alimentos e provisões. Shackleton gritou para chamar os homens e todos foram olhar o navio a distância. Deve ter sido um espetáculo doloroso ver o lindo navio se quebrar em pedaços. Por mais de um ano, havia sido a casa deles – uma casa a que se apegaram muito – e seu último elo com a civilização. Macklin lembrou a reação do Chefe: "Como sempre, para ele, o que passara, acabara. Ficara para trás e ele já estava olhando para o futuro... Sem emoção, melodrama ou agitação, ele disse: 'O navio e os estoques se foram, portanto agora vamos voltar para casa.'"

Shackleton nunca perdia tempo nem energia se lamentando por coisas que já haviam passado ou que ele não podia mudar. "Um homem precisa se voltar para um novo alvo assim que o antigo vai ao chão", dizia. Sua intolerância ao desperdício dava a seu trabalho uma certa eficiência que alguns confundiam com impaciência ou inflexibilidade. Não desperdiçava perguntas nas entrevistas; não desperdiçava tempo fazendo gestos vazios; não desperdiçava energia submetendo as pessoas à disciplina sem motivo. Qualquer tempo livre que tivesse era dedicado à leitura e ao planejamento. Se tomava uma providência, tinha um objetivo em vista; se dava uma ordem, esta era necessária para a sobrevivência.

O lema de Shackleton era "Prospice", que significa "olhar para a frente". Era o título de um poema de Robert Browning que Emily, sua mulher, costumava recitar para ele:

Não! deixa-me provar por inteiro,
sentir como meus pares,
Os heróis antigos,
Suportar o golpe, em um minuto
pagar de bom grado
as dívidas da vida
De dor, trevas e frio.
Pois súbito o pior se faz melhor ao bravo,
E o negro minuto se esvai...

Com todos os seus problemas descomunais, os autores dos diários escreviam muitas vezes sobre como se sentiam felizes. O doutor Macklin escreveu, em 8 de dezembro, o seguinte: "É um tempo de ansiedade para nós, mas todos estão alegres e animados. Recebemos uma boa quantidade de comida e nos adaptamos bastante bem a esta vida nas barracas. Sinto-me tão feliz aqui quanto no hospital com todos os confortos e grandes aposentos só para mim, banheiro e todas as instalações, etc. Se sairmos desta vivos e em segurança, será uma grande experiência a relembrar e considerar."

Shackleton pedia conselhos, mas tomava
as decisões finais sozinho.

O Chefe perguntava a todos o que pensavam sobre qualquer situação importante. Naqueles momentos, estava na realidade tomando o pulso da tripulação, deixando-os dar sua opinião e reunindo ideias. "Esta era a grande diferença entre ele e Scott. Scott era Marinha demais", declarou James aos biógrafos de Shackleton, os Fisher. Shackleton "costumava pensar alto dentro da barraca, mas as decisões eram definitivamente as suas próprias".

Greenstreet pôde comprovar isto. Shackleton uma vez perguntou-lhe como achava que as coisas estavam indo. "Bem, senhor, acho que não seria má ideia se matássemos e estocássemos todas as focas e pinguins que aparecessem, para fazermos um depósito de comida", respondeu Greenstreet. Não fora, porém, o que o Chefe decidira: "Ora, você é um danado de um pessimista. Isso iria pôr em polvorosa o pessoal do castelo de proa; eles iriam pensar que nunca vamos sair desta." Na verdade, o que deixava os homens mais nervosos era não armazenar comida.

Orde-Lees encarou com bom humor ter sido o objeto de um gracejo de Shackleton. Em 20 de dezembro, escreveu ele, o Chefe chamou-o em sua barraca e "informou-me confidencialmente que planejava fazer um esforço de marchar para oeste", rumo à ilha Paulet. "Não se tratava de um segredo", confessou Orde-Lees em um tom que só pode ter sido de fingida ingenuidade, "pois enquanto andava de volta para nossa barraca havia um burburinho geral de prazerosa expectativa por todo o acampamento."

Entretanto, o Chefe também era capaz de obedecer aos desejos de seus comandados. Orde-Lees contou em seu diário que, meses antes, no navio, quando Shackleton, exausto, disse-lhe que não iria jantar, ele o aconselhou a sentar-se à mesa para que os homens se sentissem melhor. E Shackleton concordou.

Shackleton agia de modo que todos percebessem que ele estava fazendo algo de positivo para saírem daquela situação.

Em 20 de dezembro, o Chefe reuniu todo o grupo e explicou seus planos. Arrastariam dois barcos para a ilha Paulet, fazendo mais de três quilômetros por dia, caminhando à noite, quando a superfície do gelo estava mais firme. Dormiriam durante o dia, com a temperatura mais alta. A marcha era inútil, mas os homens estavam ficando inquietos. Shackleton sabia que precisava mantê-los ocupados e calar os que ainda insistiam que era possível fazer mais. Dava-lhes a sensação de ter controle sobre seu próprio destino.

"Há também o aspecto psicológico da questão", escreveu Shackleton sobre a caminhada. "Será muito melhor para os homens em geral sentirem que, mesmo progredindo lentamente, estão a caminho de terra, em vez de simplesmente sentados esperando que a vagarosa correnteza nos leve para noroeste e nos tire deste cruel deserto de gelo. Faremos uma tentativa para nos deslocar."

Ele aplicara o mesmo recurso psicológico na primeira marcha e também dez meses antes, quando o navio ficara preso no gelo pela primeira vez. Na ocasião, fizera a tripulação pegar picaretas, serras e machados para abrir caminho pelo mar de gelo espesso que os aprisionava. Shackleton não queria ninguém pensando que não se tentara algo que poderia ter dado certo. O benefício psicológico de todas as ações, porém, era sempre confrontado com seu aspecto prático.

A decisão de arrastar os barcos significava que o Natal precisaria ser celebrado mais cedo, no dia 22. A tripulação teve um banquete com as iguarias que não poderiam ser levadas nos barcos.

Foram dormir e se levantaram às três da madrugada para puxar o *James Caird* e o *Dudley Docker*. Os dois salva-vidas eram deslocados alternadamente. O Chefe, Wordie, Hussey e Hudson iam na frente preparando o terreno. Quinze homens atrelados arrastando um barco seguiam-nos. Os cães então levavam os suprimentos suplementares. Depois de todos avançarem mais ou menos oitocentos metros, paravam e voltavam para puxar o outro barco. Worsley e Wild estavam encarregados dos homens que puxavam os barcos. A marcha era estafante, tediosa; e o gelo, difícil de atravessar. Por causa do revezamento, os puxadores percorriam um estirão de quase cinco quilômetros para avançar apenas um e meio.

O Natal caiu no terceiro dia da marcha. "Naquele dia, quando sentamos para o nosso 'almoço' de *bannock* (um pãozinho de massa achatada, sem fermento) dormido e fino, acompanhado de uma caneca de chocolate ralo, ficamos imaginando o que estariam comendo em casa", escreveu o Chefe, talvez exagerando a frugalidade da refeição. "Toda a tripulação se mostrava muito alegre. A perspectiva de uma trégua na monotonia da vida na banquisa levantou nosso ânimo."

Macklin escreveu em seu diário: "É uma vida dura, difícil e alegre."

Nem todos a achavam tão alegre assim. Em 27 de dezembro, depois de cinco dias puxando os barcos, MacNish ficou farto. "Recusou-se a obedecer as ordens de Worsley, ao mesmo tempo usando linguagem ofensiva", escreveu Macklin. Shackleton ficou furioso com a ameaça à disciplina. Imediatamente, chamou MacNish a um canto para explicar em termos bem claros que ele tinha de obedecer às ordens. Naquela noite, no acampamento, o Chefe convocou todos e leu o regulamento do navio. Embora o navio tivesse afundado, declarava o contrato, toda a tripulação estava sob o comando dos oficiais enquanto permanecesse na banquisa. O que também significava, ele lhes garantiu, que seriam pagos por seu trabalho até que voltassem para casa.

O gesto isolou e eliminou qualquer tendência para motim. Sobre a situação, Shackleton escreveria apenas o seguinte: "Todos trabalhando bem, exceto o carpinteiro (MacNish). Nunca o esquecerei neste período de esforço e tensão." Não esqueceu nem perdoou.

Depois de dias de um trabalho extenuante, a tripulação só conseguira avançar uns 12 quilômetros e os barcos estavam sendo danificados. Sir Ernest calculou que levariam trezentos dias para alcançar a terra pelo oeste. Tratava-se, é claro, de um tempo absurdamente longo. Shackleton provara o seu ponto de vista. Não havia nada mais a fazer senão armar um acampamento, para decepção de muitos, que apreciaram o trabalho pesado. Shackleton escreveu em seu diário: "Pôr um passo de coragem em um estribo de paciência."

Shackleton fez o que era mais difícil naquele momento: nada.

O novo lar deles chamava-se "Acampamento Paciência". Permaneceriam ali por mais de três meses. Naquele ponto, qualquer outra atitude seria um desperdício de energia. À medida que o breve verão antártico evoluía, Shackleton se preparava para a planejada viagem de barco para a terra. "Esperando, esperando, esperando", ele escreveu.

O tempo se arrastava. Era muito mais difícil agora manter o ânimo dos homens. Esse acampamento era austero, faltava-lhe a atmosfera acolhedora do Acampamento Oceânico, haviam deixado para trás a maioria das provisões que lhes tornara a vida comparativamente agradável. O clima tempestuoso e a superfície amolecida do gelo às vezes não permitiam que os homens nem ficassem de pé: precisavam rastejar até a cozinha para buscar as refeições. Todos começaram a passar um bocado de tempo nas barracas. Macklin escreveu que, quando o tempo estava muito ruim, ele nem se despia à noite de modo a estar pronto para pular dentro do barco se fosse necessário. Só mudava as meias. "Todo o resto, se ficar molhado, tem de secar em meu corpo", contou. E acrescentou, com o otimismo que veio a caracterizar a expedição: "Ainda assim, não posso reclamar – estou na Antártida com meus olhos abertos e acho que cabe a mim contribuir para sair daqui."

Alguns dos homens, contudo, começavam a se desesperar. Frank Worsley, por exemplo, ficara deprimido em março e havia parado de conversar, o que nele era muito incomum. Até o doutor Macklin zangou-se com Shackleton, chamando-o de infantil e imbecil em uma parte de seu diário escrita em código.

Com o final de 1915, Shackleton anotou seus votos para o novo ano: "Que o ano-novo nos traga boa sorte, que nos resgate em segurança desses tempos de ansiedade e leve coisas boas a todos os que amamos e que se encontram tão longe daqui... Lendo Babilônia e

Assíria na *E.B.* (*Encyclopedia Britannica*). O gelo parece estar apodrecendo. Pensar muito faz perder a vontade de escrever muito... Espero com ansiedade poder descansar sem pensar em nada, mas graças a Deus todos estão bem, em boa forma e em segurança."

MacNish mostrava-se menos nostálgico. Escreveu em seu diário no dia 1º de janeiro: "Dia de ano-novo, que comemoramos na Escócia com bolo e vinho, enquanto aqui estamos celebrando à deriva nas banquisas de gelo da Antártida, sem saber para qual direção vamos depois ou se vamos ficar congelados durante mais um inverno."

Shackleton preparava os homens para ordens desagradáveis, fazendo alusões a elas antecipadamente.

Quando uma decisão difícil precisava ser tomada, o Chefe gostava de fazer boatos e ideias circularem antes. Dava aos homens tempo de ruminar a respeito dessas ideias e planos antes de ter de lidar com a realidade deles. Shackleton fez comentários durante algum tempo sobre o gasto de comida com os cães. Em 14 de janeiro, ele e Wild sacrificaram a tiros quatro grupos desses animais. Hurley foi autorizado a manter seu grupo por mais dois dias para recuperar outra leva de suprimentos no Acampamento Oceânico. Quando chegou a hora de seus cães serem sacrificados, Hurley aceitou o fato como "uma triste, mas lamentável necessidade", considerando a quantidade de comida que os cães consumiam. Shackleton incumbiu Wild da tarefa enquanto ele passava a tarde com Hurley em um longo passeio para distraí-lo do assunto.

O gesto de Shackleton lembrava a ocasião em que ele fizera companhia a Hurley enquanto o fotógrafo passava pela deprimente experiência de se desfazer de parte de seus negativos. Hurley tirara mais de 500 fotografias desde o início da expedição, mas fora preciso aliviar sua carga depois que abandonaram o navio. Shackleton sentou-se com ele no gelo e ajudou-o a reduzir sua coleção para 120 negativos de chapa de vidro. Hurley despedaçou os que não guardou para não ser tentado a achar que se enganara na escolha. Manteve apenas uma câmera de bolso Kodak e dois rolos de filme pelo resto da expedição.

Em 21 de janeiro, quando cruzaram o círculo antártico, comemoraram o fato com uma boa refeição. Queriam comemorar também o aniversário do Chefe em 15 de fevereiro, mas Shackleton não permitiu, temendo desperdiçar comida preciosa. Entretanto, viu que os homens precisavam de um acontecimento especial, de modo que festejaram o Dia Bissexto, em homenagem ao fato de "alguns de nossos solteiros terem conseguido escapar do Belo Sexo".

Ainda conseguiam matar focas, mas os animais rareavam à medida que o outono polar avançava. Além de refeições insuficientes, a escassez de focas significava falta de gordura para o fogão. A certa altura, Shackleton precisou limitar as bebidas quentes a uma por dia.

Uma dessas permaneceria na memória de muitos deles. O Chefe, por insistência de Worsley, mandou trazer o terceiro barco salva-vidas, o *Stancomb Wills*, do Acampamento Oceânico. Em 2 de fevereiro, decidiu que havia condições de segurança para enviar dezoito homens sob o comando de Wild para buscar o barco, distante uns três quilômetros por causa da deriva. Ainda assim, seria uma tarefa estafante. Quando o grupo exausto retornava, Shackleton foi ao seu encontro de trenó, levando panelas de chá quente.

Pouco tempo depois disso, o gelo começou a se partir. Orde-Lees servia como sinal prévio de advertência porque, sendo propenso a enjoar com o balanço do mar, reagia ao mais ligeiro aumento de movimento. Wild, mais experiente do que os outros com bancos de gelo, ponderava se seria prudente lançar os barcos ao mar. Temia "as massas de gelo pesando centenas de milhares de toneladas que sobem e descem e se chocam umas contra as outras com um rugido estrondoso incessante, tornando extremamente perigoso entrar ou sair até com um navio de madeira bem-feito e construído para tal propósito. Muito mais arriscado seria então escapar com três frágeis barcos".

Às onze horas do dia 9 de abril, uma rachadura no gelo atravessou o acampamento. Finalmente, havia uma chance para fugir pelo mar aberto antes que outro inverno polar chegasse e congelasse a área em torno deles. Assim que a passagem se abriu o suficiente, lançaram rapidamente os barcos ao mar. "Nosso lar despedaçava-se sob nossos pés", escreveu Shackleton, "e experimentamos uma sensação de perda e incompletude difícil de descrever."

LIDERANDO UM GRUPO ATRAVÉS DE UMA CRISE À MANEIRA DE SHACKLETON

- Ao se configurar uma crise, imediatamente dirija a palavra à sua equipe. Assuma o controle da situação, proponha um plano de ação, peça apoio e mostre absoluta confiança em um desenlace positivo.

- Livre-se das desnecessárias camadas intermediárias de autoridade. A liderança direta é mais eficiente em situações de emergência.

- Planeje em detalhes diversas opções. Procure ter uma noção das possíveis consequências de cada uma delas, porém sem perder de vista o quadro geral.

- Organize o fluxo de material e de operações de modo que ambos não criem empecilhos ou atrasos.

- De vez em quando, force a sua equipe a voltar à realidade por meio de algum recurso de impacto para mantê-la no rumo. Com o tempo, as pessoas começam a tratar a situação de crise como trabalho de rotina e perdem a concentração.

- Mantenha os descontentes junto de si. Resista ao instinto de evitá-los e, em vez disso, tente conquistá-los e obter seu apoio.

- Desarme a tensão. Em situações de alta tensão, utilize o humor para pôr as pessoas à vontade e mantenha sua equipe ocupada.

- Esqueça o passado. Não desperdice tempo nem energia lamentando erros cometidos ou se impacientando com o que não pode mudar.

- Peça conselhos e informações de diversas fontes, mas ao final tome decisões baseadas em sua própria avaliação dos fatos.

- Deixe todas as pessoas envolvidas na crise participarem da solução, mesmo que isto signifique distribuir parcimoniosamente algum trabalho que não seja vital.

- Seja paciente. Às vezes, o melhor a fazer é não fazer nada além de observar e esperar.

- Dê à sua equipe um bocado de tempo para se acostumar com a ideia de uma decisão desagradável.

PONDO EM PRÁTICA

Jeremy Larken, diretor administrativo da OCTO Ltda., uma empresa de gerenciamento de crises com sede em Chester, na Inglaterra, usa o exemplo da liderança de Shackleton em seus seminários para altos executivos. Larken gosta particularmente de rever com seus clientes a sequência de ações do Chefe nos dias que se seguiram ao abandono do navio. "Faço isto para dar a eles um modelo que lhes permite visualizar como se comportar em uma situação grave: com racionalidade, otimismo e lucidez de raciocínio – e sobretudo com um objetivo claro em vista", diz.

A maior parte do trabalho de Larken consiste em preparar altos executivos e suas equipes para uma ampla diversidade de problemas, desde acidentes exigindo providências imediatas, tais como emergências em usinas de energia nuclear, a crises corporativas de duração mais longa. Ele também auxilia as empresas a definir perfis realistas de riscos corporativos.

Larken observa que os administradores de alto nível costumam ser muito competentes em seu trabalho do dia a dia – algo imprescindível para que cheguem ao ponto da carreira em que chegaram. Não são, entretanto, sempre bons em lidar com uma crise incomum e de evolução rápida, quando é necessário reagir imediatamente e apenas com informações limitadas. "Muitos supõem que uma crise nada mais é do que um problema habitual de trabalho em ritmo acelerado, mas a verdade é que, em uma situação de crise, a pessoa precisa se organizar de modo bastante diferente e estabelecer outras formas de comunicação", explica ele.

Admirador de Shackleton a vida inteira, Larken tem bons motivos para isto: os dois pertencem à mesma família. Nascido Edmund Shackleton Jeremy Larken, ele cresceu segundo a cultura de Shackleton. Foi educado em Bryanston, uma escola progressista em Dorset, Inglaterra, e desde criança lê livros sobre o explorador. Sua mãe,

Peggy Shackleton, nascida em 1908, é prima de Sir Ernest. Ainda se lembra de, quando moça, ir escutá-lo falar sobre suas empolgantes experiências na Antártida. Larken começou a se interessar pelo modelo de liderança de Shackleton no início da década de 1990, quando fundou a OCTO. Ele criou um programa para reagir à crise baseado no exemplo do explorador, que consiste nas seguintes etapas: avaliação e ação imediatas, avaliação profunda das questões-chave, estabelecimento de objetivos e validação de oportunidades, recuo do centro do palco dos acontecimentos para deixar os empregados prosseguirem com o trabalho, ao mesmo tempo continuando a incentivar e prover sustento à equipe.

Para começar a fazer uma avaliação satisfatória, os gerentes precisam superar uma barreira das mais difíceis: deixar o passado para trás. Ou seja, abandonar as rotinas habituais de trabalho e as ruminações obsessivas sobre como se meteram naquela enrascada – ou, como ocorre com frequência, recusar-se a aceitar a realidade.

Em uma crise, Shackleton nunca se agarrou a uma bagagem emocional. "Uma coisa que admiro particularmente nele é a capacidade de redirecionar de modo infalível seu foco para a atualidade", declara. "Ele era brilhante ao fazer as pessoas se voltarem para o outro lado e enxergarem a nova situação."

Larken gosta muito da observação feita pelo doutor Macklin sobre a maneira como o Chefe enfrentou a perda do *Endurance*: "Como sempre, para ele, o que passara, acabara; ficara para trás e ele já estava olhando para o futuro…"

Outro obstáculo considerável para os administradores, acrescenta Larken, é lidar com o processo de estabelecer objetivos. Ele e um de seus sócios na OCTO foram convidados certa vez por uma das principais usinas nucleares da Inglaterra para dar um parecer sobre um exercício de emergência criado para funcionários de alto escalão. Quando o sócio de Larken pediu a diversos gerentes individualmente que explicassem seus objetivos na operação planejada, eles deram respostas que variavam amplamente. "Em uma situação de crise, mesmo as pessoas mais capazes muitas vezes não conseguem se concentrar em um objetivo ou defini-lo com clareza", afirma. Ou pior, elas apenas tateiam e lançam mão do óbvio.

É neste ponto que ele cita o exemplo do explorador, que sempre conseguia articular com clareza o próximo passo de seus planos. O Chefe acertava seguidamente sua estratégia, ao mesmo tempo mantendo-a sob constante revisão.

Larken seguiu os passos de seu pai e ingressou na Marinha Real Britânica, tendo servido por trinta e três anos. Em seus seminários, costuma recorrer à sua experiência como comandante do navio que serviu de centro de operações no conflito das ilhas Falklands (ilhas Malvinas) em 1982. Mais tarde, ele se tornou contra-almirante, encarregado do apoio militar britânico fora da área da OTAN e chefe das operações de crise para o Ministério da Defesa do Reino Unido.

Em 1991, com cinquenta e dois anos, aposentou-se do serviço ativo da Marinha e formou a OCTO. Foi quando começou a se aprofundar no estudo das qualidades de Shackleton, situando-as no contexto da liderança comercial. Quando dá instruções a seus clientes, às vezes faz um esboço comparativo dos traços de Shackleton, Scott e Amundsen. Scott: ambicioso, tecnicamente ingênuo, hierárquico, arrogante, desconfiado de colegas mais capazes do que ele, indiferente ao selecionar pessoal, fraco ao treinar pessoal, mau registro de segurança, autor talentoso. Amundsen: determinado, objetivo, meticuloso tecnicamente e como planejador, bom registro de segurança, admirável mas não carismático, realista, solitário, supremo realizador. Shackleton: determinado, capaz de se superar em situações de crise, tecnicamente sensível mas não inovador, gregário, excelente orador em público, amplamente objetivo, bom planejador conceitual, eficaz ao selecionar e treinar pessoal, bom registro de segurança, extravagante em negócios, entediado com administração, politicamente astuto.

Larken sugere que os executivos estabeleçam uma atmosfera de confiança e sejam "genuinamente atenciosos com relação ao bem-estar de sua equipe – agindo de acordo com isso". Um líder em quem se confia sempre encontrará sua equipe pronta a apoiá-lo em quase todas as decisões.

O diretor da OCTO acredita que "todos podemos aprender a exercer liderança", mas alerta que até mesmo quem nasce com carisma e talento precisa trabalhar suas habilidades. "Quando uma crise se instala, já é tarde para tomar a decisão de se tornar um líder eficiente. O processo tem de ser uma parte permanente e cumulativa dos planos e da prática de desenvolvimento pessoal de cada executivo", ele diz a seus clientes. "Quanto mais cedo isto se inicia como um processo sistemático, melhor. Talvez agora ainda não seja tarde demais."

6

FORMANDO EQUIPES PARA TAREFAS DIFÍCEIS

Não se importava se não tivesse uma camisa sequer para vestir contanto que os homens que liderava tivessem roupa suficiente. Era um homem maravilhoso neste aspecto. Via-se que o grupo importava mais do que qualquer outra coisa.

– Lionel Greenstreet, primeiro oficial de náutica, *Endurance*

Finalmente dentro dos barcos, o grupo de Shackleton rumou para oeste. Num raio de umas cem milhas, encontravam-se a península Antártica e várias das ilhas Shetland do Sul. Havia estações baleeiras espalhadas pelas ilhas mais próximas da península, e eles esperavam chegar até uma dessas estações ou desembarcar em um local onde houvesse uma boa possibilidade de serem avistados por um navio de passagem. A umas sessenta milhas na direção nordeste ficava a ilha Elephant. Os ventos e correntezas dominantes poderiam levá-los facilmente para lá, mas era uma ilha tão remota que havia pouca probabilidade de um navio passar perto o suficiente para ver o sinal deles. A ilha Paulet, é claro, parecia atraente por causa de seus estoques de comida. Melhor ainda, raciocinava Shackleton, seria a ilha Deception, onde havia uma estação baleeira.

A essa altura, os homens estavam dispostos a aceitar qualquer pedaço de chão. Não botavam pé em terra firme desde 5 de dezembro de 1914, e estavam em 9 de abril de 1916. Iniciaram aquela última viagem sob céu encoberto, com temperaturas oscilando em torno de 6°C negativos.

Ao lançar os barcos ao mar, Shackleton teve de organizar os homens em três unidades firmes e autossuficientes que fossem fortes o bastante para passar pela prova que as esperava. Usou para dividir as tripulações dos três barcos o mesmo critério cuidadoso de equilíbrio que usara para distribuir as pessoas pelas barracas, mas com um foco diferente. A seleção de Shackleton para as barracas tinha a ver com manter o moral elevado e abafar as divergências. A divisão para os barcos era muito mais crítica. Cada tripulação enfrentaria um extraordinário desafio, tanto físico quanto mental, que poderia significar vida ou morte. A tarefa tornava-se ainda mais difícil pelo fato de os três barcos estarem em condições de navegação muito diferentes.

O *James Caird*, um barco de 6,7 metros de comprimento e 1,8 de largura, era uma baleeira de popa e proa finas iguais e, de longe, o melhor dos três salva-vidas. O barco "se saía magnificamente com as velas abertas", escreveu Macklin. Suas bordas foram aumentadas em cerca de um metro, e o convés, reforçado em cada uma das extremidades por MacNish, um carpinteiro brilhante apesar do gênio desagradável. Ele usou as tintas a óleo de Marston para selar as frestas. As bordas elevadas protegiam dos borrifos do mar quando navegavam a vela, mas dificultavam o trabalho dos remos.

O *Dudley Docker* havia sido construído na Noruega, tinha 6,7 metros de comprimento e 1,8 de largura, mas um casco de quase 90 centímetros de profundidade. Um cúter, achatado na popa e bastante robusto.

O *Stancomb Wills*, outro cúter também construído na Noruega, era o menor dos barcos e o que tinha menos condições de aguentar o mar. Media pouco mais de seis metros de comprimento e 1,5 de largura. Seu casco tinha cerca de setenta centímetros de profundidade e, quando carregado, ficava apenas 43 centímetros acima da linha-d'água, o que significava que fazia água o tempo todo. Era também pesado para seu tamanho e difícil de remar e velejar. Os homens o chamavam de *Stinking Willy* (Fedorento Indeciso). Tudo indicava que teria de ser rebocado. De início, Shackleton não queria usá-lo, mas deu-se conta de que seria necessário por não haver espaço suficiente e, à última hora, mandou resgatá-lo no Acampamento Oceânico. A possibilidade de carregar muito mais provisões aumentava grandemente a margem de segurança do grupo.

Mais uma vez, o Chefe não revelou nem em seus diários como resolveu a questão da escolha das tripulações para os barcos. Com poucas exceções, evitava qualquer discussão em público sobre as falhas e fraquezas de sua tripulação ou de seus companheiros de exploração. Mais tarde, contudo, por anos a fio, os membros da tripulação admiraram seu talento magistral para combinar experiência, talento e temperamento em unidades eficientes, ao mesmo tempo levando em conta posto e posição. O objetivo de Shackleton para os barcos era fazer de cada um uma unidade completa que pudesse sobreviver por si só se fosse o caso. Cada um transportava um núcleo sólido de tripulantes: um navegador competente, dois bons marinheiros e alguém para ministrar cuidados médicos. As outras vagas foram preenchidas sobretudo em função das personalidades.

Shackleton comandou o barco melhor e maior e escolheu os tripulantes mais fracos para acompanhá-lo.

O *James Caird* carregou onze pessoas ao todo. Como de costume, Shackleton manteve junto dele não só os encrenqueiros como os encrencados. Levou os dois casos mais difíceis: Vincent e MacNish, ambos pessimistas. Podia assim tomar conta deles e evitar que contaminassem os outros com seu desânimo em uma viagem que prometia ser muito dura. Também levou os cientistas, relativamente inexperientes no mar: Hussey, Clark, Wordie e James. Estar perto do Chefe dava a eles uma sensação de segurança e a Shackleton a certeza de que não seriam um fardo para os outros barcos. Levou ainda Green, o estimado cozinheiro, e o engenhoso Hurley, que precisava da atenção do Chefe, mas também seria capaz de dar ordens próprias se deixado com os ingênuos rapazes.

O resto do grupo consistia no número 2, Frank Wild, o homem de confiança do Chefe, que ajudaria a amparar a tripulação e ficar de olho em todos, e McCarthy, um marinheiro alegre e competente que faria sua parte e não seria afetado pelos resmungos de Vincent e MacNish. Para médico do barco, Shackleton escolheu Hussey, que não era médico, mas tivera algum treinamento nesse campo. E futuramente, depois da expedição, Hussey se tornou médico.

Shackleton reuniu uma tripulação confiável, que funcionaria como forte elo intermediário com o elemento mais fraco.

O *Dudley Docker* foi, sem dúvida alguma, o barco que levou a tripulação mais forte – nove homens ao todo. Shackleton deduziu que precisaria de um barco cheio de marinheiros vigorosos com quem pudesse contar para cuidar do frágil *Stancomb Wills* enquanto ele estivesse ocupado. Fazia questão de que todos os barcos seguissem juntos. Frank Worsley, excelente navegador e especialista em veleiros pequenos, comandava a tripulação do *Docker*. Os outros eram o artista Marston, que tinha experiência na região; o médico Macklin, que crescera "com um remo na mão" nas ilhas Scilly, no sul da Inglaterra, onde seu pai era médico; e seis marinheiros experientes – Greenstreet, Cheetham, Orde-Lees, Holness, Kerr e McLeod. McLeod, na faixa dos cinquenta anos, era considerado o melhor marinheiro de toda a tripulação do *Endurance*.

Shackleton escolheu os "burros de carga" para a incumbência mais difícil.

Hudson liderava o desventurado *Stancomb Wills*. Não era um líder sólido, mas fora o oficial navegador do *Endurance* e Shackleton não quis usurpar seu poder. Entretanto, pôs ao lado dele o firme e resoluto Tom Crean. O médico a bordo era McIlroy. Esse salva-vidas levava apenas oito pessoas, mas eram marinheiros rijos e experientes: o primeiro oficial de máquinas Rickinson e quatro marinheiros – Blackborow, How, Bakewell e Stephenson. Os marinheiros estavam acostumados a trabalho duro e podiam cumprir uma tarefa sem muitas reclamações, exatamente o que Shackleton precisava ter para aquela incumbência.

No primeiro dia no mar, os barcos não fizeram grandes progressos. As tripulações do *Dudley Docker* e do *James Caird* haviam partido levando alguns trenós, mas logo abandonaram a ideia. O mar era uma torrente agitada e espumante de pedaços de gelo. Pior ainda, os barcos foram encurralados entre duas enormes massas de gelo que convergiam. Foi preciso um esforço incrível para que todas as tripulações, principalmente a do *Stancomb Wills*, conseguissem se manter à frente da investida dos dois blocos. Se fossem pegos na convergência, estariam condenados. "Foi uma experiência incomum e alarmante", escreveu Shackleton, em um tom bastante moderado, diante das circunstâncias.

Shackleton confiava nos líderes de suas equipes, mas nunca perdia nenhum deles de vista.

Para a primeira noite de viagem, os homens tiveram a sorte de encontrar uma grande banquisa onde puderam armar as barracas. Enquanto os outros dormiam, Shackleton montava guarda em silêncio.

Desde janeiro de 1915, quando o *Endurance* ficara preso no gelo, ele assumira a responsabilidade final pela vida, saúde e segurança de cada um de seus homens. Em agosto, ainda no navio, Orde-Lees escrevera: "Sei que há três dias ele não se deita para dormir nem uma vez e acho que não tira a roupa há dez. Mesmo quando concordou em descansar um pouco, foi apenas por umas três horas... Parece estar sempre alerta, especialmente à noite, e com certeza se levantou todas as noites nas últimas três semanas."

O sono cada vez mais se tornaria um luxo raro para o Chefe. Sua vigilância incessante salvaria uma vida naquela noite de 9 de abril de 1916, que por acaso era o dia do seu 12º aniversário de casamento. Fazia apenas uma hora que ele entrara em seu saco de dormir quando se levantou de novo para inspecionar a banquisa. Ao se aproximar da barraca dos marinheiros no escuro, uma grande ondulação sacudiu inesperadamente a banquisa e o gelo se partiu, a fenda correndo por baixo da barraca. Alguém gritou: "Rachou!" e um homem caiu na água com um uivo. Shackleton atirou-se depressa na beirada do gelo e, enquanto os outros assistiam, içou o homem e seu saco de dormir de volta para a superfície da banquisa. O marinheiro, Holness, parecia mais contrariado do que agradecido. Perguntaram-lhe se estava bem e ele respondeu: "Estou, mas perdi uma... lata de fumo", Wild escreveu depois, omitindo o expletivo. Alguém disse a ele que deveria agradecer ao Chefe, que o salvara, e ele rebateu: "E agradeço, mas isso não vai trazer meu fumo de volta."

O grupo todo não quis mais saber de dormir naquela noite. Um deles fez Holness andar de um lado para outro para manter seu sangue circulando. Hudson deu-lhe alguma roupa seca – pelo menos, mais seca. Os outros começaram a transferir todo o equipamento para um dos lados da fenda para que nada ficasse afastado e se perdesse. De repente, a fenda se abriu mais isolando Shackleton do lado oposto. Logo, não o enxergavam mais. Wild lançou um barco na água e o resgatou. Como sempre fazia depois de uma situação traumática, Shackleton pediu ao cozinheiro que servisse leite quente a todos e deu-lhes uma guloseima que ainda não havia sido aberta na expedição: Streimers Polar Nut Food, um doce de nozes que eles passaram a adorar.

Ao amanhecer do dia 10 embarcaram de novo sob um céu encoberto. Àquela altura era inegável que os barcos faziam água demais no mar revolto por estarem navegando tão sobrecarregados de comida e suprimentos. O *Caird* levava quase quatro toneladas; o *Docker* trazia 1,5 tonelada; e o *Wills*, 1,25. As tripulações precisaram se desfazer de madeira, arreios, esquis, utensílios de cozinha e legumes secos. Livres do peso, o *Caird* e o *Docker* foram levados pelo vento com facilidade sobre a água encrespada, mas um farrapo de vela no *Wills* deixou-o lutando para acompanhar os outros dois. Ficou muito para trás e teve de ser resgatado. Também naquela noite encontraram um lugar seguro para descansar nas banquisas.

A manhã do dia 11 mostrou-se também nublada e parecia especialmente lúgubre. "Um dia que dava a impressão de não levar mais a outros dias", Shackleton escreveu em *Sul*. "Acho que nunca sentira antes de maneira tão aguda a ansiedade que é própria da liderança."

As dificuldades haviam se intensificado na noite anterior. Começara a nevar e o vento soprava com mais força. Na escuridão que antecede o amanhecer, um enorme bloco de gelo desprendera-se da banquisa e caíra no mar, forçando-os a mudar suas provisões para um local mais firme. Ainda pior foi constatar, na claridade da manhã, que sua banquisa se unira ao banco de gelo. Estavam presos de novo, a quase cem metros da água. Viam o mar encapelado, mas só podiam olhar para ele. "Esperamos, esperamos, horas seguidas, assistindo ao maravilhoso conflito dos elementos, às vezes esquecidos de nossa posição desesperada, fascinados pela imponência majestosa do espetáculo", escreveu Orde-Lees.

O mar ondulava violentamente sob o gelo. Em um minuto, os homens se viam na crista de uma onda, no seguinte eram lançados em um vale com elevações de mais de três metros de água de cada lado. A pequena banquisa sobre a qual se encontravam diminuía aos poucos, desgastada pelo movimento do mar e molhada por ondas pesadas. Quando finalmente viram um canal de água, saltaram para dentro dos barcos e abriram caminho com dificuldade por entre o gelo que boiava. A tarde já ia avançada quando se viram livres dele. O crepúsculo veio por volta de cinco horas da tarde, mas eles precisavam seguir em frente. Não haveria acampamento nas banquisas naquela noite. O *Docker* começou a servir comida e afinal o *Caird* conseguiu equilibrar o incrivelmente ágil Green em cima de uma banquisa para cozinhar um pouco de *hoosh* e esquentar leite para todos. Os homens engoliram os alimentos escaldantes para pôr um pouco de calor em seus estômagos. Para aliviar ainda mais sua carga, jogaram no mar as pesadas armações de ferro das barracas redondas. Pouco a pouco perdiam os poucos objetos que lhes restavam para proporcionar algum conforto.

Junto com a escuridão da noite veio um frio cortante e rajadas de chuva e neve. Todo o equipamento e os próprios homens foram cobertos por uma espessa camada de gelo à medida que a chuva, a neve e os borrifos da água do mar congelavam sobre eles. Os remos escorregavam de suas mãos. À medida que suas capas Burberry, em que tanto confiavam, se encharcavam, o vento penetrava-lhes direto nos ossos. De vez em quando tinham de tirar e torcer suas meias-luvas; até as luvas molhadas serviam para proteger os dedos das queimaduras do gelo. Alguns se recusavam a dormir, preferindo continuar a remar para se manterem aquecidos.

Para enervá-los ainda mais, orcas rodearam-nos, lançando ao ar seus "sopros de gelar o sangue", como descreveu um dos homens. Aterrorizava-os a possibilidade de essas baleias assassinas virarem um barco ao emergirem e devorarem os tripulantes. Além disso, as águas turbulentas causaram enjoos em vários deles.

Nas cem horas que se seguiram, ninguém pôde descansar direito.

O dia 12 de abril trouxe-lhes um certo alívio. O dia nasceu brilhante e, mesmo em seu desespero, os homens não podiam deixar de notar o belo efeito da luz do sol tingindo de púrpura as colinas de gelo que balouçavam suavemente na água. Shackleton emparelhou com o *Dudley Docker* e saltou para dentro dele a fim de consultar os mapas com Worsley. Mais uma vez, as notícias eram más. Inacreditavelmente, embora rumassem para oeste com todo o empenho, a correnteza arrastara-os trinta milhas a leste do Acampamento Paciência! Pensaram que Shackleton dessa vez fosse ficar furioso. Ao contrário, ele manteve a compostura.

Dirigiram-se outra vez para oeste. "Sir Ernest ia na dianteira, no *James Caird*, navegando com grande habilidade", escreveu Macklin. Os outros lutavam para acompanhá-lo. O *Wills* teve de ser rebocado pelo *Docker* durante duas horas. Naquela noite, por medida de segurança, foi preciso amarrar os três pequenos barcos uns aos outros e atracá-los em uma banquisa. Os homens se amontoaram no fundo dos barcos para passar a noite, encharcados de água do mar e de neve. Shackleton gritava para eles em meio à escuridão para encorajá-los e verificar suas condições. "Os homens sempre davam um jeito de responder alegremente", escreveu ele.

Shackleton julgou ter ouvido Marston cantando, animado, uma canção marinheira no *Docker*. Macklin explicou anos depois em uma carta ao autor Alfred Lansing: "Lees empurrou Marston fazendo-o sair do único lugar onde poderia ter algum conforto para descansar e Marston, enfurecido, levantou-se e sentou na popa. Tinha boa voz e desabafou sua sensação de confinamento cantando uma canção depois da outra. Uma delas que ainda lembro era assim: '*Twankiedillo, twankiedillo, twankiedillo – dillo – dillo – and a roaring pair of bagpipes made from the green willow!*'[2] As canções eram

---

2 Nota do tradutor: *Twankiedillo, twankiedillo, twankiedillo – dillo – dillo – e um par ribombante de gaitas-de-fole feitas de salgueiro verde!*

levadas pelo vento para os barcos amarrados à ré e, no dia seguinte, Shackleton, sem saber a razão, cumprimentou Marston por seus esforços para manter o ânimo do grupo!"

Na manhã do dia 13, "a maioria dos homens estava em condições lamentáveis", segundo o Chefe. As línguas estavam inchadas por falta de água e não conseguiam engolir comida alguma. Uma fina camada de gelo revestia os barcos por dentro e por fora. Durante o dia, as temperaturas mais amenas haviam amolecido a superfície do gelo e a camada meio derretida dificultava o trabalho dos remos. Então desencadeou-se um vendaval. Os homens estavam exaustos, principalmente os do *Stancomb Wills*, que precisavam fazer o dobro do esforço dos outros para os acompanharem e se manterem à tona.

Shackleton não tinha medo de mudar de opinião tantas vezes quanto a situação exigisse.

Naquele dia, Shackleton encarou o inevitável e fez sua pequena flotilha rumar para nordeste em direção à ilha Elephant. Era a quarta vez em quatro dias, desde que haviam embarcado, que ele mudava de planos: seguir para a ilha Elephant a leste, alcançar a ilha Rei George a oeste, tentar a baía Hope a sudoeste – que os homens apelidaram de baía *Hopeless* (sem esperança) – e, novamente, ir para a ilha Elephant.

Essas mudanças devem ter exasperado a tripulação esgotada, lutando tão arduamente contra enormes adversidades, mas Shackleton estava certo a cada vez de que era necessário mudar e os homens confiavam em suas decisões. James explicou, muitos anos depois: "Planos bem estabelecidos mudavam de repente sem muito aviso e novos planos eram feitos. Isto costumava desorientar um pouco, mas em geral acabava sendo para melhor. Essa capacidade de adaptação era um dos pontos fortes dele. Com ele, nunca havia hesitação entre duas ideias. Havia a convicção de que a segunda era a melhor e ele agia de acordo."

Shackleton, tentando levantar o moral dos homens exaustos, gritou para Worsley que queria avistar terra no dia seguinte. Worsley respondeu que era impossível e, pela primeira vez, Shackleton retrucou com aspereza, preocupado que a resposta desanimasse os outros. Sua paciência com Worsley estava terminando, talvez porque o comandante não tivesse ajudado o *Stancomb Wills* tanto quanto ele esperava. Encarregou-se ele mesmo da questão e o *Caird* acabou rebocando o *Stancomb Wills* até a ilha Elephant.

Por volta da meia-noite, os barcos aproximaram-se da ilha Elephant e Worsley ofereceu-se para procurar um local de desembarque. Encontravam-se a apenas vinte milhas da costa, mas esta parecia tão traiçoeira que não seria prudente tentar desembarcar no escuro. Apesar dos esforços para não se afastarem uns dos outros durante a noite, Shackleton perdeu o *Docker* de vista e passou horas de ansiedade preocupando-se com sua tripulação. Então, ele iluminou a vela congelada do barco com a lâmpada de sua bússola. O *Docker*, avistando o sinal, acendeu uma vela sob a lona de uma barraca. Shackleton não conseguiu enxergar o fraco sinal de resposta, mas o comandante Worsley escreveu depois que a vela iluminada do barco de seu líder aumentou sua determinação de alcançá-los. Shackleton era uma força constante e visível em todas as ocasiões e, naquela noite assustadora em especial, foi um farol de esperança.

"Praticamente desde que partimos, Sir Ernest permaneceu de pé dia e noite, ereto, junto ao painel da popa do *Caird*, segurando-se apenas em um dos estais do pequeno mastro da mezena, examinando cuidadosamente o nosso curso durante todo o tempo em que os barcos estiveram navegando", escreveu Lees. "É admirável como ele aguentou a vigília incessante e a exposição ao frio, mas é um homem maravilhoso, assim como a sua compleição. Ele simplesmente não se poupa se, com seu trabalho individual, existe a possibilidade de beneficiar alguma outra pessoa."

Shackleton sacrificava-se constantemente.
Nunca deixava sua tripulação passar sem algum
conforto que pudesse lhe proporcionar.

Em uma das paradas nas banquisas, Hurley deu suas luvas para alguém segurar e esqueceu de pegá-las de volta quando foi preciso saltar dentro do *Caird* para partir às pressas. Shackleton viu que Hurley estava sem luvas, tirou as suas e jogou-as para ele. Hurley, firme e conformado, recusou. Shackleton, porém, insistiu, dizendo que iria atirá-las ao mar se ele não as pegasse, e o fotógrafo cedeu. O gesto era típico do Chefe e lembrava o episódio com Wild na expedição do *Nimrod* anos antes, quando Shackleton ameaçou enterrar seu único biscoito na neve se Wild não o aceitasse.

O objetivo agora estava à vista. Toda a tripulação do *Dudley Dockers* teve de trabalhar incessantemente esvaziando o barco com os baldes para se manter à tona nessa última etapa da viagem. Afinal, em 15 de abril, Shackleton aportou na ilha Elephant com o *Wills*, para onde se transferira com a intenção de ajudar a conduzi-lo. Os outros dois barcos vieram atrás. Os homens deliravam de felicidade por pisarem terra firme pela primeira vez depois de dezesseis meses. Macklin, no *Docker*, descreveu a manhã em que desembarcaram: "Um sol brilhante apareceu e revelou o rosto de todos, e não havia um que não mostrasse vestígios da noite que havíamos passado. Uns tinham as mãos e pés queimados pelo frio, outros haviam perdido dentes em algum acidente; estavam pálidos e com olheiras escuras, que indicavam o quanto necessitávamos dormir."

Shackleton escreveu em *Sul* ter visto o jovem Rickinson "empalidecer e cambalear" na arrebentação. Tirou-o da água e levou-o para o trecho mais alto da praia. McIlroy mais tarde diagnosticou um problema cardíaco. "Existem homens que fazem mais do que a sua cota de trabalho e tentam ir além do que são fisicamente capazes de realizar", escreveu Shackleton. "Rickinson era uma dessas almas diligentes."

Hudson também não estava bem. O poste de uma das barracas caíra em cima dele quando se encontravam no Acampamento Paciência. O ferimento evoluíra para um abcesso do tamanho de uma bola de futebol em seu quadril. Os outros contaram que ele teve um colapso nervoso ao chegar à ilha Elephant. É provável que, na realidade, sentisse dores e estivesse atordoado por causa da infecção.

Blackborow, igualmente, estava sofrendo. Seus pés tinham sido queimados pelo frio porque teimou em poupar suas melhores botas. Dias depois, o doutor McIlroy teve de amputar todos os dedos do pé esquerdo do clandestino.

Greenstreet também padecia muito com suas mãos e um pé machucados por graves queimaduras de frio. Perdera as luvas no furor da viagem de barco e dias depois do desembarque ainda não conseguia mexer os dedos. Seus pés também se tinham encharcado e congelado, mas Orde-Lees, em um raro gesto de desprendimento, encostara o pé doente de Greenstreet em seu estômago durante a viagem e o revivera.

Os homens, cobertos de bolhas e assaduras causadas pela água salgada e a umidade e atrito constantes das roupas, estavam exaustos demais para descarregar os barcos imediatamente após o desembarque. Uma vez na praia, a maioria deles caiu no sono. O notável Green, todavia, continuou a trabalhar. Instalou o fogão em cima de um pedaço perigoso de rochedo e ferveu uma grande panela de água para servir um enorme desjejum de leite em pó quente e bifes de carne de foca. "O cozinheiro fizera uma grande devastação entre as focas, abatendo dez delas com toda a selvageria primitiva de uma criança matando moscas. Era a primeira oportunidade que tinha de encher a despensa por conta própria e ele a tomou como uma vingança", escreveu Orde-Lees.

No final, o próprio Green também caiu doente. Shackleton fez o cozinheiro descer da elevação onde armara o fogão e colocou-o em sua própria barraca e seu próprio saco de dormir. Decidiu substituí-lo por Hurley, que acreditava precisar de um novo desafio. Os outros, Shackleton animou imediatamente estabelecendo uma rotina exequível, mas primeiro deixou-os dormir por longo tempo, organizando um revezamento em ordem alfabética de turnos de vigia de uma hora para cada um.

Foi Shackleton, é claro, quem percebeu a existência de marcas da maré alta indicando que a praia às vezes ficava coberta de água. A tripulação teria de se mudar, mas o Chefe deixou-os permanecer ali por dois dias para que se recuperassem. A única pessoa com quem Shackleton se mostrava implacável era consigo mesmo. Apesar de muitas vezes pressionar seus homens quase ao limite de sua resistência, só agia desse modo quando era necessário para a sobrevivência deles. Fazia o melhor possível para que tivessem o descanso de que precisavam para enfrentar qualquer desafio futuro e a fim de que fossem bem recompensados depois.

Shackleton enviou Wild e alguns homens para procurar um local mais seguro para se instalarem. O grupo de reconhecimento navegou para oeste ao longo da costa norte da ilha e, sete milhas adiante, encontrou um banco de areia alongado. Shackleton batizou-o de cabo Wild em homenagem a seu estimado lugar-tenente. O resto da tripulação logo os seguiu. Enfim, teriam um chão seguro sob os pés. Entretanto, esse momento tão esperado foi uma decepção. A língua de terra, como o resto da ilha, estava coberta de guano de pinguim e era assolada por nevascas frequentes. A ilha Elephant cheirava mal, era úmida e perigosa. Logo, fazendo um trocadilho, os homens a estavam chamando de *Hell-of-an-Island*.[3]

Acabaram improvisando um abrigo virando dois dos barcos de cabeça para baixo e apoiando-os em paredes baixas de pedra que construíram. Os bancos dos botes serviam como beliches supe-

---

3 Nota do tradutor: Diabo-de-ilha, ou Ilha-desgraçada, que em inglês tem um som parecido com Elephant Island.

riores para uns poucos felizardos. Os outros dormiam como sardinhas em lata, deitados em filas um para cada lado, alternando cabeças e pés.

Shackleton sabia que não havia como sobreviverem naquele lugar por muito tempo. Morreriam de fome ou frio antes que alguém passasse por ali. Tinham somente o equivalente a cinco semanas de rações e o inverno polar estava prestes a chegar, formando uma barreira de gelo cada vez maior entre eles e os pinguins e focas de passagem. Depois de seis meses vivendo fora do navio, o Chefe precisava admitir que não havia muito mais o que fazer para manter seus homens unidos. "A saúde e o estado mental de vários deles causavam-me séria ansiedade."

Determinou que ele e um punhado de tripulantes tentariam chegar à Geórgia do Sul, a oitocentas milhas de distância, por mais que parecesse impossível. "O risco só se justificava por nossa necessidade urgente de socorro", explicou.

Todos se puseram a preparar o *James Caird* para a viagem. MacNish construiu uma coberta para o barco usando tampas dos caixotes de embalagem Venesta. Bakewell e Greenstreet costuraram uma cobertura com a lona de uma vela para torná-la mais impermeável. Por volta de 24 de abril, o *Caird* estava pronto para partir.

Shackleton mais uma vez precisava escolher sua tripulação com todo o cuidado para a arriscada travessia. O fracasso significaria condenação certa para todos.

Shackleton pediu que se apresentassem voluntários, embora já soubesse qual a tripulação que queria. Tinha de considerar outros fatores além da tarefa em vista – já bastante amedrontadora. Precisava pensar nas consequências para os que permaneceriam isolados na inóspita ilha Elephant. Dessa vez, não poderia levar consigo o "burro velho" que o apoiara em tantos momentos decisivos no passado. Deixou Frank Wild liderando os tripulantes que ficariam para trás.

Escolheu cinco para o barco. A primeira escolha era óbvia: o comandante Worsley. Shackleton precisava de um navegador extraordinário, pois, se errassem o caminho, estariam perdidos no imenso alto-mar do oceano Atlântico Sul. Crean implorou para ir e Shackleton não viu nenhum motivo para deixá-lo ali se sentindo infeliz. Além disso, sabia que Crean era rijo e equilibrado – qualidades que seriam especialmente valiosas na difícil viagem. Os rebeldes MacNish e Vincent também seriam levados. Wild não os queria envenenando a atmosfera já pesada da ilha Elephant. McCarthy, de quem todos gostavam, foi escolhido porque era "um irlandês quieto e muito eficiente criado em navios a vela, nunca reclamava nem dava respostas malcriadas e Worsley gostava muito dele", explicou Macklin mais tarde.

Shackleton disse a Wild em particular que, se o *Caird* não estivesse de volta até o final de agosto, ele deveria pegar o *Docker* e tentar chegar à ilha Deception. "Praticamente deixei toda a situação e toda a esfera de ações e decisões a seu critério, seguro de que ele saberia agir com bom senso", Shackleton generosamente escreveu. Na realidade, o Chefe deu instruções explícitas, até mesmo decidindo que Wild deveria levar Greenstreet e Macklin com ele na viagem. Shackleton não deixava nada ao acaso em tempos de crise.

E não ficou nenhuma ponta solta antes da partida. Entregou uma carta a Hurley, provavelmente a pedido do fotógrafo, com a autorização para que, se ele não sobrevivesse à viagem de barco, Hurley assumisse total controle sobre a "exploração de todos os filmes e reproduções fotográficas de todos os negativos tirados durante a expedição" e adquirisse a propriedade deles dezoito meses depois da primeira exibição. A carta também fazia de Hurley o herdeiro do "binóculo grande" do Chefe. Vincent foi testemunha do acordo.

Ao passar-lhe as rédeas publicamente, Shackleton não deixou dúvidas sobre a autoridade de seu substituto.

Quando o *James Caird* estava pronto para partir, Shackleton desembarcou para falar com Wild na frente de todos. Foi uma demonstração muito clara para os outros de que Wild tomaria seu lugar e que eles estavam sendo entregues em mãos muito capazes. Shackleton confiava que ele mantivesse os princípios e o espírito da expedição. "Durante todo o tempo em que fiquei atento aos outros barcos e observei as condições físicas dos homens, Wild manteve-se calmamente sentado ao leme do *Caird*", disse Shackleton a respeito da viagem dos barcos até a ilha Elephant. "Nem sequer pestanejava. Sempre o mesmo homenzinho confiante de olhos azuis, que nem o frio ou a fadiga abalavam. Um forte apoio, como eu já previra."

Por mais extraordinária que tenha sido a primeira viagem nos barcos, perdia a importância em comparação com a que se iniciava naquele momento. Na viagem para a ilha Elephant, os homens percorreram sessenta milhas em sete dias, sem contar todos os zigue-zagues. A travessia do Atlântico Sul até a Geórgia do Sul cobriria oitocentas milhas e duraria dezessete dias. Ainda por cima, o tempo piorara.

Shackleton levou víveres para trinta dias para os seis homens, inclusive rações de trenó, destinadas inicialmente à viagem transcontinental: bolos de *pemmican*, tabletes de nozes, seiscentos biscoitos, uma caixa de açúcar em torrões, leite em pó, uma lata de cubos de ração solúvel em água, sal e trinta e seis galões de água. Ironicamente, levaram também cento e dez quilos de gelo – como reserva de água doce. O equipamento incluía sextante, binóculos, bússola prismática, âncora flutuante e mapas; e outros gêneros necessários tais como querosene, combustível para os dois pequenos fogareiros, uma lata de óleo de foca, seis sacos de dormir, alguma roupa sobressalente, velas, óleo de baleia, trinta caixas de fósforos e dez caixas de sinalizadores. Os homens carregaram as provisões para o *Caird*.

Para embarcar os volumes mais pesados, puseram-no ao largo e usaram o *Stancomb Wills* para transportar a carga. Com o balanço do mar revolto, MacNish e Vincent foram lançados na água. Os homens acorreram para trocar de roupa com eles. Curiosamente, Vincent recusou-se a trocar seu pulôver. Depois, ficou evidente que ele escondera sob a roupa alguns dos objetos de valor jogados fora anteriormente por seus companheiros e temia ser desmascarado. As roupas molhadas agravaram seu reumatismo.

Pouco antes de zarparem, barris de água que haviam preparado com gelo cuidadosamente derretido foram afinal transportados para bordo; mas, na arrebentação, um deles bateu nas pedras, rachou e a água do mar se misturou a seu conteúdo. O *Caird* partiu ao meio-dia. Shackleton descreveu a visão comovente: "Os homens que ficavam para trás formavam um pequeno e patético grupo na praia, com as soturnas elevações da ilha por trás deles e o mar revolto a seus pés, mas acenaram para nós e deram três vigorosos hurras. Havia esperança em seus corações e confiavam em nós para trazer o socorro de que necessitavam."

Mais de um dos homens que permaneceram na praia naquela tarde pensaram estar vendo seu líder pela última vez. E Shackleton, embora sempre seguro da própria capacidade, preocupava-se profundamente com a possibilidade de voltar e descobrir que nem todos haviam resistido.

Shackleton nunca chamava atenção para os elos fracos de sua tripulação.

Shackleton sabia que tinha pelo menos duas pessoas negativas a bordo e talvez esperasse que as dificuldades daquela viagem cobrassem um preço mais alto deles. Não lhes fez nenhuma advertência especial, porém, para não afetar a unidade do conjunto. Em vez disso, estabeleceu um regulamento básico a ser seguido por todos. Era típico de Shackleton não destacar as fraquezas de um dos homens do grupo. "Sempre que notava que um dos homens estava sentindo frio demais e tiritando, imediatamente mandava servir outra rodada de bebida quente para todos. Nunca deixava o homem saber que fora por sua causa, temendo que ficasse nervoso ou preocupado consigo mesmo, e, ao mesmo tempo que todos nós participávamos, o que sentia mais frio, naturalmente, era quem mais se beneficiava", Worsley explicou.

A primeira regra do *Caird* foi ninguém praguejar. Todos tinham de ser positivos. Shackleton sabia que a viagem iria ser um inferno e todos tinham de trabalhar em harmonia. Os dezesseis dias que se seguiram, disse o Chefe com simplicidade, foram caracterizados por "luta extrema em meio a águas revoltas". E sua dor ciática atacara-o bruscamente.

Shackleton, como de costume, estabeleceu o máximo de ordem e rotina possível, certificando-se de que cada homem soubesse o que se esperava dele. Pôs três homens de vigia e três nos sacos de dormir em turnos de quatro horas. Dos três de vigia, um controlava o leme, outro cuidava das velas e o terceiro usava o balde para esvaziar o barco "com toda a sua vontade", escreveu Shackleton. O Chefe estava preparado para a animosidade entre MacNish e Worsley por causa do episódio de rebeldia do carpinteiro e assim, mesmo no barco apertado, escolheu com cuidado quem trabalharia com quem. Designou Worsley para trabalhar com seu amigo McCarthy e completou a equipe com Vincent. Shackleton chegava a orquestrar a troca de vigia de modo que os homens não virassem o pequeno barco.

As refeições obedeciam a um ritmo regular. Por mais difícil que fosse usar os fogareiros a bordo, os homens necessitavam de alimentos quentes para lhes dar forças e conforto. As refeições "eram faróis brilhantes nesses dias frios e tempestuosos", escreveu Shackleton. "O calor e o bem-estar produzidos pela comida e bebida enchiam-nos de otimismo."

Os membros da tripulação do *Caird* estavam fracos por causa do confinamento, do frio e da fome. Além de doses regulares de leite quente, faziam o que podiam para manter o ânimo. Crean cantava, de um jeito "desafinado e monótono como a cantilena de um monge budista fazendo suas orações, e, no entanto, de alguma forma, era alegre", escreveu Shackleton. "Em momentos de inspiração, Crean tentava cantar *The Wearin' o' the Green*."

Não havia muitos momentos de alívio. Camadas e camadas de gelo acumularam-se sobre o barco aumentando seu peso e tiveram de ser removidas com faca e machadinha. Em uma certa noite, Worsley ficou congelado em uma posição fixa. Os outros precisaram massageá-lo e endireitá-lo antes de conseguirem colocá-lo em seu saco de dormir. Dois dos sacos de dormir forrados de pele de rena começavam a apodrecer e a tripulação jogou-os no mar. Shackleton achava que, de qualquer forma, seria preferível alternar turnos de três e três e entrar em um saco de dormir já aquecido pelo corpo de alguém. Um quarto saco de dormir foi mantido para a eventualidade de alguém ficar doente. Vincent logo o ocupou e permaneceu inválido pelo resto da viagem.

O *Caird* jogava sem parar ao sabor de ondas imensas sob um céu de chumbo. A âncora flutuante se soltou, o que significava que, dali em diante, alguém teria de ficar no leme o tempo todo. A tripulação precisava manter a vela içada até durante os temporais e ventanias. Os homens estavam sofrendo fisicamente, com queimaduras de frio e grandes bolhas nos dedos e nas mãos. Anos mais tarde, Shackleton ainda mostrava a cicatriz em sua mão esquerda onde uma bolha arrebentara e o frio congelara profundamente a pele ferida. Os homens limitavam-se a comer, tratar de suas queimaduras e esperar para ver o dia seguinte, o Chefe escreveu mais tarde.

"Cada dia trazia sua pequena cota de dificuldades, mas também de compensações, na forma de alimento e de esperança crescente", disse Shackleton. "Sentíamos que no final seríamos bem-sucedidos.

As condições eram adversas, mas estávamos conseguindo vencer as dificuldades."

Shackleton, entretanto, escreveu sobre um episódio aterrorizante que ocorreu quando ele estava ao leme. Logo depois da meia-noite de 5 de maio, ele avisou aos outros que o céu estava clareando, mas bem depressa percebeu que não era o tempo se abrindo, mas a crista branca de uma onda colossal. "Em meus vinte e seis anos de experiência no mar, com todos os seus humores, nunca encontrei uma onda tão gigantesca", contou ele mais tarde. "Era uma poderosa sublevação do oceano, muito diferente das grandes vagas de cristas espumantes que haviam sido nossas inimigas incansáveis por tantos dias. Gritei: 'Segurem-se, pelo amor de Deus! Ela nos pegou.'"

De alguma forma, o barco resistiu, mas encheu-se de água até a metade. O fogão boiava, a comida do jantar se espalhou por toda parte. Agarrando todos os recipientes disponíveis, eles o esvaziaram freneticamente. Levaram três horas, mas salvaram o barco e suas vidas. Shackleton, pondo de lado ressentimentos pessoais, reconheceu que o carpinteiro fizera bem a sua parte. Vincent já estava inútil a essa altura.

Havia pouca água potável e o Chefe racionou-a, determinando que cada um só recebesse 300 mililitros por dia. Toda a água que possuíam ficara salobra. Estavam sedentos, desidratados e com as línguas inchadas.

Todo o tempo, Worsley miraculosamente mantivera o curso do barco. Só pudera fazer medições com seus instrumentos de navegação nas poucas vezes em que o sol aparecera através das nuvens. Na manhã de 8 de maio tinham acabado de avistar a Geórgia do Sul quando um furacão se abateu sobre eles, "um dos piores furacões que qualquer um de nós jamais vira", afirmou Shackleton. A força da tempestade arrastava-os em direção aos penhascos rochosos da ilha. O comandante pensou: "Que pena. Fizemos esta grande viagem de barco e ninguém vai saber dela."

Quando o vento mudou, a cavilha que segurava o mastro se quebrou. Felizmente, havia durado até ali. "Quando as coisas pareciam piores do que nunca, mudaram para melhor", escreveu Shackleton em *Sul*, parafraseando Browning em "Prospice".

No dia seguinte chegaram com o barco à praia. Estavam salvos, embora desesperados por água e pelo chão sólido sob os pés. Sua viagem constituiu um feito que quase um século mais tarde ainda é aclamado como a maior viagem de barco já realizada.

Os homens ouviram o rumorejar de água e correram na sua direção, encontrando uma fonte de água doce. Caíram de joelhos e beberam até saciar a sede. "Deu-nos nova vida", disse Shackleton. "Foi um momento esplêndido."

FORMANDO GRUPOS PARA AS TAREFAS MAIS DIFÍCEIS À MANEIRA DE SHACKLETON

- Muitas vezes, a melhor maneira de lidar com as tarefas mais difíceis é dividindo o pessoal em equipes. Crie unidades que sejam autossuficientes, mas compreenda que não serão todas iguais. É mais importante que as equipes sejam equilibradas quando se considerar a situação de modo geral.

- Certifique-se de que dispõe de alguns grupos de primeira qualidade que possam enfrentar os desafios mais duros. Também podem ajudar os outros, para ter certeza de que nenhum grupo fique para trás.

- Dê as incumbências aborrecidas para os "burros de carga", que não se queixam. Faça com que saibam que você tem consciência de estar dando a eles uma tarefa maior do que o comum e que conta com a boa vontade e a firmeza deles para dar conta do trabalho.

- Conceda poder aos líderes das equipes de modo que tenham autoridade para lidar com seu grupo, mas fique de olho nos detalhes. Nunca se deixe surpreender por problemas a meio caminho andado.

- Não tenha receio de mudar de opinião quando verificar que seu plano não está funcionando. Não parecerá indeciso se demonstrar a lógica de suas mudanças.

- Faça sacrifícios pessoais. Conceda tantos privilégios quanto estiver a seu alcance conceder.

- Dê uma demonstração de confiança naqueles que estão agindo em seu lugar. É importante que seu pessoal de apoio mantenha na sua ausência o mesmo nível de competência que você estabeleceu.

- Nunca chame a atenção para as fraquezas de alguém na frente de outros. Muitas vezes é melhor deixar todos partilharem um tratamento destinado a uns poucos. É muito provável que mesmo os mais fortes se beneficiem disso.

PONDO EM PRÁTICA

O comandante James A. Lovell Jr. tem algo em comum com Shackleton, tendo sido o líder de outro famoso "fracasso bem-sucedido", como a NASA chamou o malfadado voo da nave *Apollo 13*. A missão, de 1970, nunca chegou a pousar na Lua como fora planejado, mas, graças a uma liderança equilibrada e a um bom trabalho de equipe, voltou à Terra sem perda de vidas, superando incríveis dificuldades.

"Pessoas como Shackleton e eu podem assumir desafios – desafios que às vezes significam o inesperado", diz o comandante. "Você chega já sabendo que nem tudo vai dar certo e, se for capaz de pensar no que pode vir a dar errado, poderá 'pensar adiante.'"

O astronauta lembrou sua penosa aventura no espaço durante uma visita à Antártida em janeiro de 2000 para visitar a estação da National Science Foundation no polo sul. Antes, o comandante Lovell lera sobre Shackleton e o que chama de sua "liderança miraculosa" no resgate da tripulação do *Endurance*.

"Creio que ele teve a mesma atitude que nós na *Apollo 13*: é preciso olhar para a frente enquanto isto for possível", observou Lovell sobre o explorador antártico.

O comandante tinha a mesma idade de Shackleton, quarenta e dois anos, quando ele também enfrentou a prova mais dura de sua vida. No terceiro dia de seu voo, os astronautas tinham acabado de fazer uma transmissão para a televisão quando um tanque de oxigênio explodiu ao ligarem o sistema de aquecimento. O acidente danificou as células de combustível da nave, que forneciam eletricidade e alimentavam o sistema de propulsão. Ainda por cima, o módulo de comando começou a vazar oxigênio no espaço. O que levou o comandante Lovell a pronunciar a frase hoje famosa: "Houston, tivemos um problema." A tripulação, da qual também faziam parte John L. Swigert Jr. e Fred W. Haise Jr., estava a 320 mil quilômetros de distância da Terra e era impossível prever se conseguiria retornar em segurança.

Restando-lhes apenas quinze minutos de energia para os sistemas de emergência, os homens foram obrigados a abandonar a nave e ir para o minúsculo módulo lunar, começando uma intensa luta de quatro dias pela sobrevivência. O módulo fora projetado para abrigar apenas dois homens durante quarenta e cinco horas. A tripulação da *Apollo 13*, com a orientação da base de Controle de Missão em Houston, teria de transformá-lo em um bote salva-vidas que acomodasse três homens pelo dobro do tempo. Os tripulantes ficaram apertados e extremamente desconfortáveis ali. A temperatura dentro do módulo caiu quase ao ponto de congelamento, tornando difícil dormir. Precisaram fazer cortes drásticos de comida e água e ficaram seriamente desidratados. O comandante Lovell perdeu seis quilos durante a experiência. Improvisavam o tempo todo, fazendo ajustes nos equipamentos indispensáveis à sua sobrevivência com qualquer material que encontrassem a bordo – papelão, fita adesiva, sacos plásticos. No momento mais crítico, na hora de estabelecer o curso e se preparar para a arrancada final da volta, não conseguiam enxergar pela janela coberta de destroços da nave. Os fragmentos do Mylar despedaçados que se agarravam à nave reluziam ao sol e era impossível distingui-los das estrelas. Com grande dificuldade mas uma precisão espantosa, conseguiram ajustar o sistema para usar o Sol como referência de navegação.

Em 17 de abril de 1970, quase cinquenta e quatro anos depois do dia em que a tripulação do *Endurance* desceu de seus barcos salva-vidas na ilha Elephant, a tripulação da *Apollo 13* voltou para a nave de comando e acionou-a para a perigosa viagem de volta. Horas mais tarde caíram no oceano Pacífico, perto de Samoa. Todos foram salvos. Somente duas experiências de importância secundária e algumas fotografias foram recuperadas como resultado da missão.

O comandante Lovell atribui o resgate ao impecável trabalho de equipe entre os brilhantes cientistas e engenheiros do Controle da Missão, que elaboraram projetos e instruções detalhados, e os bem treinados astronautas, que os colocaram em prática. Shackleton e seus homens, é claro, não contaram com as vantagens do auxílio externo. Ainda assim, o comandante vê um traço comum na maneira como as pessoas sobrevivem a uma crise. "Acho muito importante todos terem um trabalho a fazer e todos darem sua contribuição", afirma o astronauta. "Na *Apollo 13* não havia pânico, ninguém praguejava, nós só nos ocupávamos com o que não estava funcionando e na maneira de fazer aquilo funcionar outra vez."

Nas circunstâncias mais terríveis, ele acredita que as pessoas tenham a tendência de se manter unidas e se voltar para o líder procurando orientação. Nessas ocasiões, acrescenta, só uma pessoa pode agir como líder.

O comandante Lovell foi o astronauta mais experiente de sua época no que se refere ao número de horas passadas no espaço. Esteve também entre os mais bem-sucedidos, ajudando o avanço da exploração espacial em muitos aspectos. Em 1965 foi o piloto da *Gemini 7*, que realizou o primeiro encontro de duas espaçonaves tripuladas pelo homem, e estabeleceu um recorde de catorze dias no espaço. No ano seguinte comandou a última missão das *Gemini*. A *Gemini 12* conectou-se a um satélite e Buzz Aldrin deu um passeio no espaço demonstrando como trabalhar com ferramentas fora da nave. Na véspera do Natal de 1968, o comandante Lovell foi o piloto e o navegador da *Apollo 8*, o primeiro voo do homem fora da órbita da Terra e o primeiro a entrar na órbita da Lua. Milhões de pessoas assistiram fascinadas a uma transmissão televisiva em que a tripulação lia trechos do Livro do Gênese, tendo como fundo imagens da Lua vista do espaço. A *Apollo 13* foi sua quarta e última missão.

O comandante Lovell aposentou-se um ano depois de o programa espacial tripulado ser suspenso, em 1972, e iniciou uma carreira no mundo dos negócios. Em 1994, ele contou a história de seu voo na *Apollo 13* no livro *Lost Moon* (Lua perdida), em coautoria com Jeff Kluger.

Anos mais tarde, presidiu a Lovell Communications, voltada para a disseminação de informações sobre o programa espacial norte-americano. Ele compreende bem a inquietação que Shackleton sentiu a vida inteira, sempre querendo novos desafios. É um impulso que fica mais forte à medida que o medo das crises se vai. "Temos de olhar para a frente; não se pode só olhar para trás ou descansar sobre os louros", diz ele.

7
SUPERANDO OBSTÁCULOS PARA ALCANÇAR UM OBJETIVO

Como eles sobreviveram, não me atrevo a imaginar. Determinação e força de vontade.

– Walter How, marinheiro, *Endurance*

Shackleton constatou com surpresa que os dois homens prostrados no fundo do *James Caird* eram os dois membros mais pessimistas de toda a tripulação do *Endurance*. O jovem John Vincent "servira nas traineiras do mar do Norte e deveria estar preparado para suportar adversidades melhor do que McCarthy, que, não sendo tão forte, estava sempre bem-humorado", Shackleton escreveu em *Sul*, com um tom velado de eu-não-disse. MacNish, o outro perpétuo descontente, também jazia inerte no bote.

Os homens estavam tão exaustos ao desembarcar na Geórgia do Sul em 10 de maio que não tiveram forças para tirar o *James Caird* da água. Shackleton deixou os outros dormirem enquanto ele montava guarda junto ao barco, que jogava ao sabor das ondas. Mais de uma vez precisou correr dentro da água gelada para afastar o *Caird* dos rochedos. Por fim, não aguentou mais ficar acordado e chamou Crean para substituí-lo. Os outros despertaram algumas horas mais tarde, cortaram fora a amurada do barco e retiraram todo o equipamento que podia ser removido. Esperaram uma onda maior e arrastaram o barco para a praia, perdendo o leme durante a manobra.

Haviam desembarcado na baía King Haakon, do lado oposto de seu pretendido destino na ilha, a estação baleeira Stromness. Não estavam em condições de fazer outra viagem de barco de 150 milhas para a costa leste e, além do mais, temiam que, se tentassem, as fortes correntezas os afastassem completamente da ilha. Precisariam fazer a travessia a pé. Encontraram uma ampla caverna – com a entrada protegida por pingentes de gelo de quase cinco metros de altura – e acamparam lá durante alguns dias para recuperar um pouco as forças. Tinham rações para dez dias, mas seu estoque de combustível estava baixo.

No dia seguinte fizeram uma fogueira usando madeira retirada do barco e complementaram suas rações com carne de filhotes de albatroz. Crean encarregou-se da cozinha, mas a fumaça ardia em seus olhos, já irritados pelo frio e pelo vento. Crean gemeu a noite inteira de dor, o que quer dizer que Shackleton também não dormiu. Tratou com colírio os olhos do paciente apesar de seus protestos, como se fosse um "pai preocupado" tentando dar o máximo de conforto ao filho para que este dormisse, como Worsley descreveu a cena.

Em 13 de maio, o leme do barco, com "todo o vasto oceano Atlântico para navegar e os litorais de dois continentes para escolher como lugar de repouso, veio boiando dar em nossa caverna", como escreveu Shackleton em *Sul*. Aquele extraordinário golpe de sorte permitiu-lhes carregar o barco uns dois dias mais tarde e navegar aproximadamente nove milhas através da baía para um trecho mais seguro de praia e um local mais conveniente para a saída da excursão a pé. Shackleton decidiu que McCarthy ficaria com Vincent e MacNish, e preparou Crean e Worsley para acompanhá-lo na caminhada. Viraram o barco de cabeça para baixo e fizeram uma cabana para os três que não iriam e chamaram o lugar de Acampamento Peggoty, lembrando a "gente pobre mas honesta" do *David Copperfield* de Dickens.[4] Shackleton deixou MacNish oficialmente encarregado do acampamento, apesar de seu estado, mas levando em conta que ele era o mais velho e mais experiente dos três. Novamente, escreveu uma carta deixando instruções claras sobre o que desejava que os homens fizessem caso ele não voltasse em poucos dias. Deveriam tomar o barco e navegar até o outro lado da ilha a fim de procurar ajuda em uma das estações baleeiras.

O Chefe calculava que a distância até a estação baleeira de Stromness fosse de uns 48 quilômetros, mas em linha reta. Precisariam andar muito mais do que isto nas próximas trinta e seis horas. Teriam de atravessar montanhas, geleiras, rios e lagos congelados, além de uma queda-d'água. Ninguém jamais explorara um caminho através da ilha e o único mapa de que dispunham mostrava apenas o litoral.

Às duas da madrugada de sexta-feira, 19 de maio, levantaram-se sob um céu sem nuvens e a lua cheia, comeram um pouco de *hoosh* e partiram, com Shackleton na dianteira. MacNish, em um gesto de solidariedade, fez um esforço para acompanhar o grupo nos primeiros duzentos metros, mas não pôde ir mais longe.

Shackleton, Worsley e Crean prosseguiram – e subiram mais de setecentos metros acima do nível do mar. Viram os perigosos penhascos, geleiras e planícies diante deles mergulhados em uma camada de gelo e cobertos por um nevoeiro que vinha do mar. Amarraram-se uns aos outros por medida de segurança e começaram a descer. Não demorou, porém, e foram obrigados a subir de novo a montanha para enveredar por um caminho interno. Naquele ponto, a ilha tinha apenas oito quilômetros de uma extremidade a outra, mas a costa do lado oposto era formada de penhascos altos impossíveis de transpor, e ainda havia três baías entre eles e Stromness.

---

4 Nota do tradutor: o personagem Peggoty possuía um barco habitável.

Foi uma jornada dolorosa. Por três vezes, o grupo maltrapilho alcançou o topo de uma aresta na montanha para só então descobrir algum obstáculo bloqueando-lhe a passagem na descida do outro lado. Quando isto acontecia, precisavam retroceder e tentar um novo percurso, desperdiçando horas e forças preciosas.

Desanimados, refletiam se, depois de tudo por que tinham passado, morreriam tão perto da estação baleeira. Shackleton deu um pouco de comida quente a seus companheiros. "Vamos lá, rapazes", incentivou-os, sem demonstrar sua frustração. Resolvera que, depois da quarta subida, desceriam de qualquer jeito para o outro lado.

Shackleton decidiu assumir riscos extremos quando suas opções diminuíram.

O Chefe chegara à triste conclusão de que a parte mais difícil da jornada seria aquele último trecho a percorrer até o destino previsto, pois estavam no limite extremo de seu esgotamento físico e mental. Durante toda a longa e penosa experiência, Shackleton esforçara-se ao máximo para evitar que se ferissem. Agora, sabia que teria de correr alguns riscos de verdade.

Com o sol se pondo e o ar ficando mais frio, precisavam sair do alto da montanha. Havia apenas um modo de descer rapidamente a encosta íngreme de quase trezentos metros de altura. Shackleton perguntou se os outros dois gostariam de um passeio ladeira abaixo. Deram-lhe a resposta que queria escutar. Pegaram a corda que tinham amarrado à volta do corpo, enrolaram-na formando um trenó improvisado e se sentaram em cima dela um atrás do outro "como nos tempos da juventude", segundo a descrição de Worsley. Deslizaram pela encosta da montanha dando gritos alegres durante toda a descida. Em questão de minutos, estavam na base da rampa – exultantes, assustados e gratos por chegarem a salvo.

Shackleton fez com que parassem para comer às seis da tarde. Haviam deixado os sacos de dormir restantes com os homens no *James Caird* e, mesmo em uma altitude menor, estava frio demais para acampar. Não tinham escolha a não ser prosseguir. A luz da lua cheia orientou seu caminho pela neve macia e andaram até alcançar 1.200 metros acima do nível do mar. Era meia-noite. "E continuávamos a seguir a luz", escreveu Shackleton.

Depois de vinte e três horas de caminhada constante, pararam mais uma vez para comer antes de descer uma encosta que julgavam dar na baía Stromness. Estavam enganados. Ao sopé da montanha, ficaram desconcertados ao descobrir que estavam cercados de penhascos e tinham de subir a montanha mais uma vez.

À beira da exaustão, Shackleton decidiu que fariam uma pausa. Enquanto os outros dormiam, ele, como de hábito, se manteve desperto e vigilante. Temia que o sono agora se convertesse em descanso permanente, e, por isso, depois de cinco minutos, acordou Crean e Worsley e disse a eles que tinham dormido meia hora, para que se sentissem mais repousados do que de fato estavam.

Shackleton desenvolveu uma reserva de força pessoal que o sustentou através das piores lutas.

A força interior e a força física de Shackleton pareciam às vezes quase sobre-humanas. Tirava inspiração de muitas fontes: sua fé, outras pessoas, a literatura dos grandes pensadores. Acima de tudo, procurava não perder a perspectiva das coisas. Refletia sobre questões importantes – a vida, o amor, a liberdade, as opções e a camaradagem – que lhe davam alento em momentos de crise.

Shackleton escreveu em *Sul* que qualquer narrativa da história do *Endurance* ficaria "incompleta sem uma referência a um assunto muito caro a nossos corações". Tentou pôr em palavras a dimensão espiritual de seus sentimentos: "Quando olho para trás e penso naqueles dias, não tenho dúvida de que a Providência nos guiou, não só pelos campos de neve como através do mar tempestuoso e espumante que separava a ilha Elephant do local onde desembarcamos na Geórgia do Sul. Sei que durante aquela longa e torturante marcha de trinta e seis horas pelas montanhas e geleiras sem nome da Geórgia do Sul, muitas vezes me pareceu que éramos quatro, e não três. Nada disse a meus companheiros sobre o assunto, mas depois Worsley me contou: 'Chefe, tive uma sensação curiosa durante a caminhada, a de que havia mais uma pessoa conosco.' Crean admitiu ter sentido o mesmo."

Este trecho de *Sul*, publicado em 1919, deu margem a incontáveis sermões de domingo nas igrejas. O que mais deve ter agradado a Shackleton, com certeza, foi ter servido de inspiração para um trecho de um dos mais célebres poemas do século XX, "The Waste Land" (A terra desolada), de T. S. Eliot:

> *Quem é o terceiro que anda sempre a teu lado?*
> *Quando conto, há somente tu e eu, juntos,*
> *Mas quando olho a estrada branca à frente*
> *Há sempre um outro que segue a teu lado.*
> *Envolto em escuro manto, furtivo, encapuzado,*
> *Não sei se é homem, se por acaso é mulher*
> *– Mas quem é o outro de teu outro lado?*

Os devaneios espirituais de Shackleton logo se tornaram motivo de controvérsia, em grande parte estimulada por comentários feitos por ele próprio. Divulgou-se mais tarde que ele dissera ter escrito e mencionado em palestras aquela quarta presença pensando nas "senhoras idosas" da plateia. Se ele se referiu à presença para agradar às boas velhinhas ou a renegou para agradar aos bons e velhos amigos, ninguém saberá jamais. Anos depois, a viúva de Worsley,

Jean, lembrou uma das últimas palestras feitas por seu marido na ilha de Wight antes de morrer, em 1943. Naquela palestra, ele aludiu a quatro homens atravessando a Geórgia do Sul. Quando a palestra terminou, a senhora Worsley apontou-lhe o erro. Ele não percebera que dissera aquilo. "Pensem o que quiserem de mim", observou, acrescentando, "isto não me sai da cabeça."

A educação religiosa de Shackleton, inegavelmente, exerceu um impacto prolongado em sua vida. Quando jovem aprendiz, certa vez contou a seus pais que, a não ser um "marinheiro negro", não encontrou mais ninguém com quem conversar sobre religião, "exceto quando se trata de polêmica". Já concluíra antes disso que um navio não era um lugar apropriado para cultos religiosos e, mais tarde, não os realizava em seus próprios navios. Conservou, porém, sem qualquer inibição, o hábito de invocar o nome de Deus, especialmente em situações desesperadas.

Sabia-se que o Chefe gostava de encerrar um dia satisfatório, nas fases boas, cantando hinos. Entretanto, poderia igualmente citar trechos de Browning, Tennyson, Milton, Shakespeare ou Service. Ele se baseava no otimismo, em encontrar o lado bom das pessoas e em fazer coisas boas. Seus biógrafos, os Fisher, escreveram sobre Shackleton e a controvérsia religiosa: "Empenhar-se e prosperar, lutar e sempre ter esperança, desempenhar um grande papel em um mundo com um final feliz eram razões de viver para ele."

Na Geórgia do Sul, nas primeiras horas da manhã de 20 de maio, Shackleton voltou-se, como fazia muitas vezes, para Browning. "O pior está se transformando no melhor para nós", escreveu. Tinham avistado as "formações contorcidas e onduladas" das falésias em torno do porto Husvik, onde fica Stromness. Seu destino estava próximo.

Os homens congratularam-se uns aos outros com apertos de mão. No entanto, esses últimos passos não seriam nem um pouco fáceis. Pararam para o desjejum. As refeições haviam deixado de ser prêmios, agora eram apenas sustento. Aquela refeição, todavia, foi pontuada por um som inesperado: o apito a vapor das sete horas chamando os baleeiros para o trabalho. "Nunca nenhum de nós ouviu música mais doce", escreveu Shackleton em *Sul*. "Foi um momento difícil de descrever. Dor e sofrimento, viagens de barco, caminhadas, fome e fadiga pareciam pertencer ao limbo das coisas esquecidas, e só o que nos restava era a perfeita satisfação de ver o trabalho cumprido."

Os três se achavam diante de uma outra escolha: descer uma encosta congelada ou fazer um desvio de oito quilômetros. O Chefe mais uma vez pediu a opinião dos demais, sabendo que iriam optar pela encosta. Nesse ponto abandonaram tudo o que traziam, a não ser um único pacote de ração, um biscoito para cada um e uma enxó. Precisavam descer um paredão de gelo azul de uns 150 metros – o equivalente a um prédio de cinquenta andares. Estavam gratos por terem as botas com travas que MacNish improvisara antes de saírem do Acampamento Peggoty. De alguma forma, conseguiram chegar ao fundo.

Ainda subiram mais uma encosta e chegaram a um platô. Apenas mais uma aresta de monte se erguia entre eles e a estação. Quando Shackleton se adiantou pela superfície horizontal, viu-se de repente com água pelo joelho – e afundando. Lançou o corpo para a frente e disse aos outros que fizessem o mesmo para distribuir o peso. Encontravam-se em um lago raso coberto de neve. Atravessaram-no com dificuldade até a margem oposta, uns duzentos metros adiante.

À uma e meia viram um pequeno vapor entrar na baía, 750 metros abaixo deles. Avistaram pequenas figuras nos barcos, os primeiros homens que viam à exceção dos tripulantes do *Endurance* desde que deixaram a Geórgia do Sul mais de dezoito meses antes. E então viram a fábrica da estação.

Shackleton apertou as mãos de seus companheiros em um gesto de congratulação.

Novamente trocaram apertos de mão. Um gesto simples, pessoal, que animava os homens e dava a Shackleton a oportunidade de demonstrar o orgulho e gratidão que sentia pela colaboração individual de cada um. Shackleton explicou em *Sul* que se tratava de "uma forma de congratulação mútua que pareceu necessária em quatro outras ocasiões" durante a expedição: ao chegar na ilha Elephant, ao desembarcar na Geórgia do Sul, ao atingir a aresta da montanha no início da caminhada pela ilha e ao divisar as rochas de Husvik.

Mas ainda não estavam a salvo. Acompanharam o curso de um riacho gelado andando penosamente pela água, molhados até a cintura. E o pior veio depois: ouviram o ruído de água caindo e descobriram que tinham de descer por uma cachoeira de uns oito metros de altura. Worsley e Shackleton baixaram Crean por uma corda. Shackleton foi em seguida. Por fim, Worsley, leve e ágil, amarrou a corda em uma pedra e desceu, deixando a corda para trás.

Tinham conseguido! Terminara a provação, embora nada mais lhes restasse além das roupas encharcadas sobre o corpo. Mas tinham conseguido! Uma torrente de emoções inundou-os – alívio, gratidão, alegria – misturada com reflexões mais profundas sobre sua grandeza, sua insignificância e a que deviam aquela vitória. Shackleton escreveu em *Sul* um eloquente tributo ao momento e a toda a experiência parafraseando Robert Service em "The Call of the Wild". "Havíamos penetrado sob o verniz aparente das coisas. 'Havíamos sofrido e passado fome mas triunfado, sido humilhados mas buscado a glória, havíamos crescido dentro da grandeza do todo.' Vimos Deus em todos os seus esplendores, lemos o livro que a Natureza escreve. Chegamos à alma nua do homem."

A tarde ia pelo meio no sábado, 20 de maio de 1916, quando, tremendo de frio, os três homens se aproximaram da estação baleeira.

"Nossas barbas estavam compridas e os cabelos emaranhados. Estávamos sujos e nossas roupas, usadas durante um ano sem serem trocadas, estavam esfarrapadas e manchadas."

Shackleton relata em seu livro que assustaram duas crianças e um homem idoso com quem cruzaram a caminho do cais. Lá, dirigiram-se ao encarregado e pediram para ver o administrador da estação. O homem perguntou quem eram eles. "Perdemos nosso navio e atravessamos a ilha a pé", respondeu Shackleton. O outro duvidou que alguém pudesse ter vindo a pé através da ilha e correu para avisar o administrador. Quando este apareceu, Shackleton disse simplesmente: "Meu nome é Shackleton."

Todos sabiam quem era Shackleton, mas com certeza não esperavam vê-lo ali, muito menos naquele estado. Um rijo baleeiro que presenciou a cena contou depois, em seu inglês truncado: "Eu virar de costas e chorar. Acho que administrador chorar também."

Shackleton escreveu que, na noite seguinte, ao jantar, os baleeiros noruegueses da estação, sem ter uma língua em comum, lhes prestaram homenagem. Os três ficaram de pé em uma sala enquanto os baleeiros, um por um, se encaminhavam até eles em silêncio e lhes apertavam as mãos, todos querendo cumprimentar pessoalmente os homens que haviam feito aquela magnífica viagem de barco. Depois da expedição do *Nimrod*, Shackleton fora nomeado cavaleiro pelo rei e recebera medalhas de chefes de Estado em todos os cantos do mundo. Para ele, entretanto, a maior recompensa de todas foi aquele momento de silencioso reconhecimento por seus companheiros de mar.

Os homens da tripulação de Shackleton foram amparados pela fé e pela confiança que depositavam em seu líder.

Na ilha Elephant, parece que aquela foi também uma ocasião especial. Macklin escreveu em seu diário: "Ontem e hoje foram dois lindos dias. Ontem, principalmente, as cores do céu, do mar e da geleira estavam maravilhosas, superando de longe tudo o que já vi antes. Não vou fazer nenhuma tentativa para descrever isto, pois seria impossível transmitir uma impressão precisa desses esplendores... Este lugar pode ser muito bonito quando quer, mas geralmente prefere fazer o diabo."

Frank Wild mantivera os vinte e um homens sob seus cuidados em perfeito estado de saúde física e mental e, além disso, sempre esperançosos. Wild foi a pessoa que de fato aprendeu a arte da liderança sob a tutela pessoal do Chefe. Em diários mantidos pelos tripulantes do *Endurance*, os homens expressaram sua admiração pela competência com que ele continuou dirigindo o grupo durante a missão de resgate de Shackleton. "Não seria exagero afirmar que devemos nossas vidas à sua liderança", Hurley escreveu em seguida ao resgate da tripulação. "Ele certamente justificou a confiança que Shackleton depositou nele."

Wild seguia à risca o modelo de Shackleton: logo depois que ele partiu para a Geórgia do Sul, Wild dirigiu umas poucas palavras ao grupo reunido estabelecendo regras básicas. Falou-lhes "de modo conciso mas apropriado sobre futuras atitudes e rotina", escreveu Hurley no dia seguinte à partida do *Caird*.

Wild sempre dava o exemplo sendo positivo ele próprio, não importa o que pudesse estar sentindo. "Era um otimista inabalável e aborrecia-se muito se alguém aparentava desânimo."

Demonstrou sempre uma força moral imperturbável. Foi o único a não desistir jamais, nem mesmo quando só lhes restava comida para quatro dias. Fazia os homens começarem cada dia com preparativos para deixar a ilha, tirando-os das camas e mantendo vivas suas esperanças de resgate. Hussey disse que Wild gritava: "Enrolem os sacos de dormir, rapazes! Enrolem os sacos de dormir! O Chefe pode chegar hoje! E temos de estar prontos!"

Também afastava a depressão mantendo todos ocupados. Logo

no princípio da estada do grupo na ilha Elephant, Macklin escreveu: "Passei esta manhã um dos momentos mais infelizes de minha vida – todas as tentativas me pareciam inúteis e o Destino parecia absolutamente determinado a nos abater. Os homens se sentaram e praguejaram em voz baixa, mas com uma intensidade que revelava seu ódio a esta ilha onde buscamos abrigo. No entanto, a melancolia só durou pouco tempo." Depois do desjejum, Wild pusera-os para trabalhar terminando seu abrigo feito com os dois barcos.

Wild cuidava para que tivessem muitas distrações todos os dias. "Temos algo para ler e, trocando os livros, sempre podemos variar", contou Macklin. Cinco volumes da *Britannica* haviam chegado até a ilha e um ou outro mantinha seu livro de poesias. Mas os padrões estavam caindo. Marston guardava um pequeno livro de culinária do qual lia uma receita em voz alta todas as noites. Os demais faziam comentários e davam sugestões de como melhorar as receitas. Àquela altura já estavam fartos de carne e tinham desejos intensos de comer os carboidratos e doces que produzem energia.

Wild também manteve as comemorações, principalmente o brinde tradicional às mulheres e namoradas de todas as noites de sábado. Autorizou os homens a preparar uma bebida misturando o álcool destinado aos fogões a uma sobra de gengibre. O gosto era sofrível, mas já bastava. Usaram-na para brindar o segundo aniversário da partida deles da Inglaterra. Faltou álcool logo depois.

Wild cuidava de cada detalhe referente a cada um dos homens individualmente. Macklin comentou que certa vez Wild cortou o seu cabelo e fez a barba para que ele se sentisse mais confortável. Mais importante ainda, o segundo na cadeia de comando aprendera com o Chefe que a preparação cuidadosa da comida era necessária para nutrir os homens física e mentalmente. Macklin escreveu que, enquanto foi possível, os homens "eram fartamente alimentados". Um mês depois da partida de Shackleton, porém, ele se mostrava mais filosófico. "No estado de indigência em que nos encontramos

– e agora certamente estamos na mais completa indigência –, acho que ainda assim estamos em melhor situação do que muitos pobres em nosso país. Temos carne em abundância para comer e estamos confortáveis e aquecidos em nosso abrigo."

Com a habitual insistência nos princípios de justiça que caracterizaram a expedição, Wild distribuía a comida sem risco de reclamações utilizando o método "de quem" e fazendo um rodízio de assentos nas horas das refeições, de modo que todos tivessem igual oportunidade de se sentar perto do fogo.

De modo geral, os homens sentiam-se relativamente felizes. Para seu próprio espanto, ainda encontravam assuntos para discutir. Apenas uma vez, durante a longa e ansiosa espera pelo resgate, a troca de palavras ficou áspera a ponto de exigir a interferência de Wild. A discussão se deu entre Marston e Green e, por incrível que pareça, tinha a ver com chapéus de senhoras. Green disse que sua mulher usava um modelo de chapéu, Marston disse que a sua usava outro e cada um afirmava que a própria era a mais elegante. Quase chegaram às vias de fato, até que Wild lhes fez ver o absurdo da discussão.

Uma das maneiras de manterem o equilíbrio era escrevendo canções – geralmente sobre um dos outros. Na festa do solstício de inverno, em 22 de junho, quando já fazia dois meses que aguentavam as duras condições da ilha, James foi o sucesso da noite com a canção intitulada "Nossa Cabana na Ilha Elephant", que prestava homenagem a Wild:

> *My name is Franky Wild-O, and my hut's on Elephant Isle*
> *The most expert of Architects could hardly name its style*
> *Yet as I sit inside, all snug and listen to the Gale*
> *I think the pride is pardonable with which I tell my tale.*
> Coro:
> *O Franky Wild-O tra-la-la-la-la-la*

Mr. Franky Wild-O tra-la-la-la-la-la
My name is Franky Wild-O, my hut's on Elephant Isle,
The walls without a single brick and the roof's without a tile
But nevertheless I must confess, by many and many a mile
It's the most palatial dwelling place, you'll find on Elephant Isle.[5]

"Se formos mesmo resgatados, esperamos de todo o coração que não seja hoje ou pelo menos não até depois da ceia de hoje à noite", Orde-Lees escreveu naquele dia, o mesmo que ele definiu como sendo "um dos dias mais felizes de minha vida".

A preocupação de Shackleton por seus homens estimulou-o a ultrapassar seus limites.

O Chefe, é claro, não os decepcionou. Da mesma forma que seus homens deviam a vida a ele, ele também achava que lhes devia a sua. Refletia muitas vezes se teria de fato conseguido chegar caso não existisse a responsabilidade pelos que estavam sob seu comando. "Poderia ter sido diferente se tivéssemos de pensar apenas em nós", ele escreveu. "Pode-se vir a sentir um cansaço tão grande na neve, principalmente quando se está com fome, que o sono parece a melhor coisa que a vida tem para dar. E dormir ali é morrer, morrer sem dor alguma, como o ideal da morte de Keats. Quando se é um líder, porém, um sujeito com quem os outros contam, é preciso ir

---

5 Nota do tradutor: Meu nome é Franky Wild-O, e minha cabana é na ilha Elephant./ O melhor dos arquitetos jamais definiria seu estilo, e entretanto/ Quando estou lá dentro, abrigado da neve e escutando a ventania,/ Sinto um orgulho de contar minha história que qualquer um perdoaria./ Oh, Franky Wild-O tra-la-la-la-la-la/ Senhor Franky Wild-O tra-la-la-la-la-la/ Meu nome é Franky Wild-O, e minha cabana é na ilha Elephant./ Paredes sem nenhum tijolo e telhado sem ao menos uma telha./ Mesmo assim, acredite em mim, ao redor não há nada que valha,/ É o maior palácio que se pode encontrar em toda a ilha Elephant.

adiante. Foi este o pensamento que nos impeliu através do furacão e nos arrastou para cima e para baixo daquelas montanhas."

Três dias depois de Shackleton, Worsley e Crean chegarem em Stromness, embarcaram em um baleeiro, o *Southern Sky*, em uma primeira tentativa de resgatar seus companheiros isolados na ilha Elephant. Tiveram de voltar seis dias mais tarde por causa do espessamento do gelo no mar. Em vez de voltar à Geórgia do Sul, seguiram para Port Stanley, nas ilhas Falklands. Lá, Shackleton escreveu cartas para sua mulher e para um editor a quem prometera uma entrevista exclusiva, mandando também cabogramas ao rei e ao Almirantado em Londres solicitando assistência para o resgate. Pediu um dos velhos navios de Scott, o *Discovery* ou o *Terra Nova*, especialmente construídos para os bancos de gelo. As autoridades demoraram a responder, envolvidas como estavam com a guerra. Mesmo em tempos de paz, contudo, um navio teria levado no mínimo dois meses para chegar lá.

MacNish, McCarthy e Vincent já estavam a caminho da Inglaterra saindo da Geórgia do Sul. Horas depois de chegar à estação baleeira, Worsley foi buscá-los por mar no Acampamento Peggoty e Shackleton providenciou rapidamente seu retorno à Inglaterra. Lamentavelmente, McCarthy e outro tripulante do *Endurance*, Alfred Cheetham, tendo sobrevivido dois anos na Antártida, morreram pouco tempo depois na Primeira Guerra Mundial.

Shackleton podia ser um defensor intransigente do protocolo, mas quando entraves burocráticos puseram em risco a segurança de sua tripulação na ilha Elephant, ele agiu independentemente, apelando para a ajuda de diversos governos sul-americanos. Em 10 de junho, o governo do Uruguai autorizou o uso do *Instituto de Pesca Nº 1*. Esse navio encontrou um banco de gelo a apenas vinte minutos da ilha Elephant e também foi obrigado a voltar. Em Punta Arenas, um grupo de moradores financiou o envio da escuna de madeira *Emma*, que chegou a somente cem milhas da ilha. A essa altura, o

Almirantado concordara em mandar o velho navio de Scott, o *Discovery*, para o resgate, mas somente depois que a embarcação passasse por reparos, o que implicava longa demora.

Shackleton escreveu a Emily que queria fazer mais uma tentativa de resgate imediato. O governo chileno cedeu a Shackleton a utilização do navio de guerra *Yelcho*. Afinal, com a pior fase do inverno já terminada, o *Yelcho* zarpou de Punta Arenas em 25 de agosto. Cinco dias depois, em 30 de agosto, chegou à ilha Elephant.

Marston avistou o navio no horizonte por volta do meio-dia quando se preparava para desenhar uns esboços e gritou para os outros. Ninguém respondeu e ele entrou na cabana para dar a notícia. Estabeleceu-se um verdadeiro pandemônio enquanto os homens corriam para pegar seus pertences e saíam em disparada de dentro da cabana para a praia. Logo viram o Chefe descer do navio para um escaler, que veio na direção deles. Wild ficou tão tomado pela emoção ao ver Shackleton que não conseguia falar. Os demais tentaram dar vivas, mas suas vozes também ficaram presas na garganta. As primeiras palavras que saíram da boca de Shackleton foram: "Estão todos bem?"

Todos estavam. Graças a Wild, que assimilara bem o otimismo e a natureza prática shackletonianos, todos haviam aguentado os cinco meses do "mais tenebroso dos pesadelos", como Shackleton definiu a penosa experiência por que haviam passado.

Sempre atencioso, Shackleton trouxera consigo toda a correspondência que vinha sendo guardada para a tripulação desde que haviam partido da ilha. Levou também alguns jornais, e os homens se horrorizaram ao ler que a guerra ainda espalhava devastação e que o número de baixas era espantoso.

Em 3 de setembro, Shackleton mandou uma carta para Emily de Punta Arenas. "Minha querida, consegui", exultava ele. "Nem uma vida perdida, e passamos por um verdadeiro inferno."

Shackleton, um mestre da publicidade, disse aos homens, na viagem de retorno para o Chile, que não se limpassem demais. Haveria multidões esperando a sua chegada em Punta Arenas e causariam maior impacto se parecessem maltratados e desarrumados. Terminara a provação da tripulação do *Endurance* – para todos, exceto para Shackleton. Ele ainda tinha de resgatar os homens da outra metade da expedição no mar de Ross.

Shackleton manteve-se consciente das necessidades da comunidade.

É provável que, àquela altura, Shackleton ansiasse desesperadamente por um pouco de repouso. Estava muito cansado, deprimido e arruinado financeiramente. Mas, em meio a todo o seu trabalho para salvar a tripulação – e longe dos olhos do público e das lentes das câmeras –, teve um gesto de admirável desprendimento. Prestou um serviço que envolveu tarefas maçantes, para pessoas totalmente desconhecidas e em um momento em que estava imerso em um trabalho de importância decisiva. Entretanto, Shackleton sempre prestava atenção aos outros a seu redor.

Em entrevista, Arthur C. Hall, então com noventa anos, em sua casa de Tucson, Arizona, lembrou as seis semanas que passou com Shackleton e Worsley a bordo de um navio que deixou a América do Sul no outono de 1916, e a bondade com que sua mãe e ele foram tratados.

Shackleton e Worsley encontravam-se a bordo do *Parismina* a caminho da Nova Zelândia para providenciar o resgate do grupo do mar de Ross. Hall tinha seis anos e estava indo com sua mãe de Valparaíso, no Chile, para Nova Orleans.

O pai do menino havia sido um executivo em uma companhia de fundição de cobre e a família reinstalara-se no Chile em março de 1916. Seis meses depois da chegada, o pai contraiu febre tifoide. Foi transportado de sua casa em Caldera para o hospital em Valparaíso, mas os médicos não conseguiram salvá-lo. A mãe enlutada estava levando o filho e o corpo do marido para casa, na Califórnia, quando se deu o encontro com os dois exploradores.

Durante a longa viagem, o curioso quarteto frequentemente partilhava a mesma mesa de jantar. Arthur Hall lembra de Worsley como o mais falante dos dois homens, contando ao menino e à mãe histórias fantásticas de explorações e sobrevivência. Shackleton, ele recorda, era mais calado e "muito, muito atencioso". Os Hall ainda tinham de preparar a mudança de sua casa na América do Sul e, assim, durante uma parada em Caldera, Shackleton, sempre o Chefe, providenciou o empacotamento e o transporte a bordo dos pertences da família. Também cuidou da estada deles de uma semana em um hotel do Panamá, ajudou-os a passar pela alfândega em Nova Orleans e fez os preparativos para a última etapa de sua viagem para casa. Os quatro dividiram um vagão Pullman no trem até San Jose, na Califórnia.

Depois de resgatar vinte e sete pessoas de uma fatalidade e preparando-se para resgatar outras no outro extremo da Antártida, Shackleton ainda dedicou tempo e energia para salvar mais duas. Hall chama isto de "liderança discreta e eficiente".

Até hoje, ele guarda com afeto um exemplar de *Ivanhoé* com uma dedicatória de Sir Ernest: "Arturo Hall, E. H. Shackleton, a bordo do *Parismina*, 29 out. 1916." Conta que Shackleton também comprou para ele em Lima um exemplar de A *Família Robinson*.

Shackleton trabalhava até a tarefa
estar inteiramente terminada.

Shackleton então se dedicou à tarefa de resgatar o grupo do mar de Ross, uma equipe de dez homens contratada para deixar depósitos de suprimentos em determinados pontos do percurso da travessia transantártica. Enquanto o *Endurance* permanecia aprisionado no gelo, o navio *Aurora* também ficara preso ao largo do litoral oposto do continente. Fora impelido para o mar pelo vento antes que os homens pudessem desembarcar todas as provisões. Depois de dez meses à deriva no banco de gelo, o navio se desprendera durante um degelo e, vacilante, avariado, retornou à Nova Zelândia em março de 1916. Os sobreviventes do grupo de terra esperavam pela chegada de um navio de socorro.

Em janeiro de 1917, Shackleton descobriu que sete dos dez membros da equipe haviam sobrevivido, embora por um fio. Escreveu para sua mulher, Emily, que tinha a impressão de que precisava estar "o tempo todo em pessoa em todos os lugares para deslindar e organizar as coisas". O comandante Macintosh, que Shackleton incumbira da missão, ficara sobrecarregado por seus deveres. Shackleton escreveu em tom de crítica sobre a falta de organização do comandante, mas acabou ele próprio assumindo a responsabilidade pela morte dos três homens.

O professor R. W. Richards, que fazia parte do grupo resgatado, declarou-se grato por Shackleton chegar para tomar providências. "Todos nós que não o havíamos encontrado o criticamos quando ainda estávamos na Antártida", disse ele. "Pode-se ver pelo tom de minhas observações o que penso dele agora. Ele era um líder nato – na minha opinião, a personalidade mais destacada de toda a história da exploração antártica."

Shackleton finalmente voltou para a Inglaterra em maio de 1917. Àquela altura, a algazarra que acompanhara seu reaparecimento na Geórgia do Sul já se dissipara. A expedição continuou a ser objeto de controvérsia por causa da escolha inoportuna do momento, durante a guerra, mas muitos acorreram em defesa de Shackleton e elogiaram a coragem de seus homens.

Em seus livros e palestras, Shackleton resumia com simplicidade as provas a que sua equipe da expedição *Endurance* tinha sobrevivido:

"Não existem palavras que façam justiça ao ânimo e à coragem desses homens. Demonstrar bravura com bom humor, ser paciente com um coração alegre, suportar as agonias da sede com risos e canções, andar lado a lado com a Morte por meses a fio e nunca ficar triste – este é o espírito que faz valer a pena ter coragem. Eu amava a minha tripulação."

ENCONTRANDO A DETERMINAÇÃO PARA SEGUIR ADIANTE À MANEIRA DE SHACKLETON

- Riscos extremos tornam-se mais aceitáveis quando as opções diminuem. Às vezes, as recompensas potenciais no final de um empreendimento arrojado justificam o risco de se sofrer um fracasso espetacular.

- Busque inspiração na sabedoria que reconfortou ou motivou você ou outras pessoas em tempos de crise. Isto vai ajudá-lo a passar pelos períodos de maior desgaste físico e emocional e a conservar sua perspectiva.

- Felicite-se e aos outros por um trabalho bem-feito. Um tapinha nas costas ou um sincero aperto de mão é uma expressão de agradecimento pessoal que nunca fica ultrapassada.

- Motive sua equipe a ser independente. Se você tiver sido um bom líder, eles vão batalhar para serem bem-sucedidos por conta própria.

- Deixe que sua equipe o inspire. Às vezes, uma carga assoberbante de trabalho pode forçá-lo a pensar em baixar seus padrões. Lembre-se de que o produto final deve representar os melhores esforços de todo o grupo.

- Mesmo nas situações mais estressantes, não se esqueça de que você é parte de uma equipe que pode se beneficiar de sua experiência. Inversamente, participar de atividades familiares e comunitárias pode fazê-lo adquirir habilidades que serão úteis no trabalho.

- Certifique-se de que o trabalho foi de fato concluído. Sua equipe pode dá-lo por encerrado depois de pegar no pesado, mas você é responsável por fazer com que seja levado a cabo com sucesso.

PONDO EM PRÁTICA

MICHAEL H. DALE, ex-presidente da Jaguar North America, vê Shackleton como um exemplo a seguir desde a sua infância em Birmingham, na Inglaterra, quando tomou conhecimento da vida do explorador. Ao longo de toda a sua vida profissional, Dale mirou-se em Shackleton e em outras figuras históricas à procura de inspiração e orientação para questões de liderança.

Utilizou o exemplo de concentração e determinação absoluta do explorador para incentivar um grupo de vendedores em uma audaciosa campanha que sua empresa estava lançando, cujo objetivo era aumentar as vendas em 50% no ano seguinte. Contou a história da expedição do *Endurance* em uma reunião realizada em janeiro de 1999 em Dubai, onde a maioria dos 139 concessionários independentes da divisão estavam reunidos com o setor de vendas da Jaguar para discutir estratégias.

"Se tiverem o tipo de empenho que Shackleton possuía, com certeza serão capazes de realizar milagres", foi a mensagem que ele transmitiu ao grupo.

O que aconteceu em seguida parecia mesmo um milagre. Perto do fim do ano, a venda anual dos automóveis Jaguar disparou para 35.039 unidades – um salto de mais de 56% acima dos números de 1998. A divisão finalmente ultrapassara – e de modo significativo – seu recorde de vendas anterior, de 24.464 carros em 1986.

É evidente que há muitas outras razões para o melhor desempenho da Jaguar, como a introdução de novos modelos populares, o crescimento da economia norte-americana e uma tendência mundial favorável a marcas de luxo. Mas o ex-presidente gosta de atribuir algum crédito à sua fala. "A coisa mais importante que Shackleton trazia consigo era sua determinação", diz ele. "Enquanto se está respirando, há sempre uma chance."

Dale mostrou igual determinação quando se tornou presidente

da divisão de Mahwah, Nova Jersey, em outubro de 1990. A Jaguar da Inglaterra acabara de ser vendida para a Ford Motor por 2,5 bilhões de dólares, uma transação considerada um erro grave. Em 1994, a Ford apresentou prejuízos operacionais e despesas de restruturação referentes à companhia adquirida que chegavam a mais de um bilhão de dólares. Só a divisão norte-americana da Jaguar registrou prejuízos de mais de um milhão de dólares por dia por um período de dois anos.

A onda dos carros de luxo da década de 1980 desaparecera no início dos anos 1990, e a Jaguar também estava sendo criticada por sua má qualidade. Dale batalhou arduamente pela sobrevivência da Jaguar. Em 1992 efetuou cortes de pessoal de quase 40% e fez a equipe remanescente concentrar-se em melhorar radicalmente a reputação da companhia junto ao consumidor. Logo depois, a Jaguar começou a produzir novos modelos a preços mais competitivos. Ao mesmo tempo, Dale aumentava a visibilidade da Jaguar por meio da expansão da propaganda para o horário nobre da televisão.

Seus esforços foram recompensados mais tarde, quando, de acordo com uma pesquisa realizada nos Estados Unidos, a Jaguar empatou em primeiro lugar com a Cadillac e a Volvo no índice de satisfação de vendas para modelos de carros de 1999. Dale, com um gesto tipicamente shackletoniano, estendeu a todos o mérito da façanha: "Todos os membros da nossa equipe, das pessoas que trabalham na fábrica aos empregados e a nossos concessionários espalhados pelo país, desempenharam um papel vital para que este marco fosse atingido."

O ano seguinte trouxe mais boas notícias. As vendas nos Estados Unidos durante os primeiros cinco meses de 2000 já tinham aumentado 80% com relação às de todo o ano de 1999. Dale resolveu, então, aposentar-se, depois de trabalhar quarenta e dois anos na Jaguar.

Durante o período em que esteve à frente da Jaguar North

America, Dale percebeu como é importante o papel do líder no mundo dos negócios. "Minha linguagem corporal, a maneira como eu agia e falava influenciavam tudo na empresa", diz ele. "Se de manhã cedo algo me perturbava, às dez e meia o país inteiro já sabia."

Dale vê Shackleton como um exemplo de otimismo. "Ele nunca deixou transparecer o menor sinal, por pior que estivessem as coisas, de que não fosse sobreviver." Para o executivo aposentado, é esse espírito que determina a diferença entre a verdadeira liderança e a simples gerência. "As pessoas gerenciadas são meramente informadas sobre o que precisam fazer", explica. "As pessoas bem lideradas têm motivação para fazer o que for necessário para realizar o trabalho da melhor maneira possível e não precisam de muitas instruções."

8

DEIXANDO UM LEGADO

Servi com Scott, Shackleton e Mawson. Conheci Nansen, Amundsen, Peary, Cook e outros exploradores. E, na minha opinião, por todos os melhores aspectos de liderança, frieza em face do perigo, habilidade em situações difíceis, rapidez de decisão, otimismo infalível e capacidade de instilar o mesmo nos outros, notável talento para organização, consideração por seus subordinados e obliteração de si próprio, a palma deve ser dada a Shackleton, um herói e um cavalheiro, com absoluta verdade.

– Frank Wild, membro da tripulação, *Nimrod*; segundo no comando, *Endurance* e *Quest*

Shackleton estava orgulhoso do que havia conseguido, apesar da decepção por não ter realizado o sonho de atravessar a Antártida. A partir do momento em que seu navio foi esmagado pelo gelo, ele passou a ter um objetivo: fazer todos aqueles homens voltarem vivos para casa. Foi exatamente o que fez, utilizando tudo o que aprendera em seus mais de vinte e cinco anos de trabalho no mar – sustentado por sua fé e por seu incansável otimismo. "Fui um instrumento da Providência para efetuar o maior salvamento de um desastre jamais efetuado nas regiões polares norte ou sul", Shackleton escreveu para a mulher logo depois de seu retorno à civilização.

Ele possuía o talento de transformar toda oportunidade em um meio para progredir. Em tempos comuns, sem dúvida teria explorado rapidamente e com sucesso o espetacular resgate para promover uma outra expedição ambiciosa. Naquelas circunstâncias, foi festejado como herói na América do Sul, Austrália, Nova Zelândia e Estados Unidos. Devia estar ansioso para aproveitar todo o conhecimento, energia, experiência e perícia que usara apenas para sobreviver em um empreendimento que trouxesse uma recompensa para ele próprio e para seu país.

Quando voltou à Inglaterra na primavera de 1917, porém, a guerra ainda estava consumindo recursos. Shackleton foi imediatamente trabalhar para o Ministério da Guerra. Nos dois anos que se seguiram, emprestou seus talentos ao esforço de guerra – primeiro, viajando para a América do Sul para angariar apoio para a causa britânica, depois trabalhando no transporte de tropas e equipamentos no norte da Rússia.

No princípio de 1920, Shackleton pôde novamente voltar a atenção para a exploração polar. Um colega de Dulwich prontificou-se a financiar seus planos para uma expedição, e seu velho mentor, Hugh Robert Mill, da Royal Geographical Society, ajudou-o a esboçar o programa científico. O planejamento levou um ano, e então Shackleton lançou a Expedição Britânica Oceanográfica e Subantártica. A meta era circunavegar a Antártida para mapear seu litoral, explorar as ilhas remotas da área e empreender uma extensa pesquisa marinha. Shackleton, sempre na vanguarda das novas tecnologias, levou um hidroavião.

Em uma admirável demonstração de lealdade e coragem, oito companheiros do *Endurance* juntaram-se aos dezoito membros da tripulação da expedição: Frank Wild, o comandante Frank Worsley, os médicos Alexander Macklin e James McIlroy, o meteorologista Leonard Hussey, o oficial de máquinas A. J. Kerr, o marinheiro qualificado Thomas McLeod e o cozinheiro Charles Green. O *Quest* partiu da Inglaterra em 18 de setembro de 1921.

Shackleton aparentava muito mais idade do que os seus quarenta e sete anos e sua saúde vinha declinando fazia algum tempo. No Rio sofreu um ataque cardíaco, mas não deixou Macklin examiná-lo. Recusou-se tenazmente a ceder aos seus males e não alterou os planos.

A expedição parecia estar sendo perseguida pela má sorte desde o início. O navio tinha vários problemas estruturais e precisou passar por grandes reparos em vários portos ao longo do caminho. No Natal, o *Quest* foi pego em um vendaval que não o largou durante cinco dias. Os homens estavam exaustos ao se aproximarem da Geórgia do Sul. Apesar de seu cansaço, Shackleton não deixou Macklin acordar Worsley para seu quarto de vigia certa noite, dizendo-lhe: "Vocês estão cansados, rapazes, e precisam dormir o máximo possível." Três dias depois, escreveu em seu diário: "Estou ficando velho e cansado, mas tenho de prosseguir sempre."

O *Quest* atracou no porto de Grytviken, na Geórgia do Sul, em 4 de janeiro de 1922. Shackleton encheu-se de nostalgia. Entreteve os novos membros da tripulação com as histórias de sua extraordinária viagem de barco e de como atravessara a ilha a pé com seus dois companheiros. Feliz por estar de volta a seu elemento, escreveu mais tarde em seu diário que aquela havia sido "uma noite maravilhosa" e encerrou a página do dia com uma simples linha de poesia: "Na meia-luz do crepúsculo vi uma estrela solitária pairar como uma joia acima da baía." Horas mais tarde, na madrugada do dia 5 de janeiro, Shackleton morreria de um ataque do coração.

Certa vez, conversando com um amigo, ele fez um resumo de suas ideias sobre vida e liderança: "Algumas pessoas dizem que é errado encarar a vida como um jogo, eu não acho", foram suas palavras. "A vida é para mim o maior de todos os jogos. O perigo está em tratá-la como um jogo trivial, um jogo que não se leva a sério, e um jogo em que as regras não são muito importantes. As regras importam um bocado. O jogo tem de ser jogado com honestidade, ou deixa de ser um jogo. E até mesmo ganhar o jogo não é a finalidade principal. A finalidade principal é ganhar de maneira honrada e magnífica. Para tanto, são necessárias várias coisas. Lealdade é uma delas. Disciplina é outra. Desprendimento é outra. Coragem é outra. Otimismo é mais uma. E cavalheirismo é outra ainda."

Acrescentemos a esta lista a inteligência. O encanto e cavalheirismo de Shackleton podem ter aberto portas para ele durante a vida, mas, décadas após a sua morte, sua estratégia ainda perdura porque se apoia no bom senso e na inteligência, ambos intemporais. Consideremos os exemplos que este livro apresenta de pessoas que Shackleton inspirou e impressionou: um explorador espacial, um líder militar progressista, um educador criativo, um pioneiro da internet e executivos da nova economia, do setor de serviços e da indústria tradicional.

Shackleton sentia-se frustrado por nunca ter escrito um livro sobre "o lado mental" de sua liderança – o que hoje chamaríamos de estratégia. "Este é o lado, quando reflito a respeito, que mais me interessa", afirmou. Em vez disso, optou por escrever a sempre popular história de aventuras. Este livro tenta proporcionar o que Shackleton desejava explicar sobre suas experiências e realizações.

Dez anos depois da morte de Shackleton, a Royal Geographical Society colocou uma estátua dele na sua sede de Londres. Na cerimônia de inauguração, Lord Zetland, um dos que mais contribuíram para o projeto, previu que no futuro o explorador seria lembrado sobretudo por sua expedição no *Nimrod*. E concluía que este havia sido seu maior sucesso em termos de descoberta e de novos territórios percorridos.

O tempo provou o contrário. A liderança é, afinal de contas, mais do que apenas atingir um objetivo. É incitar os outros a realizarem grandes coisas e dar-lhes os instrumentos e a confiança para continuarem realizando. Shackleton fez todos os que comandava enxergarem o potencial de seus talentos e exerceu uma influência sobre eles que perdurou a vida toda. "Um homem de Shackleton será sempre um homem de Shackleton", disse o geólogo do *Nimrod*, Raymond Priestley. Ele fez o comentário muitos anos depois da morte do Chefe, apesar de ser mais conhecido por seu trabalho na expedição de Scott com o *Terra Nova*.

É inegável que o apoio que Shackleton dava a seus homens tinha um lado muito humano que continuou além do período em que trabalharam juntos. O doutor McIlroy contou a um entrevistador que Shackleton era uma visita constante quando, ferido em combate, ele passou catorze meses em uma cama de hospital em Londres. Quando o marinheiro Walter How enfrentou uma crise financeira, Shackleton ajudou-o, embora raramente ele próprio saísse do vermelho.

Nunca deixou de ser um chefe e um protetor. Em junho de 1917, um mês depois de voltar para casa, Shackleton escreveu uma carta comovente a Tom Crean animando-o a fazer um esforço para progredir na carreira. Dizia o seguinte: "Agora, com relação a seu trabalho, não pude fazer grande coisa, pois sempre me afirmam que é absolutamente indispensável que você passe nessa prova fácil para ser considerado um candidato aceitável para o posto. Basta fazer a prova para consegui-lo. Por que não se anima e põe mãos à obra? Vá em frente, meu velho. Significa muito para você. Você diz que os outros estão conseguindo postos militares, mas estes não são iguais aos da Marinha: o treinamento não é difícil, um soldado se faz em poucos meses; um marinheiro, leva anos. Sei que não tem medo de nenhum trabalho de marujo, então não deixe que uma prova à toa o derrube."

Alguns meses depois da morte de Shackleton, sete dos oito tripulantes do *Endurance* que tinham se juntado ao grupo do *Quest* voltaram à Geórgia do Sul para prestar uma homenagem e tirar uma fotografia junto ao túmulo de seu líder. Emily Shackleton pedira que o marido fosse enterrado no lugar de que mais gostava, e ele encontrou repouso entre os baleeiros no cemitério de Grytviken.

Os tripulantes do *Endurance* sempre haviam manifestado gratidão por Shackleton ter salvo suas vidas, mas também sentiam um reconhecimento e um compromisso que iam além dessa gratidão. "Estou certo de que nós todos somos melhores por tê-lo conhecido e que seu exemplo nos fez ver a vida como algo maior, e não mesquinha e acanhada como algumas pessoas a veem", escreveu Hussey.

E Worsley acrescentou: "Algo de seu espírito ainda deve persistir em nós."

O legado de Shackleton foi seu exemplo de como perseverar contra adversidades aparentemente insuperáveis. Ao ser perguntado por um diretor de uma escola que conselho gostaria de transmitir, Shackleton respondeu: "A única mensagem que me ocorre para seus meninos é: em meio a dificuldades, perigos e decepções, nunca percam as esperanças. O pior pode sempre ser vencido."

Shackleton não viveu o suficiente para dar conselhos a seus próprios filhos sobre o futuro. É provável, entretanto, que não encorajasse nem desencorajasse qualquer um deles a seguir seus passos. Shackleton achava que as pessoas deviam fazer suas próprias jornadas e suas próprias escolhas na vida. Edward, seu filho mais novo, porém, conservou vivo o legado do pai, mantendo um interesse constante pelas explorações, embora sua experiência nesse campo fosse limitada. Recebeu uma medalha da Royal Geographical Society por ter sido o primeiro ocidental a escalar o monte Mulu, em Bornéu, em 1932, e, dois anos mais tarde, viajou para a região ártica. Mostrando depois que tinha a quem sair, descreveu com humor o seu destino boreal como "um lugar para onde os rapazes iam para curar seus complexos de inferioridade e para aprender como falar com as moças". Lord Shackleton, autor de livros e defensor de muitas causas liberais, dedicou a maior parte da vida à política, chegando a líder trabalhista na Câmara dos Lordes. Morreu em 1994 com oitenta e três anos.

Em 1999, Lawrence Palinkas, professor de medicina familiar e preventiva na Universidade da Califórnia, em San Diego, foi incumbido de apresentar um modelo para o líder ideal de astronautas em missões de longo prazo no espaço. O doutor Palinkas participou de um programa da NASA que treinou os americanos escolhidos para trabalhar na estação espacial internacional formada originalmente por dezesseis países, uma base de pesquisas a mais de trezentos quilômetros de distância da Terra, que recebeu a primeira tripulação residente no final do ano 2000. Ele precisava encontrar alguém que tivesse sido bem-sucedido no apoio ao trabalho de equipe, à vida em grupo e em lidar com um ambiente confinado e isolado durante longos períodos de tempo.

E pensou em Shackleton. "De todos os exploradores polares, ele é quem mais admiro", diz Palinkas, que esteve seis vezes na Antártida como parte de sua pesquisa sobre adaptação psicossocial a ambientes extremos. "O que me impressionou em Shackleton foi sua flexibilidade – sua disposição para admitir a derrota quando necessário e realizar proezas sobre-humanas. Acho que flexibilidade, ou adaptabilidade, mais do que qualquer outra característica em particular, é essencial para se viver em ambientes isolados e sob condições extremas."

O doutor Palinkas também admira a maneira como Shackleton motivava constantemente sua tripulação e acredita que seu estilo democrático pode combater um dos maiores problemas dos grupos isolados: a tendência de seus membros a fragmentarem a equipe em panelinhas. "Mas é a coragem e a adaptabilidade que fazem Shackleton transcender tempo e espaço como líder", acrescenta ele. "Com estas qualidades, ele poderia ser o líder ideal para uma missão em Marte."

Talvez a dimensão mais importante de um líder seja definida pela contínua relevância de sua estatura no decorrer do tempo. O legado de Shackleton não apenas perdurou como se ampliou consideravelmente. Sua popularidade parece ressurgir de tempos em tempos, quando um sentimento geral de satisfação cria otimismo e crença no potencial humano. Em meados do século XX, junto com os muitos avanços científicos e tecnológicos anteriores à corrida espacial, Shackleton emergiu como tema de dois livros notáveis: o de Margery e James Fisher (1957) e o de Alfred Lansing (1959). Shackleton destacou-se outra vez no final do século passado, quando uma economia próspera foi responsável por saltos na tecnologia e entusiasmo por pesquisas pioneiras.

Entre esses dois períodos, podemos apenas imaginar quantos desafios pessoais e projetos especiais foram inspirados em Shackleton. Em 1909, desfrutando enorme popularidade, Shackleton tornou-se presidente do Browning Settlement, um clube em Londres que oferecia educação e recreação a homens e meninos das áreas mais pobres da cidade. Naquele primeiro ano presentearam-no com o distintivo da instituição beneficente, que trazia uma inscrição de seu verso favorito de "Prospice": "Súbito, o pior se faz melhor ao bravo." Manteve-se à frente da instituição até 1917. H. R. Mill, biógrafo de Shackleton, contou que o explorador preferia estar no clube a nos redutos da alta sociedade, porque aquele lugar era "mais próximo da realidade e da poesia". Lá, escreve Mill, Shackleton "saudava os trabalhadores como irmãos, pois, como lhes dizia, ele também tinha sido um trabalhador desde o tempo em que removia carvão com uma pá no convés de seu primeiro navio, em Iquique (Chile)".

A noção de dever de Shackleton para com a comunidade também o torna particularmente interessante para os executivos de hoje. "Sua coragem e determinação são um exemplo para todos nós", declara John C. Whitehead, que em 1999 se associou ao ator, filantropo e homem de negócios Paul Newman para criar o Comitê de Estímulo à Filantropia Corporativa, que pede aos executivos que aumentem as doações de suas empresas a entidades filantrópicas. O objetivo do Comitê é, no ano de 2004, aumentar em 50% – elevando para 15 bilhões de dólares – o total de doações anuais feitas pelas corporações norte-americanas.

"Creio que determinação é um fator decisivo para o sucesso nos negócios, talvez mais importante do que em geral se admite", acrescenta Whitehead, que em 1999 também se tornou presidente da recém-formada Fundação Goldman Sachs. Ele trabalhou trinta e sete anos no Goldman Sachs, onde foi copresidente e sócio principal do banco de investimentos.

Whitehead acha que os profissionais do mundo dos negócios podem dar contribuições valiosas fora do ambiente de trabalho por causa de sua habilidade em preparar orçamentos, estabelecer metas e objetivos, monitorar desempenhos, fazer as equipes trabalharem duro e levantar dinheiro. Ajudar pessoas e comunidades, seja no lugar onde se vive ou de maneira global, não é um objetivo altruísta dos líderes corporativos, segundo ele. "Torna também as coisas melhores para seus empregados e clientes, e este é um resultado saudável para os negócios."

Jonathan Karpoff, professor de finanças da Universidade de Washington, acredita que Ernest Shackleton é tão atraente hoje não só porque sobreviveu a incríveis adversidades, mas porque foi bem-sucedido nas coisas importantes. "Ansiamos pelo trabalho de equipe e pela camaradagem do tipo que Shackleton inspirava", diz ele. "Admiramos sua capacidade de reconhecer tanto os defeitos quanto o potencial de seus homens, e sua disposição de liderar pelo exemplo. Compreendemos a solidão que assombrava suas decisões difíceis. E apreciamos sua compreensão de que o respeito pela vida humana prevalece sobre qualquer prêmio de curto prazo. Em última análise, Shackleton é um sucesso porque vislumbramos nele a pessoa que queremos ser."

O explorador nunca fincou uma bandeira no polo sul, jamais alcançou nenhum dos seus objetivos nem ganhou todo o dinheiro que desejava. No entanto, fez o que queria fazer, e o fez bem o bastante para conquistar um lugar na História. Seu ambiente de trabalho era criativo, produtivo e divertido. Realizou grandes coisas porque incentivava a total participação de cada um dos membros de sua equipe.

Shackleton é admirado hoje porque queremos ter sua energia, seu otimismo, sua noção de camaradagem – e seu irrefreável impulso para seguir em frente.

PENSAMENTOS DE SHACKLETON SOBRE LIDERANÇA

- "Existem várias coisas boas no mundo, mas tenho a impressão de que a camaradagem é a melhor de todas – saber que podemos fazer algo de grande por um companheiro."

- "O otimismo é a verdadeira coragem moral."

- "É muito bom ser líder, mas paga-se um preço por isto. E o preço mais alto é a solidão."

- "Um homem precisa se voltar para um novo alvo assim que o antigo vai ao chão."

- "A lealdade dos nossos homens é uma incumbência sagrada que carregamos. É algo que nunca pode ser traído, e temos de estar à altura."

- "Muitas vezes me admirei ao ver como é tênue a linha que separa o sucesso do fracasso."

- "Em geral, você tem de esconder deles não apenas a verdade, mas seus sentimentos sobre a verdade. Você pode saber que os fatos são absolutamente contrários, mas não deve dizer nada."

- "Quando se é um líder, alguém com quem os outros contam, é preciso ir em frente."

AS TRIPULAÇÕES DE SHACKLETON

A tripulação do *Endurance*

Ernest Shackleton, *líder*
Frank Wild, *segundo na cadeia de comando*
Frank Worsley, *comandante*
Lionel Greenstreet, *primeiro oficial de náutica*
Hubert Hudson, *navegador*
Thomas Crean, *segundo oficial de náutica*
Alfred Cheetham, *terceiro oficial de náutica*
Louis Rickinson, *maquinista ou primeiro oficial de máquinas*
A. J. Kerr, *maquinista ou segundo oficial de máquinas*
Alexander H. Macklin, *médico*
James A. McIlroy, *médico*
James M. Wordie, *geólogo*
Leonard D. A. Hussey, *meteorologista*
Reginald W. James, *físico*
Robert S. Clark, *biólogo*
James Francis (Frank) Hurley, *fotógrafo e cinegrafista*
George E. Marston, *desenhista*
Thomas H. Orde-Lees, *intendente e especialista em motores*
Harry MacNish, *carpinteiro*
Charles J. Green, *cozinheiro*
Walter How, *marinheiro qualificado*
William Bakewell, *marinheiro qualificado*

Timothy McCarthy, *marinheiro qualificado*
Thomas McLeod, *marinheiro qualificado*
John Vincent, *marinheiro qualificado*
Ernest Holness, *foguista*
William Stephenson, *foguista*
Perce Blackborow, *taifeiro e auxiliar de cozinha*

A tripulação do *Nimrod* (grupo de terra)

Ernest Shackleton, *líder*
Jameson Boyd Adams, *segundo no comando, membro do grupo do Extremo Sul*
T. W. Edgeworth David, *chefe dos cientistas*
Douglas Mawson, *membro da Equipe Científica*
Raymond Priestley, *geólogo*
Eric Marshall, *médico e cartógrafo, membro do grupo do Extremo Sul*
James MacKay, *biólogo e médico*
James Murray, *biólogo*
Philip Brocklehurst, *membro do grupo de terra*
George Marston, *desenhista*
Frank Wild, *condutor de trenós, membro do grupo do Extremo Sul*
Bernard Day, *especialista em motores*
Ernest Joyce, *membro do grupo de terra*
George Armytage, *membro do grupo de terra*
William Roberts, *cozinheiro*

A tripulação do *Quest*

Ernest Shackleton, *líder*
Frank Wild, *segundo no comando*
Frank Worsley, *comandante*
Alexander H. Macklin, *médico e encarregado das provisões e do equipamento*
James A. McIlroy, *médico*
Leonard D. A. Hussey, *meteorologista*
A. J. Kerr, *maquinista, ou oficial de máquinas*
D. G. Jeffrey, *navegador*
Charles R. Carr, *aviador*
G. Vibert Douglas, *geólogo*
George Hubert Wilkins, *naturalista*
Harold Watts, *operador de rádio*
James Marr, *escoteiro*
James Dell, *eletricista e contramestre*
Thomas McLeod, *marinheiro qualificado*
Charles J. Green, *cozinheiro*
Christopher Naisbitt, *secretário*
S. S. Young, *foguista*
H. J. Argles, *estivador*
Norman Mooney, *escoteiro (voltou da ilha da Madeira para casa)*
Robert Bage *(voltou da ilha da Madeira para casa)*
A. Eriksen, *especialista em arpões (foi somente até o Rio de Janeiro)*

BIBLIOGRAFIA

Livros

AMUNDSEN, Roald. *Polo Sul*. São Paulo: Alegro, 2001.

ARMITAGE, Albert B. *Two Years in the Antarctic*. London: Edward Arnold, 1905.

BACK, June Debenham, ed. *The Quiet Land: The Antarctic Diaries of Frank Debenham*. London: Bluntisham Books, 1992.

BEGBIE, Harold. S*hackleton: A Memory*. London: Mills and Bacon, 1922.

BERNACCHI, Louis C. *Saga of the Discovery*. London: Blackie and Son, 1938.

BICKEL, Lennard. *In: Search of Frank Hurley*. South Melbourne: Macmillan, 1980.

_____. *Mawson's Will*. New York: Stein and Day, 1977.

_____. *Shackleton's Forgotten Men*. New York: Adrenaline Classics, 2000.

BRUCE, William S. *Polar Exploration*. New York: Henry Holt and Company, 1911.

CHERRY-GARRARD, Apsley. *A Pior Viagem do Mundo*. São Paulo: Companhia das Letras, 1999.

COOK, Dr. Frederick A. *Through the First Antarctic Night, 1898-1899*. New York: Doubleday & McClure Co., 1900.

CROSSLEY, Louise, ed. *Trial by Ice: The Antarctic Journal of John King Davis*. Bluntishan Books, 1997.

DOORLY, Charles S. *The Voyages of the Morning*. London: Smith, Elder & Co., 1916.

DUNNETT, Harding McGregor. S*hackleton's Boat: The History of the James Caird*. Beneden: Neville & Harding Ltd., 1996.

ELIOT, T. S. *The Waste Land and Other Poems*. London: Faber & Faber, 1940.

FISHER, Margery, e FISHER, James. *Shackleton*. London: Barrie, 1957.

FLEMING, Fergus. *Barrow's Boys*. London: Granta Books, 1998.

FUCHS, Sir Vivian. *The Crossing of Antarctica*. Boston: Little, Brown and Company, 1958.

FURLONG, Nicholas. *Fr. John Murphy of Boolavogue, 1753-1798*. Dublin: Geography Publications, 1991.

FURSE, Chris. *Elephant Island*. Shrewsbury: Anthony Nelson, 1979.

GILLES, Daniel. *Alone*. Boston: Sail, 1976.

GORDON, Andrew. *The Rules of the Game*. London: John Murray, 1996.

GURNEY, Alan. *Abaixo da Convergência*. São Paulo: Companhia das Letras, 2001.

HATTERSLEY-SMITH, Geoffred, ed. *The Norwegian with Scott: Tryggve Gran's Antarctic Diary 1910-1913*. London: HMSO Books, 1984.

HAYES, J. Gordon. *Antarctica*. London: The Richards Press, 1928.

HUNTFORD, Roland. *Scott & Amundsen*. New York: G. P. Putnam's Sons, 1980.

_____. *Shackleton*. New York: Atheneum, 1986.

HURLEY, Frank. *Argonauts of the South*. New York e London: G. P. Putnam's Sons, 1925.

HUSSEY, L. D. A. *South with Shackleton*. London: Sampson Low, 1949.

JOYCE, E. M. *The South Polar Trail*. London: Duckworth, 1929.

KING, H. G. R., ed. *The Wicked Mate: The Antarctic Diary of Victor Campbell*. Harleston: The Erskine Press, 1988.

LANSING, Alfred. *A Incrível Jornada de Shackleton*. Rio de Janeiro: José Olympio, 1989.

LIEDER, Paul Robert; LOVETT, Robert Morss, e ROOT, Robert Kilburn, eds. *British Poetry and Prose*. rev. ed. Cambridge: The Riverside Press, 1938.

MARR, Scout (James W.). *Into the Frozen South*. London: Cassell, 1923.

MARTIN, Stephen. *A History of Antarctica*. Sidney: State Library of New South Wales Press, 1996.

MASLOW, Abraham. *Eupsychian Management: A Journal*. Homewood: Richard D. Irwin, Inc. and The Dorsey Press, 1965.

MAWSON, Douglas. *The Home of the Blizzard*. New York: St. Martin's Press, 1998.

MAXTONE-GRAHAM, John. *Safe Return Doubtful*. New York: Barnes & Noble Books, 1999.

MILL, Hugh Robert. *The Life of Sir Ernest Shackleton*. London: William Heinemann, 1923.

_____. *The Siege of the South Pole*. London: Alston Rivers, 1905.

MILLS, Laif. *Frank Wild*. Whitby North Yorkshire: Caetmon of Whitby, 1999.

MOUNTEVANS, Admiral Lord. *Adventurous Life*. London: Hutchinson, 1948.

_____. *The Antarctic Challenged*. London: Staples Press, 1955.

_____. *South with Scott*. London e Glaslow: Collins, s.d.

MURRAY, George, ed. *The Antarctic Manual*. London: Royal Geographical Society, 1901.

MURRAY, James, e MARSTON, George. *Antarctic Days*. London: Andrew Melrose, 1913.

National Science Foundation, Division of Polar Programs. *Survival in Antarctica*. Washington DC, 1984 Edition.

OMMANNEY, F. D. *South Latitude*. London: Longrans, Green and Co., 1938.

PRIESTLEY, Raymond. *Antarctic Adventure: Scott's Northern Party*. London: T. Fisher Unwin, 1914.

PYNCHON, Thomas. *V.* São Paulo: Paz e Terra, 1988.

RUBIN, Jeff. *Antarctica*. Hawthorne: Lonely Planet, 1996.

SCOTT, Captain Robert Falcon. *The Voyage of the Discovery*. "New Edition", 2 v. New York: Charles Scribner's Sons, 1905.

SERVICE, Robert. *The Spell of the Yukon*. New York: Dodd Mead & Company, 1941.

SHACKLETON, Sir Ernest. *The Heart of the Antarctic*. Philadelphia: J. B. Lippincott, 1909.

_____. *Sul*. São Paulo: Alegro, 2002.

SHUTE, Nevil. *Side Rule: The Autobiography of an Engineer*. London: William Heinemann, 1954.

STEWART, John, ed. *Antarctica: An Encyclopedia*. Jefferson NC e London: McFarland & Company, 1990.

TAYLOR, A. J. W. *Antarctic Psychology*. DSIR Bulletin nº 244. Wellington: Science Information Publishing Centre, 1987.

TAYLOR, Griffith. *Journeyman Taylor*. London: Robert Hale Limited, 1958.

_____. *With Scott: The Silver Lining*. London: Smith, Elder and Co., 1916.

WILD, Commander Frank. *Shackleton's Last Voyage*. London: Cassell, 1923.

WILSON, Edward. *Diary of the Discovery Expedition*. New York: Humanities Press, 1967.

WORSLEY, Frank Arthur. *Endurance*. New York: Jonathan Cape and Harrison Smith, 1931.

_____. *First Voyage in a Square-Rigged Ship*. London: Geoffrey Bles, 1938.

_____. *Shackleton's Boat Journey*. London: The Folio Society, 1974.

_____. *Shackleton's Boat Journey*. With a narrative introduction by Sir Edmund Hillary. New York: W. W. Norton, 1977.

Artigos e Monografias

"A Brixham Man Who Shared Shackleton's Journey", *Herald Express*, 6 de outubro de 1960.

"About Lieutenant E. H. Shackleton", *Royal Magazine*, junho de 1909.

DUNSMORE, James. "Shackleton of the S. S. *Flintshire*", *The United Methodist*, 4 de maio de 1922.

"England's Latest Hero", *Person's Weekly*, 8 de abril de 1909.

Field, v. 118, 1911.

HALLOCK, Judith Lee. "Profile Thomas Crean", *Polar Record*, 22 (141), 1985.

"Heart of the Antarctic", *Daily Telegraph*, 4 de novembro de 1909.

"Lieut. Shackleton's Homecoming", *The Daily Mirror*, 4 de junho de 1909.

"Lieutenant Shackleton's Achievement", *Evening Telegraph* (Dublin), 24 de março de 1909.

"Life on Elephant Island", *Buenos Aires Herald – Weekly Edition*, 29 de setembro de 1916.

MILL, Hugh Robert. "Ernest Henry Shackleton, M.V.O.", *Travel & Exploration*, v. 2, nº 7, julho de 1909.

SAROLEA, Charles. "Sir Henry Shackleton, A Study in Personality", *The Contemporary Review*, v. 121, 1922.

SHACKLETON, E. H., "Lieutenant Shackleton's Own Story", *Person's Magazine*, setembro, outubro e novembro de 1909.

"Speeches at the Unveilling of the Shackleton Memorial", *Geographical Journal*, v. LXXXIX, nº 3, março de 1932.

Diários e Papéis Não Publicados

CLARK, Robert S. Correspondence and papers. The Macklin Family.

CREAN, Thomas. Correspondence with Captain R. F. Scott, Sir Ernest Shackleton, and Lady Emily Shackleton. The O'Brien Family.

FISHER, Margery and James. Correspondence and transcripts of taped interviews. Scott Polar Research Institute.

GREENSTREET, Lionel. Correspondence. Scott Polar Research Institute.

HOW, Walter. Correspondence and papers. Scott Polar Research Institute.

HULL, George. Interview with Commander Lionel Greenstreet, 24 de agosto de 1974.

HURLEY, Frank. *Endurance Diaries, 1914-1917*. Mitchell Library.

JAMES, Reginald W. *Endurance Diaries, 1914-1916*. Scott Polar Research Institute.

_____. Correspondence. Scott Polar Research Institute.

MACKLIN, Alexander H. Correspondence and papers. The Macklin Family.

_____. *Endurance Diaries*, and related papers, 1914-1916. The Macklin Family.

_____. *Quest Diaries, 1921-1922*. The Macklin Family.

MCILROY, James A. Correspondence. Scott Polar Research Institute.

MCNEISH, Harry. *Endurance Diaries*. The Alexander Turnbull Library.

MILLER, David. Taped interviews with colleagues of Frank Hurley.

ORDE-LESS, Thomas H. *Endurance Diaries, 1914-1916*. The Alexander Turnbull Library.

_____. *Endurance Diaries, 1914-1915*. Scott Polar Research Institute.

_____. *Endurance Diaries, 1915-1916*. Dartmouth College.

SHACKLETON, Sir Ernest. *Endurance Diaries, 1914-1916*. Scott Polar Research Institute.

_____. Correspondence and papers. Scott Polar Research Institute and Dulwich College.

WILD, Frank. *Sledging Diary Nimrod Expedition, 1908-1909*.

_____. *Memoirs*. Mitchell Library.

WILSON, E. A. Correspondence with E. H. Shackleton. Scott Polar Research Institute.

WORSLEY, Frank. *Endurance Diaries, 1914-1917*. Scott Polar Research Institute.

Para saber mais sobre os títulos e autores da Editora Sextante,
visite o nosso site e siga as nossas redes sociais.
Além de informações sobre os próximos lançamentos,
você terá acesso a conteúdos exclusivos
e poderá participar de promoções e sorteios.

sextante.com.br